LES GRANDS AUTEURS GABONAIS
Revue annuelle

Centre de Recherches en Littératures Africaines et Francophones
(CRELAF)

Numéro 3 / Octobre 2021

MAURICE OKOUMBA-NKOGHÉ
A L'ÉPREUVE DE LA NOTORIÉTÉ

Numéro coordonné par
Didier TABA ODOUNGA & Gaël NDOMBI-SOW
Avec la collaboration de Kelly Marlène MILEBOU NDJAVE

Déjà parus

- *Les Grands Auteurs Gabonais*, n°1, *Jean Divassa Nyama*, juin 2013. (numéro coordonné par Frédéric Mambenga-Ylagou, en collaboration avec Didier Taba Odounga)

- *Les Grands Auteurs Gabonais*, n°2, *Bessora. Signe d'une vie, vie d'un signe*, janvier 2016. (numéro coordonné par Didier Taba Odounga et Bertrand Noël Boundzanga)

© Editions GNK Gabon 2021
Tel. (+241) 066600380/077853540 Libreville
gnkeditions.gab@gmail.com
ISBN papier : 978-2-37806-358-0
ISBN epub : 978-2-37806-357-3
EAN : 9782378063580

En hommage à Patricia Sylvie ESSONGHE

SOMMAIRE

EDITORIAL

Entre notoriété, éthique et poétique

Maurice Okoumba-Nkoghé occupe dans la littérature gabonaise, l'une des positions les plus éminentes. Par sa longévité d'abord, depuis quarante-deux ans. En effet, son premier texte date de 1979. Ensuite, par la densité esthétique et la portée thématique de son œuvre protéiforme. A la fois poète, romancier et nouvelliste, l'écrivain gabonais ne cesse inlassablement de « donner à voir un monde par les mots » comme le disait un de ses pairs Laurent Owondo. Il fait partie du paysage scriptural national et l'a si profondément marqué qu'il en est devenu un vrai patrimoine. Quel est en effet, le lecteur endogène passé par le système scolaire local qui n'a jamais lu Maurice Okoumba-Nkoghé ? Très peu de lecteurs pourraient répondre de manière négative tant l'auteur s'est installé dans les consciences des lecteurs gabonais.

Nous en voulons pour preuve, l'abondante littérature critique endogène qui lui est consacrée si on songe aux travaux spécifiques que sont ceux de Patrice Gahungu (2003) et plus récemment de Steeve Robert Renombo et Didier Taba Odounga (2019). La problématique générale de ces réflexions consiste systématiquement à interroger l'œuvre de l'auteur sous l'angle d'une poétique arrimée à la *mimesis*. Cette posture analytique laisse clairement percevoir le parti pris d'un écrivain dont l'ambition est de dépeindre des univers problématiques qui, dans le fond, réverbèrent les espaces sociohistoriques dans lesquels se meuvent les sujets africains.

D'un point de vue statistique, l'ensemble des réflexions critiques de ces dernières années sur Maurice Okoumba-Nkoghé indique clairement que la tendance qui consistait à le marginaliser s'est complètement inversée. Si au niveau national, la question sur son impact dans la littérature gabonaise n'est plus un objet de débats, les choses sont d'un tout autre ordre sur le plan continental. Excepté le Cameroun, pays dans lequel il publie régulièrement, il semble que la notoriété du Gabonais ne soit pas encore totalement assurée malgré sa présence continue sur la grande scène littéraire africaine.

C'est pourquoi, l'un des objectifs de ce troisième numéro de la revue *Les Grands Auteurs Gabonais*, conformément à l'esprit éditorial de départ, est d'apporter à travers l'exploration de son œuvre, une plus grande amplitude à la saisie sémantique de sa geste poétique. Et ceci, afin de permettre aux lecteurs, aux spécialistes africains et du monde d'avoir les contours d'une œuvre singulière et atypique par la puissance évocatrice d'une écriture incisive toujours au service de la communauté dans un souci permanent de ré-invention du lien social.

Cette écriture assume par sa posture polysémique, les problématiques liées à la vision kaléidoscopique d'une « spatialité écoumènale » dans laquelle « les formes esthétiques trouvent leur vigueur », comme dirait le critique Fréderic Mambenga Ylagou. Dans cette perspective, on saisit mieux la pertinence d'une subdivision du présent ouvrage en trois grandes scansions. La première, « Figuration auctoriale », propose une réflexivité spécifique sur la place occupée par l'écrivain dans le champ littéraire gabonais, en interrogeant notamment la sociabilité de la littérature à travers les codes de la référentialité et les catégories génériques de l'esthétique endogène.

La seconde scansion « Sexualité, éthique et écriture » scrute les textes de l'auteur, au prisme de son investissement symbolique dans les préoccupations de son époque et les réservoirs sémiologiques en vogue. À dire vrai, cette deuxième inflexion met en relief un écrivain particulièrement réceptif aux problématiques contemporaines qui engagent l'existence d'une communauté africaine postcoloniale aux prises avec les oxymores liés au vivre-ensemble.

Enfin, la troisième inflexion « Questions poétiques », explore les ressorts esthétiques d'une scripturalité labile dont l'économie générale réfère à des coefficients de poéticité qui s'inscrivent dans les territoires d'une œuvre déhiscente à l'infini.

Dans l'ensemble des textes réunis ici et qui composent la matière de ce nouveau numéro sur l'écrivain gabonais, se projette l'idée d'une écriture transgressive par sa profondeur et son étendue. Maurice Okoumba-Nkoghé questionne l'homme africain et son rapport à la société postcoloniale. Cela traduit chez lui, la volonté de remettre au centre des géographies continentales, des axiologies qui rendraient à l'individu sa capacité à redevenir un être solaire.

Pr Didier TABA ODOUNGA
Directeur de publication

FIGURATION AUCTORIALE

Photo : Okoumba-Nkoghé en 1991. (Archives de l'écrivain)

L'ŒUVRE LITTÉRAIRE DE MAURICE OKOUMBA-NKOGHÉ : DE LA RECENSION À LA LECTURE DES PUBLICATIONS

Mireille ESSONO EBANG
Université Omar Bongo
mimesso@yahoo.fr

Résumé : Référence littéraire au Gabon, Maurice Okoumba-Nkoghé est l'un des pionniers de la littérature gabonaise. Son œuvre littéraire dense est une composition multigenre dont les thématiques plongent le lecteur dans des univers réels et surnaturels. Dans cet article, il est question du recensement des publications d'Okoumba-Nkoghé de 1979 à 2020, tous genres confondus. Nous prévoyons de lire et de comprendre ce qui fait la notoriété de cet auteur. Nous nous interrogerons également sur l'homme Okoumba-Nkoghé, notamment sur sa production littéraire et sur la lecture de ses œuvres.
Mots-clés : Recension – Œuvres littéraires – Littérature gabonaise – Lecture – Okoumba-Nkoghé

Abstract: As an important figure in literature in Gabon, Maurice Okoumba-Nkoghe is one of the pioneers of the Gabonese literature. His dense literary work is a multi-genre composition whose themes lead the reader into real and supernatural universes. This article is about collecting all genres on Okoumba-Nkoghe's publications from 1979 to 2020. We plan to read and understand what makes this author famous. We will also learn about Okoumba-Nkoghe's personality in particular and his literary production.
Keywords: Review – Literary works – Gabonese literature – Reading – Okoumba-Nkoghe

Introduction

Le troisième numéro de la revue *Les Grands Auteurs Gabonais* a choisi de présenter un dossier thématique sur « Maurice Okoumba-Nkoghé. À l'épreuve de la notoriété ». Cette thématique sémantiquement dense peut susciter bien des interrogations sur la « notoriété » de l'auteur. En effet, bien qu'étant l'un des auteurs les plus prolifiques de la littérature gabonaise, on peut se demander si Okoumba-Nkoghé est bien connu du lectorat francophone. Sa notoriété est-elle avérée ou est-elle encore en construction ? C'est pour répondre à ces questions que nous contribuons à ce volume, car non seulement il célèbre un grand écrivain, mais aussi parce que la connaissance et la diffusion des œuvres gabonaises continuent de préoccuper la recherche scientifique. Ainsi, à travers la recension des publications littéraires d'Okoumba-Nkoghé nous faisons une lecture scientifique de son répertoire qui s'étend de sa première œuvre littéraire *Paroles vives écorchées* (1979) à la plus récente *Comprendre Le signe de la source* (2020).

Il faut signaler qu'au Gabon, dans les programmes d'enseignement des œuvres littéraires, il est recommandé d'étudier les auteurs gabonais (MEN et IPN, 2020) tout au long du cursus secondaire. Dans la liste des ouvrages recommandés depuis plus de dix ans, les œuvres d'Okoumba-Nkoghé sont présentes. Toutefois, les recherches des spécialistes des littératures africaines et francophones sur l'auteur, tout comme son œuvre, n'ont pas suffisamment investi le champ de la littérature gabonaise. Ce qui accentue la méconnaissance de cette littérature et de ses auteurs. C'est pourquoi, il nous a semblé intéressant de faire cette recension, preuve non seulement de l'importante production d'Okoumba-Nkoghé, mais aussi pour la faire connaitre aux lecteurs d'ici et d'ailleurs. Il s'agira d'identifier et de synthétiser les publications de l'auteur en lien avec la thématique générale de ce numéro. La méthode de recension utilisée est celle de la recherche bibliographique qui consiste en la collecte des publications sur le Web, en bibliothèque et dans les bases de données. Ce travail nous permettra de présenter les différentes publications, de les situer chronologiquement, de les classer par genre et d'identifier les modes d'écriture de l'auteur. Nous organiserons ce travail autour de trois points partant de l'homme qu'est Okoumba-Nkoghé à la lecture et à la compréhension de son œuvre littéraire.

1. Qui est Okoumba-Nkoghé ?

1.1. Biographie

Maurice Okoumba-Nkoghé est né le 06 août 1954 au quartier Alélé, à Franceville, au Gabon, de feu Moïse Oriand Nkoghe-Mvé et d'Élisabeth Tigantsia. Son père, instituteur et écrivain amateur, a longtemps enseigné à l'intérieur du pays avant d'être député. Sa mère est une agricultrice. Okoumba-Nkoghé grandit au sein d'une famille nombreuse où le travail scolaire et la rigueur sont importants. Il devient un homme de Lettres ayant abordé à la fois le roman, la poésie, la nouvelle, l'épopée, les essais et la biographie dans ses productions littéraires.

En outre, il exercera d'autres fonctions liées ou pas à l'enseignement. Il est tour à tour Conseiller technique du ministre de la Culture et des Arts en 1986 ; Secrétaire général de la commission nationale du CICIBA en 1987 ; Conseiller chargé des affaires culturelles à la Présidence de la République en 1989 ; Directeur de département des Lettres modernes à l'Université Omar Bongo de 2003 à 2004, puis Directeur de Cabinet-adjoint du Premier ministre de 2006 à 2009. Il est victime d'un accident vasculaire cérébral en 2008 qui a failli lui ôter la vie. Paradoxalement, au sortir de cette période, son énergie en matière de création littéraire devient plus intense. Il est membre fondateur de l'Union des Écrivains Gabonais (UDEG), fondée en 1987.

1.2. Formation

À six ans, Okoumba-Nkoghé entre à l'école publique de Franceville jusqu'à l'obtention du concours d'entrée en Sixième. Cet examen le conduit à intégrer le lycée d'État de Franceville jusqu'à la classe de Première. C'est dans la ville d'Oyem (au nord du Gabon) qu'il fera la classe de terminale et obtiendra le baccalauréat A4[1]. C'est le début de la vie universitaire.

Le parcours universitaire d'Okoumba-Nkoghé est linéaire. Il intègre l'université nationale du Gabon (UNG) qui deviendra par la suite l'université Omar Bongo en 1974. Au bout de deux ans, il obtient le diplôme d'études universitaires générales (DEUG) et va poursuivre ses études universitaires en France, à l'université Jean Moulin de Lyon 3. Il en ressortira cinq ans plus tard nanti d'un diplôme de doctorat 3ème cycle. Il voue une grande admiration pour Saint-Exupéry sur lequel porte d'ailleurs sa thèse.

De retour au pays, il enseigne la littérature française à l'université Omar Bongo de Libreville de 1982 à 2019 en même temps qu'il exerce sa riche carrière d'écrivain.

1.3. Le choix de l'écriture

Arrivé à l'écriture par tradition familiale, Okoumba-Nkoghé s'est beaucoup inspiré de l'humanisme contenu dans l'œuvre de

---

[1] De 1968 à 1983, baccalauréat axé sur les langues et les mathématiques.

Saint-Exupéry[2]. Il considère que pour écrire, il faut d'abord maitriser la langue, sa grammaire, ses diverses techniques. Ensuite, l'inspiration propre à chaque auteur. Quant à la grammaire et les diverses techniques de style, cela relève de la pédagogie rigoureuse. Il affirme que l'inspiration surgit du génie personnel (Mukonda Mbuluku Mikiele et Mizele N'sansi, 2012). Écrire pour lui, c'est communiquer à l'Autre sa vision du monde.

1.4. La postérité

Nous avons choisi dans cette recension de ne pas inclure les travaux et critiques réalisés par d'autres auteurs sur Okoumba-Nkoghé, car nous voulons essentiellement faire connaitre l'homme et sa production littéraire. Il faut signaler que d'autres analyses peuvent enrichir cette recherche qui ne se prétend pas exhaustive. C'est d'ailleurs l'ensemble de ces travaux qui participe à la postérité de l'homme.

Selon Schoenberg, « seul mérite un hommage celui qui est capable de rendre hommage à autrui »[3]. C'est ainsi que nous entrevoyons l'homme Okoumba-Nkoghé à travers ce dossier thématique. En effet, cette célébration de la littérature gabonaise, tous genres confondus, s'inscrit dans la postérité. C'est dans cette posture qu'en 2017, lors de la 4ème édition du Salon international du livre et des arts de Libreville (SILAL), l'UDEG a choisi de célébrer Okoumba-Nkoghé, à travers la lecture de ses œuvres et un entretien téléphonique avec l'auteur sur sa vie et ses productions. Mais qui est Okoumba-Nkoghé pour les lecteurs francophones ?

Afin de répondre à cette question, nous avons élaboré un sondage en ligne à question fermée[4]. L'un des avantages du sondage en ligne est qu'il permet la collecte rapide de données auprès d'un public élargi au Gabon et dans le reste du monde francophone. De plus, ce mode de collecte des données limite les déplacements et les coûts tout en permettant au chercheur de suivre en temps réel

---

[2] Dans le roman *Terre des hommes,* paru en 1939, Antoine de Saint-Exupéry porte une réflexion sur la condition de l'homme. La morale humaniste qui se dégage de l'œuvre est liée à son expérience de vie et à sa profession. Tout comme lui, Okoumba-Nkoghé aborde la problématique de l'homme et son rapport au monde à travers la littérature et les autres arts.

[3] Citations françaises. Repéré à https://www.citations-francaises.fr/contact consulté le 10 octobre 2020.

[4] Un sondage en ligne à question fermée demande au participant d'effectuer un ou plusieurs choix parmi des réponses prédéfinies.

l'évolution des réponses. Ce sondage comportait une question, à savoir, « Que représente pour vous l'écrivain gabonais Okoumba-Nkoghé ? ». Nous cherchions à identifier un qualificatif propre à cet écrivain d'après le public-cible constitué par les lecteurs francophones. Quant aux réponses, nous avons proposé six options et il revenait au public d'en choisir une seule :

- **Un monument**, autrement dit, personne dont l'œuvre est immense et a marqué les esprits.
- **Une légende**, autrement dit, personne célèbre qui a atteint une certaine notoriété dans le domaine de la littérature.
- **Un baobab**, autrement dit, un fond culturel, la mémoire et le socle d'un peuple.
- **Une référence**, autrement dit, une autorité ou une personne-ressource en matière de littérature gabonaise.
- **Un classique**, autrement dit, un écrivain qui appartient à la catégorie des grands auteurs.
- **Sans commentaire**, pour ceux qui n'ont pas d'avis sur la question.

Voici les résultats.

Figure 1 : Sondage Okoumba-Nkoghé

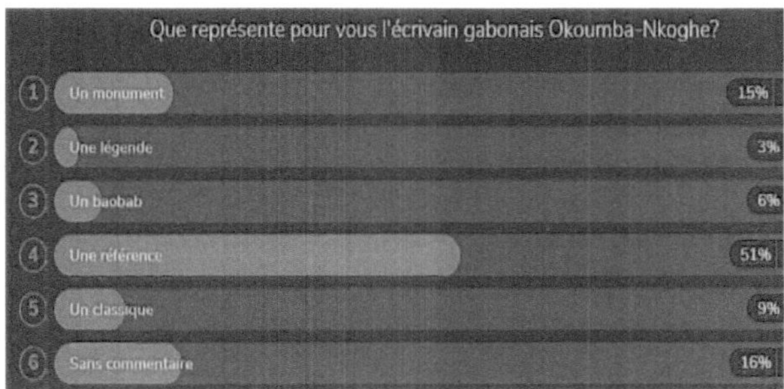

Ce sondage, réalisé grâce au système de vote interactif Wooclap[5], a permis de collecter 452 réponses et de répondre à l'unique question du sondage. Nous voyons que pour 51 % des votants, l'écrivain gabonais Okoumba-Nkoghé est une « référence ». Au niveau de l'échelle de la valeur littéraire, ce résultat place

---

[5] Wooclap est une application qui permet de réaliser des questionnaires, des sondages et des exercices interactifs.

l'écrivain gabonais comme un auteur « patrimonialisé » car c'est une ressource incontournable dans le domaine de la littérature gabonaise. Non seulement ses œuvres véhiculent les us et coutumes de la société gabonaise, mais en plus, il est engagé dans la dénonciation des maux qui minent celle-ci.

D'ailleurs sur le site wordcat.org,[6] les œuvres d'Okoumba-Nkoghé sont très sollicitées. La plupart d'entre elles sont détenues par plusieurs bibliothèques francophones dans le monde. Aussi la réédition de ses œuvres indique que l'auteur est très lu et sa réception est effective. Plusieurs œuvres sont rééditées :

> 9 éditions de *La mouche et la glu* (de 1984 à 2019)
> 7 éditions de *Siana* (de 1981 à 2007)
> 6 éditions de *Le chemin de la mémoire* (de 1998 à 2013)
> 5 éditions et de *Adia* (de 1985)
> 4 éditions de *Olendé* (de 1989 à 1990) et de *Elo, la fille du soleil* (de 2008 à 2013)
> 3 éditions de *La courbe du soleil* (de 1993 à 2016), de *Paroles vives écorchées* (en 1979), de *Le soleil élargit la misère* (1980) et de *Le signe de la source* (2007 à 2014)
> 2 éditions de *Le rêve de Nyenzi* (2010 et 2017)
> 1 édition de *Rhône-Ogooué* (1980), de *Nzébi, une épopée du Gabon* (2001), de *Le pacte d'Afia* (2009), d'*Okoumba-Nkoghé. Entretien* (2013), de *Le destin de Doussala* (2011), d'*Un jubilé pour Pépé* (2014), de *Les béquilles de Tambi* (2014) de *Duo en prose* (2015), de *Ma Lydia* (2018), de *Longo* (2019) et *Comprendre Le signe de la source* (2020).

Avec un total de neuf (9) rééditions, le roman *La mouche et la glu* est en tête de liste, suivi de près par le roman *Siana* (7). Les autres genres tels que la poésie et l'épopée ne sont pas en reste : quatre (4) rééditions de l'épopée *Olendé* et trois (3) rééditions des recueils de poèmes *Paroles vives écorchées* et du recueil *Le soleil élargit la misère*. Il est utile pour nous de signaler que dans les rééditions, il y a désormais le format numérique qui permet une plus large distribution du livre et donne un impact significatif sur la réception des textes d'Okoumba-Nkoghé. Au regard de cette diffusion au format numérique ou papier des publications de l'auteur, la postérité et l'autorité internationale d'Okoumba-Nkoghé sont confirmées.

---

[6] http://worlcat.org/identities/Iccn-n86023795, consulté le 10 octobre 2020.

2. La recension des œuvres de l'auteur

2.1. Chronologie des publications

Recenser les œuvres d'un auteur est une démarche qui permet de faire l'inventaire et l'examen critique des publications de ce dernier (Fortin, 1997). Il est important de préciser que cette recension consiste en une collecte des œuvres littéraires produites par l'auteur ou en coécriture, à travers un tableau synthèse qui permet de repérer le genre, la date de publication (ou de réédition), les maisons d'édition et les collections. Dans le tableau suivant, nous présentons la publication de manière chronologique des œuvres de l'auteur.

Tableau 1 : Récapitulatif des œuvres d'Okoumba-Nkoghé de 1979 à 2020

N°	Titres	Genre	Date	Maison et lieu d'édition	Collection
1	*Paroles vives écorchées*	Poésie	1979	Arcam, Paris	Le miroir poétique
2	*Rhone-Ogooué*	Poésie	1980	Arcam, Paris	Le miroir poétique
3	*Le soleil élargit la misère*	Poésie	1980	Arcam, Paris	Le miroir poétique
4	*Siana*	Roman	1981 1986 2019	Arcam, Paris Silex, Paris Clé, Yaoundé	Nouvelles du Sud
5	*La mouche et la glu*	Roman	1984	Présence Africaine	Écrits
6	*Adia*	Roman	1985 2019	Akpagnon, Paris Clé, Yaoundé	
7	*Olendé, une épopée du Gabon*	Épopée	1989	L'Harmattan, Paris	Légende des mondes
8	*La courbe du soleil*	Roman	1993 2016	Éditions Udégiennes La Doxa, Paris	La Librevilloise
9	*Le chemin de la mémoire*	Roman	1998	L'Harmattan, Paris	Encres noires
10	*Nzébi. Une épopée d'Afrique centrale*	Épopée	2001	Raponda Walker, Libreville	
11	*Le signe de la source*	Roman	2007	Clé, Yaoundé	
12	*Elo, la fille du soleil*	Roman	2008 2013	L'Harmattan - Gabon Clé Yaoundé	Lettres d'or
13	*Le pacte d'Afia*	Roman	2009	La Maison gabonaise du livre, Libreville	

14	*Le rêve de Nyenzi*	Roman	2010	Les Éditions Ntsame, Libreville	
15	*Le destin de Doussala*	Roman	2011	ODEM, Libreville	
16	*Okoumba-Nkoghé. Entretien*		2013	ODEM, Libreville	
17	*Un jubilé pour Pépé*	Roman	2014	La Maison gabonaise du livre, Libreville	
18	*Les béquilles de Tambi*	Nouvelles	2014	Clé, Yaoundé	
19	*Duo en prose*	Récits	2015	La Maison gabonaise du livre, Libreville	
20	*Ma Lydia*	Roman épistolaire	2018	Éditions Ntsame, Libreville	
21	*Longo*	Roman	2019	Éditions Cornelus, Libreville	
22	*Comprendre le signe de la source*	Profil littéraire	2020	Clé, Yaoundé	

Ce tableau a permis de recenser 22 publications de l'écrivain gabonais Okoumba-Nkoghé parmi lesquelles, nous retrouvons différents genres : le roman, la poésie, l'épopée, la nouvelle et autres écrits. Dans ses premières années d'écriture, l'auteur aborde le genre poétique avec trois recueils successifs chez le même éditeur, à savoir, Arcam. Cette maison d'édition située à Paris où il termine ses études supérieures publiera aussi son 1er roman *Siana*. Mais à partir de son 2e roman, *La mouche et la glu*, il travaille avec différentes maisons d'édition en Afrique comme en Europe.

2.1.1. Les poèmes

Les trois premières publications d'Okoumba-Nkoghé, de 1979 à 1980, appartiennent au genre poétique. Lors d'un entretien avec Éric-Joël Bekalé[7], l'auteur déclare que « la poésie est un langage issu de l'âme universelle. Chaque mortel, portant un atome de celle-ci, devrait pouvoir communiquer avec elle. Pour cela, l'homme doit utiliser le Verbe. Car le Verbe est l'essence de la poésie qui, elle-même, est synonyme d'harmonie ». Autrement dit, la poésie permet de retrouver l'équilibre, l'harmonie de la vie. D'ailleurs, les thèmes qu'il aborde sont le beau, la bonté, le bien et l'équilibre pour rêver comme un enfant d'un monde meilleur.

---

[7] Entretien sur la poésie publié le 11 août 2016 par l'auteur sur son compte Facebook Okoumba-Nkoghé : https://fr-fr.facebook.com/Okoumba-Nkoghe-106214049525740/about/, consulté le 17 septembre 2020.

2.1.2. Les romans

Son œuvre romanesque est la plus abondante. Elle s'étend de 1981 à 2020 avec un total de 12 romans, dont un, classé comme roman épistolaire. L'auteur y aborde des thèmes de la société gabonaise tels que l'enfance, l'amour, le pouvoir tant politique, économique, surnaturel que traditionnel (Mulangu Binene, 2009), la misère, l'homosexualité, l'inceste, la mort. Dans ses récits, les personnages principaux sont souvent de jeunes enfants ou des adultes qui seront acteurs ou spectateurs de leur vie. Dans son ensemble, son œuvre romanesque fait une dénonciation permanente des injustices et des travers de la société.

2.1.3. Les épopées

Qu'il s'agisse d'*Olendé* (1989) ou de *Nzébi. Une épopée d'Afrique centrale* (2001), les épopées adaptées par Okoumba-Nkoghé sont tirées des rites et des traditions gabonais. Olendé est un nom qui signifie « raconte-lui »[8]. Selon Guy Donald Adjoi-Obengui, à l'origine, le mythe Olendé est un combat entre les deux mondes (mystique et réel). On y vante les poètes, des héros mystiques (2014 : 152). Quant au deuxième ouvrage du même genre intitulé *Nzébi. Une épopée d'Afrique centrale*, le nom « Nzébi » désigne une population d'Afrique centrale et une ethnie. C'est le patronyme de la jeune mère de sept fils mi-hommes, mi-chimpanzés. Elle est considérée comme la matriarche du peuple du même nom.

Non seulement ces deux œuvres retracent la création des groupes traditionnels et la cosmogonie d'une ethnie gabonaise, mais en plus, elles sont une quête permanente de soi dans le monde visible et invisible.

2.1.4. Les autres genres

La richesse de l'œuvre d'Okoumba-Nkoghé tient aussi au fait qu'il sociabilise littérairement dans presque tous les genres. En dehors des romans, de la poésie et de l'épopée, l'auteur a publié une nouvelle (*Les béquilles de Tambi*, 2014) et des textes en coécriture

---

[8] C'est une manière de parler de la naissance de l'univers, du commencement de la vie.

(*Okoumba-Nkoghé. Entretien*, 2013[9] ; *Duo en prose*, 2014[10] et *Comprendre le signe de la source*, 2020)[11].

Toutes les œuvres d'Okoumba-Nkoghé expriment le combat d'un humaniste face à une société en pleine perdition. Elles invitent l'humanité à ne pas dépasser la mesure et sont d'un apport considérable dans le champ de la littérature gabonaise. Enfin, nous relevons que l'auteur est aussi une source d'inspiration constante pour les jeunes auteurs tels que Parfaite Ollame avec qui il produira plusieurs textes en coécriture cités plus haut.

2.2. La coécriture

Encore appelée « écriture à quatre mains », la coécriture est une démarche collaborative pour la production d'une œuvre littéraire. Cette pratique est récurrente dans la production d'articles scientifiques, et, bien qu'on la retrouve aussi dans la création des œuvres littéraires[12], elle reste moins familière dans la littérature gabonaise. Pour mieux appréhender la coécriture, il semble intéressant de revenir sur le processus de l'écriture.

2.2.1. La coécriture, une forme de mentorat ?

« Co-écrire, c'est avant tout écrire avec l'autre, s'ouvrir à ses idées ; c'est envisager l'autre, le considérer ; c'est entrer en relation avec lui en découvrant les ententes et les contradictions de pensées qui ne cheminent plus seules » (*Calenda*, 2013). Autrement dit, le choix de cette technique d'écrire par l'auteur est avant tout une invitation des pairs au dialogue. Dans le précédent tableau récapitulatif des œuvres de l'auteur, nous avons identifié trois productions faites en coécriture, à savoir : *Okoumba-Nkoghé. Entretiens, Duo en prose* et *Comprendre le signe de la source*. Qu'il s'agisse de Gaël Ipemboussou ou de Parfaite Ollame, tous les deux sont avant tout d'anciens étudiants d'Okoumba-Nkoghé au département de Lettres modernes.

Sur son compte Facebook, l'auteur définit la coécriture comme est une manière de prendre un jeune auteur par la main. Pour lui, on

---

[9] Avec Gaël Ipemboussou.

[10] Avec Parfaite Ollame.

[11] Avec Parfaite Ollame.

[12] Tels les frères Goncourt qui ont écrit le roman *Germinie Lacerteux* en 1861. Ou encore André Breton et Philippe Soupault en 1919 qui ont coécrit un recueil de textes en prose intitulé *Les champs magnétiques*.

peut avoir du génie et manquer d'expérience[13]. Aussi, quand il est sollicité par ces derniers, c'est tout naturellement qu'il accepte. Au cours d'un échange téléphonique l'auteur nous a révélé que l'écriture de *Duo en prose* avec Parfaite Ollame et *Okoumba-Nkoghé. Entretien* avec Gaël Ipemboussou a été un moyen de non seulement encadrer les jeunes écrivains sur le plan littéraire, mais aussi de les révéler au grand public. Par contre, la coécriture de *Comprendre le signe de la source* est plutôt un accompagnement pédagogique afin que l'enseignante donne son point de vue sur la compréhension de ce roman.

Comme le dit Dominique Bucheton et *al.* (2014), accompagner fait partie de l'agir professionnel de l'enseignant. C'est une posture que l'enseignant adopte pour « guider et conduire le processus d'apprentissage »[14]. Okoumba-Nkoghé est un modèle vers lequel se tournent les écrivains débutants qui tentent leur entrée dans le champ littéraire gabonais. À travers cette posture d'accompagnateur ou de parrainage, il se présente aussi comme un mentor. En effet, les jeunes écrivains ayant travaillé avec lui reconnaissent qu'il leur a permis de se familiariser avec l'acte d'écriture pour mieux se réaliser comme écrivain. C'est d'ailleurs une forme de collaboration – à distance comme en contact physique – qui selon l'auteur, a rendu son inspiration plus fluide.

2.2.2. Lire et comprendre Okoumba-Nkoghé

Si pour nous Okoumba-Nkoghé est une référence, c'est-à-dire, une personne influente dans la sphère de la littérature gabonaise, voire internationale[15], on peut toutefois se demander comment lire ses œuvres. De *Paroles vives écorchées* (1979) à *Longo* (2019), la vision sociétale de l'auteur évolue au fil du temps. Quelques extraits.

Extrait 1 :
    À l'ombre de l'Afrique
    l'on conduit des autos de luxe
    l'on fume du tabac de Havane
    quoique l'on n'ait pas de gite
    digne de ce nom

---

[13] Compte Facebook Okoumba-Nkoghé. https://fr-fr.facebook.com/Okoumba-Nkoghe-106214049525740/about/ consulté le 17 septembre 2020.

[14] Définition tirée du microprogramme « accompagner » de la Teluq. https://jenseigneadistance.teluq.ca consulté le 05 août 2020.

[15] Lien du site http://viaf.org/viaf/41835338 consulté le 17 septembre 2020.

L'argent et son existence
Exaltent la pensée
Incitent à choisir le coup d'État
Comme unité de lieu d'une méditation
(*Le soleil élargit la misère*, 1980 : 21-23).

Extrait 2 :
Après avoir fait sa toilette matinale au bébé dont était la jeune mère, et après l'avoir couché dans un berceau d'osier derrière la porte, Jarris-à-la-beauté-de-soie avait pris place à la table du petit déjeuner. Elle n'avait pas rompu le pain. Elle n'avait pas versé du café dans sa tasse renversée. Elle attendait quelqu'un qui ne tarderait pas à venir (*Siana*, 1986 : 7).

Extrait 3 :
Dans le vent d'un matin brumeux, le chemin de terre file et se faufile. De bonne heure debout, et d'un chandail vêtu, je marche vers la magnifique savane. On m'a dit : « Va voir la merveille des hauts plateaux ! » La veille, je suis arrivé à Léconi où j'ai posé valise et plaisirs. Léconi, ce front qui garde la frontière comme le berger et ses moutons » (*Duo en prose*, 2015 : 7).

Qu'il s'agisse de la poésie, du roman ou d'un autre genre, nous observons que les textes de l'auteur se lisent facilement, car le langage utilisé reste accessible aux lecteurs francophones dans le monde. C'est certainement cette clarté et accessibilité de la langue utilisée par le poète qui ont amené l'association coréenne des professeurs de français à choisir l'un de ses poèmes pour la 22ème édition de récitation de poèmes francophones[16].

Chez l'auteur, les jeunes sont les principaux acteurs. Le poète et le romancier interpellent la société entière pour dénoncer les injustices et les pratiques machiavéliques de la société. Le romancier aborde fréquemment le thème de l'enfance et de la misère environnante[17] comme une forme de catharsis. En effet, dans une interview accordée à l'équipe « Visez la lune » en janvier 2021[18], il revient que l'auteur a eu une enfance difficile. Ce besoin de

---

[16] https://francophonie.or.kr/2020/09/09/22eme-concours-national-de-recitation-de-poemes-en-francais-pour-les-lyceens/ consulté le 29 septembre 2020

[17] Voir *La Mouche et la glu* et *Siana*.

[18] [Interview exclu] Maurice Okoumba-Nkoghé, le célèbre écrivain gabonais se livre totalement. Repéré à https://www.visezlalune.net/interview-exclu-okoumba-nkoghe-le-celebre-auteur-gabonais-a-coeur-ouvert/ consulté le 31 mars 2021.

renverser les choses, de retrouver un juste équilibre peut sembler légitime.

Mais l'auteur éprouve le besoin de bien se faire comprendre à tel point qu'il s'engage dans la production d'outils pour expliquer ses œuvres. Il commence cette démarche avec Gaël Ipemboussou dans *Okoumba-Nkoghé. Entretien.* Ils vont ensemble explorer quatre de ses romans pour faire « entendre aussi le point de vue d'un auteur sur ses livres de fiction. Ce qui les aiderait dans leurs analyses » (2013 : 9). En 2020, il s'oriente vers la production d'un profil littéraire, à savoir, une analyse complète d'une œuvre sous différents aspects.

On aura bien compris : Okoumba-Nkoghé reste un enseignant, qui à travers son œuvre, tient le lecteur par la main pour voyager dans son monde et le former à retrouver le juste équilibre de la société.

Conclusion

Cette recension des publications de l'auteur menée jusqu'en 2020 nous permet d'affirmer qu'Okoumba-Nkoghé est non seulement l'un des écrivains les plus prolifiques de la littérature gabonaise, mais aussi que ses œuvres sont présentes dans plusieurs bibliothèques physiques et virtuelles dans le monde. Ses œuvres, qui semblent avoir réussi l'épreuve de la notoriété, interpellent la société entière, de l'enfant à l'adulte, à revoir leurs choix et leurs valeurs pour un meilleur avenir. C'est quasiment un projet pédagogique qui reste à éprouver dans une société en pleine mutation.

Bibliographie

ADJOI-OBENGUI, G.-D. (2014), *Religion locale et pouvoir politique au Gabon*, Thèse de Doctorat en Sociologie, Metz, Université de Lorraine.

BOILEAU, N. (1850), *L'Art poétique*, Paris, Hachette.

BUCHETON, D., ALEXANDRE, D. et JURADO, M. (2014), *Refonder l'enseignement de l'écriture vers des gestes professionnels plus ajustés du primaire au lycée*, Paris, Retz.

CALENDA, « Co-écritures », Appel à contribution, *Calenda*, publié le vendredi 05 juillet 2013, https://calenda.org/254969.

FORTIN, M.F. (1997), *Guide d'apprentissage du processus de la recherche*, Mont-Royal, Décarie.

MEN et IPN, (2020), « Liste des ouvrages recommandés dans l'enseignement, préprimaire, primaire et secondaire général et technique », Note circulaire, Akanda, Secrétariat général.

MUKONDA MBULUKU MIKIELE et MIZELE N'SANSI, A. (2012), *Lire Okoumba-Nkoghé*. Yaoundé, Clé.

MULANGU BINENE, P. (2009), « L'impossible absoluité du pouvoir », Mulangu Binene P., Nguema Ondo J.-L., Engouang H.-M. et Essono Ebang M. (dir.), *Regards sur les grands thèmes de la littérature gabonaise*, Tome 1, Paris, La Doxa, pp. 11-38.

OKOUMBA-NKOGHE, M. (1980), *Le soleil élargit la misère*, Paris, Arcam.

OKOUMBA-NKOGHE, M. (1986), *Siana*, Paris, Silex.

OKOUMBA-NKOGHE, M. et IPEMBOUSSOU, G. (2013), *Okoumba-Nkoghé. Entretien*, Libreville, ODEM.

OKOUMBA-NKOGHE, M. et OLLAME P. (2020), *Comprendre le signe de la source*, Yaoundé, Clé.

OKOUMBA-NKOGHE, M. et OLLAME, P. (2015). *Duo en prose*, Libreville, La maison gabonaise du livre.

SARTRE, J.-P. (1948), *Qu'est-ce que la littérature ?* Paris, Éditions Gallimard.

Sitographie

https://www.facebook.com/Okoumba-Nkoghe-Maurice-155167071558726/ consulté le 17 septembre 2020.

https://francophonie.or.kr/2020/09/09/22eme-concours-national-de-recitation-de-poemes-en-francais-pour-les-lyceens/ consulté le 29 septembre 2020.

http://viaf.org/viaf/41835338 consulté le 17 septembre 2020.

https://jenseigneadistance.teluq.ca consulté le 05 août 2020.

http://worlcat.org/identities/Iccn-n86023795 consulté le 10 octobre 2020.

LA CONSTRUCTION LITTÉRAIRE D'UNE IDENTITÉ NATIONALE AU GABON. À PROPOS DE LA CLASSICISATION D'OKOUMBA-NKOGHÉ À TRAVERS LES PRATIQUES DE LECTURE AU SECONDAIRE

Gaël NDOMBI-SOW
Université Omar Bongo
sowgael@yahoo.fr

Résumé : Les œuvres au programme d'étude dans les lycées et collèges au Gabon reflètent une culture littéraire à transmettre aux apprenants. Dans cette logique, quatre pôles constituent les greniers qui alimentent les corpus constitués, en fonction des problématiques actuelles dont les enjeux se dessinent à la fois en termes de valorisation, de revitalisation, de légitimation et de reconnaissance. Le présent article vise deux objectifs majeurs. En amont, il est question d'interroger les pratiques de lecture au secondaire, en se servant de la liste des œuvres au programme définies par l'IPN, afin de déterminer la part de la nationalisation des corpus d'études. Une telle vision entraîne forcément des interrogations sur les écrivains gabonais représentatifs de la culture locale et l'ambition d'expansion de leurs savoirs. En aval, et afin de cadrer avec la thématique du numéro, un coup de projecteur sera fixé sur Maurice Okoumba-Nkoghé, dans l'intérêt de déterminer la place qu'il occupe dans les pratiques de lecture au secondaire. Le but final est de voir si cette donnée rend intelligible le statut de cet écrivain dans le champ littéraire gabonais.
Mots-clés : Programme scolaire – Lecture – Champ littéraire – Identité – Classique – Okoumba-Nkoghé

Abstract : The works on the curriculum in Gabonese secondary schools reflect a literary culture to be transmitted to learners. In this logic, four poles constitute the granaries which feed the constituted corpus, according to the current problems whose stakes are drawn at the same time in terms of valorization, revitalization, legitimization and recognition. This article has two major objectives. Firstly, it examines reading practices in secondary schools, using the list of works on the curriculum defined by the IPN, in order to determine the extent of nationalisation of the study corpus. Such a vision inevitably raises questions about the Gabonese writers who are representative of local culture and the ambition to expand their knowledge. Downstream, and in order to fit in with the theme of the issue, the focus will be on Maurice Okoumba-Nkoghe, in the interest of determining the place he occupies in the reading practices of secondary schools. The final aim is to see if this data makes the status of this writer in the Gabonese literary field intelligible.
Keywords : School programm – Reading – Literary field – Identity – Classic – Okoumba-Nkoghe

Introduction

L'histoire littéraire africaine, depuis 1921 avec *Batouala* de René Maran, s'est faite au fil des années et des tendances thématiques d'ensemble. Toutefois, il faut le rappeler, certains pays africains ont accusé un retard à l'allumage dans la production littéraire. C'est le cas du Gabon dont les premiers véritables écrits datent des années 1980[1], au moment où d'autres pays africains, à l'instar du Sénégal et du Congo, se penchaient sur les questions de changement de génération et d'évolution en termes de perspectives littéraires[2]. S'est alors posée la question de l'existence, sinon la pertinence d'un champ littéraire gabonais dans les débats qui s'en sont suivis[3]. En 1991, le numéro spécial que consacrait la revue *Notre librairie* aux Lettres gabonaises vantait les promesses d'une littérature en devenir, sans pour autant placer des interrogations sur son autonomie vis-à-vis de la tutelle française – dont les éléments d'attache sont encore perceptibles aujourd'hui à travers le penchant pour les maisons d'édition du centre franco-parisien, le standard critique venant de l'hexagone, l'attrait pour le système littéraire francophone (Halen, 2001)...

Trente ans plus tard, on s'interroge toujours sur la dynamique du champ littéraire gabonais qui s'est, entretemps, doté de « tous ceux que l'on désigne ordinairement comme les acteurs de la vie littéraire : écrivains et éditeurs, mais aussi personnels des maisons d'édition, imprimeurs, diffuseurs, libraires, bibliothécaires, etc. » (Lahire, 2006 : 13). Cet écueil, s'il est permis de l'appeler ainsi, est dû au fait que les travaux heuristiques visant à effectuer une cartographie du champ littéraire gabonais, ne s'attaquent pas à tous les pôles institutionnels déclinés par Pierre Bourdieu dans *Les règles*

---

[1] On peut toutefois disserter à loisir sur l'expansion des pièces de théâtre de Vincent de Paul Nyonda dans les années 1960, dont la parution éditoriale ne date que des années 1970 et 1980, et aussi la publication d'*Histoire d'un enfant trouvé* (1971) de Robert Zotoumbat, l'essor de la littérature gabonaise de « masse » s'est effectué dans le tournant des années 1980, avec une pluralité d'écrivains et d'œuvres.

[2] Sewanou Dabla dans *Nouvelles écritures africaines. Romanciers de la seconde génération* (1986) et Georges Ngal, dans *Création et rupture en littérature africaine* (1995), donnent chacun un aperçu de ce changement de génération, qui se caractérise par l'apparition, à partir des années 1970, d'une nouvelle classe d'écrivains dans bon nombre de pays africains francophones. La littérature gabonaise était absente à ce rendez-vous.

[3] Ces questions se sont posées au tournant des années 1990 parce que dans les deux décennies précédantes, la faiblesse statistique du corpus était un éceuil réel à l'analyse objective de cet espace littéraire.

de l'art. Genèse et structure du champ littéraire (1992). Bien plus, les études sur les mécanismes sociologiques de la littérature gabonaise sont encore minimes au niveau universitaire[4]. Il faut toutefois saluer le texte d'Hémery-Hervais Sima Eyi, *La vie littéraire au Gabon. Ses acteurs institutionnels, ses instances de médiation et de légitimation et ses enjeux* (2020), qui est une source remarquable dans la saisie des dispositifs qui prévalent pour l'institutionnalisation du champ littéraire au sens bourdieusien. Le peu d'intérêt des études scientifiques sur la question institutionnelle au Gabon valide aujourd'hui l'option d'ouvrir des pistes de reflexion, d'où le choix dans cet article[5], de s'intéresser à la modulation de l'affirmation du champ littéraire national et la promotion des textes locaux à travers les programmes scolaires au secondaire. Pour cela, une hypothèse interrogative se pose en amont de cette réflexion : au Gabon, qui lit-on au lycée et au collège ? Quelle est la place occupée par la programmation à l'école des textes gabonais dans le processus de construction d'une identité littéraire nationale ? Autrement dit, quelle est la part réservée aux fictions gabonaises dans la programmation des textes à lire au secondaire ? De telles interrogations ne peuvent se penser sans qu'il ne se pose la problématique de canon ou modèle représentatif du répertoire littéraire gabonais. Or, il est connu que « s'il y a un lieu où la réflexion sur le patrimoine littéraire se construit en permanence, c'est bien l'institution scolaire dans sa relation à la culture » (Fraisse, 2011 : 12), plus spécifiquement à la littérature locale. Dans ce sens, Maurice Okoumba-Nkoghé, dont le n°3 de la revue *Les Grands Auteurs Gabonais* soumet « à l'épreuve de la notoriété », devait se

---

[4] Il faut toutefois mentionner un article de Ludovic Obiang, « La nation à la pointe de l'écriture ? Nationalisation du fait littéraire et construction de l'identité politique au Gabon » (2009), qui évoque de manière rapide le retard de la mise en place du champ littéraire local et offre des pistes intéressantes sur l'étude de l'institution de la littérature gabonaise.

[5] Cet article donne les premiers résultats d'une étude qui entend circonscrire les mécanismes de choix des auteurs qui composent la « Liste des ouvrages recommandés dans l'enseignement, pré-primaire, primaire, secondaire général et technique ». Pour les besoins du numéro de la revue consacré à Maurice Okoumba-Nkoghé, l'étude du cas ici se fixe en restriction, s'intéressant uniquement à l'analyse des données chiffrées qui déterminent la place des écrivains dans le champ de lecture au lycée et au collège. Mais pour une meilleure visibilité, il importe de cerner les critères de sélection, d'interroger certaines absences en procédant à des enquêtes et surtout à déterminer les circuits de production des écrivains retenus, entre logique de grande production et pôle de production restreinte.

positionner comme un écrivain en phase de consécration dans le champ littéraire gabonais, rendu possible entre autres à travers le processus d'insertion de ses œuvres au programme de lecture dans les lycées et collèges. Mais qu'en est-il réellement de la réception de cet écrivain par l'institution scolaire au secondaire ? Une telle démarche implique de chercher à définir comment Okoumba-Nkoghé peut apparaître comme un profil adéquat dans la perspective d'une analyse de la cartographie, de la réception et de la constitution de ce qu'il convient d'appareiller à un classique.

Pour mener à bien le fil de cette recherche, le regard sociologique sera privilégié à l'approche didactique qui s'intéresse au contenu et aux pratiques de l'enseignement. L'étude va s'appuyer sur des données recueillies à l'Institut pédagogique national (IPN), organe du ministère de l'Education nationale au Gabon, en charge de construire les programmes scolaires. Il s'agit notamment de la « Liste des ouvrages recommandés dans l'enseignement, pré-primaire, primaire, secondaire général et technique », pour les classes allant de la 6ème en Terminale, datant de 2020. L'objectif est d'établir un état de visibilité en vue de dessiner une cartographie gabonaise des pratiques de lecture au secondaire et aussi de déterminer la place d'Okoumba-Nkoghé dans un baromètre des noyaux centraux de cette littérature.

1. Patrimoine littéraire au programme de français au secondaire : constitution des corpus pléniers

Au Gabon, au secondaire, que lit-on ? Qui lit-on ? Ce double questionnement oblige à se pencher sur les pratiques de lecture édifiées sur la base des données du programme des textes conçu par l'IPN. De manière générale, le programme de français au collège et au lycée contribue à l'acquisition de plusieurs compétences définies par le socle commun de connaissances. Il vise à la fois à satisfaire les exigences locales de lecture et à établir des correspondances avec d'autres écrivains de l'Ailleurs. Sur cette base, on constate que cette programmation est élaborée à partir d'un double couplage : ancien et nouveau ; national et international.

La création en 2003, d'un département de Littératures Africaines au sein de l'université Omar Bongo de Libreville, avec en prime un parcours « Littérature gabonaise » quelques années plus tard, a tacitement institué la question de la ressource en termes d'apprenants. L'attente conçue ici est celle de la compétence des étudiants nouvellement inscrits sur la connaissance des œuvres littéraires locales, puisque les programmes en vigueur devaient normalement se situer dans le prolongement de ceux du collège et lycée. Cette vision aurait eu le mérite de s'inscrire dans la perspective d'une progressive « gabonisation » des œuvres en étude, initiée depuis les années 1990 (Abeme Ndong, 2018). Pour le cas du présent article, les données d'exploitation servent de matrice à une étude qui vise l'approche générale des œuvres au programme, avant de faire une fixation sur le corpus local.

En amont, il est utile d'établir une représentation chiffrée des œuvres au programme. L'inventaire des données tient compte des niveaux d'études (de la 6ème jusqu'en Terminale) et des genres littéraires (roman, poésie, théâtre, anthologie). Le tableau ci-dessous présente la répartition chiffrée des œuvres au programme :

Tableau 1 : Aperçu chiffré des œuvres au programme par genre littéraire et niveau d'étude

Niveau	Roman	Poésie	Théâtre	Anthologie
6ème	2	2	1	2
5ème	2	2	2	2
4ème	2	2	3	2
3ème	2	2	2	2
2nde	2	2	2	4
1ère	2	2	2	3
Tle	2	2	3	3
Totaux	14	14	15	18

Source : Comptage à partir de la « Liste des ouvrages recommandés dans l'enseignement, pré-primaire, primaire, secondaire général et technique » (2000).

A l'observation, on constate qu'un élève gabonais qui clôt son parcours secondaire a, à sa disposition, la possibilité de se socialiser avec 14 romans, 14 recueils de poèmes, 15 pièces de théâtre et 7 anthologies[6].

---

[6] Si dans la programmation générale, il apparaît un total de dix-huit (18) anthologies pour l'ensemble du cursus secondaire, il faut retenir qu'elles sont en réalité sept (7). Plusieurs anthologies se répètent entre différents niveaux.

2. Classification chiffrée par genre et par espace

Les différents chiffres ci-dessus tiennent compte de la pluralité des composantes, en fonction des espaces littéraires d'identification. Il s'agit, pour les besoins de cette étude, d'un découpage qui dénombre les pôles suivants : Gabon, Afrique, France et Autres. Les données se présentent ainsi comme suit :

Tableau 2 : Répartition des œuvres en fonction des genres et des espaces littéraires

	Gabon	Afrique	France	Autres
Roman	13	1	0	0
Poésie	9	1	4	0
Théâtre	1	1	11	2
Anthologie	1	5	0	1
Totaux	24	8	15	3

Source : Comptage à partir de la « Liste des ouvrages recommandés dans l'enseignement, pré-primaire, primaire, secondaire général et technique » (2000).

Le constat général qui se dégage est la part belle réservée à l'étude des œuvres gabonaises, suivie des écrivains français, puis africains et enfin ceux issus des autres espaces littéraires. Statistiquement, la graduation se range comme suit, en pourcentage : Gabon (44 %) ; France (24,07 %) ; Afrique (14,81 %) ; Autres (5,56 %). Si ces chiffres marquent la dominance générale des textes gabonais dans les possibilités de lecture au secondaire, comment se traduisent ces pratiques en fonction des espaces choisis et des genres littéraires identifiés ?

Les statistiques établies à partir des données de l'IPN laissent transparaître une prépotence des œuvres gabonaises dans le genre romanesque ; même statut dans le genre poétique ; au théâtre, la France occupe la première place ; et enfin, les anthologies issues de l'Afrique se positionnent en leader dans le genre. Le tableau ci-dessous matérialise les pourcentages des œuvres au programme, par genre et espace littéraires.

Tableau 3 : Pourcentage des œuvres au programme, par genre et espace

	Roman	Poésie	Théâtre	Anthologie
Gabon	92,86 %	64,28 %	6,66 %	14,29 %
Afrique	7,14 %	7,14 %	6,66 %	71,42 %
France	0 %	28,58 %	73,33 %	0 %
Autres	0 %	0 %	13,35 %	14,29 %

Source : Calcul à partir des données du tableau 2.

A l'approche de la liste des ouvrages à lire dans le cadre des cours de français, on remarque qu'au niveau du genre romanesque, sur un total de quatorze (14) œuvres, treize (13) sont puisées dans le répertoire littéraire gabonais, soit une part active de 92,86 %. Seul le roman *L'enfant noir* du guinéen Camara Laye se place en alternative de lecture en classe de 5ème. En somme, l'élève gabonais qui achève son parcours secondaire aura acquis une compétence de lecture largement orienté vers le texte gabonais, en ce qui concerne le genre romanesque.

Pour ce qui est du genre poétique, le Gabon occupe également le premier plan, avec neuf (9) recueils de poèmes sur un total de quatorze (14) œuvres, soit un pourcentage de 64,28 %. Le deuxième creuset dans lequel les enseignants de français puisent le corpus d'étude en poésie est la France, avec quatre (4) ouvrages, soit 28,58 %. Dans ce panel, l'élève aura à se socialiser avec *Les fables* de Jean de La Fontaine, *Paroles* de Jacques Prévert, *Les fleurs du mal* de Charles Baudelaire et une compilation des poètes français intitulée *Poèmes du monde contemporain*[7]. A côté des poètes gabonais et français, l'IPN recommande l'étude de *L'envers du soleil* de Jean-Baptiste Tati Loutard comme unique recueil de poèmes africain.

Dans le genre théâtral, la tendance est inversée, avec la France en pole position. Sur un total de quinze (15) pièces de théâtre, onze (11) sont tirées du patrimoine littéraire français, soit un pourcentage de 7,33 %. On retrouve en chef de fil Molière avec neuf (11) titres au programme, dont *Le médecin malgré lui*, *Les fourberies de Scapin*, *L'avare*, *Le bourgeois gentilhomme*, *Le malade imaginaire*, *Le Tartuffe*,

---

[7] Publiée par Hatier France, cette compilation est composée des poètes français Guillaume Apollinaire, André Breton, René Char, Robert Desnos, Francis Ponge, Jacques Prévert, Raymond Queneau, Jean Tardieu et Boris Vian. A ces poètes français, il faut ajouter le sénégalais Léopold Sédar Senghor et le martiniquais Aimé Césaire.

Dom Juan et *Le misanthrope*. Les deux autres écrivains français qui s'ajoutent à Molière sont Pierre Corneille avec *Le Cid* et Beaumarchais avec *Le mariage de Figaro*. En deuxième position avec un pourcentage de 13,35 %, on retrouve les œuvres tirées des autres espaces littéraires, notamment les deux pièces de théâtre d'Aimé Césaire, *Une tempête* et *La tragédie du roi Christophe*. Enfin, l'Afrique – Guillaume Oyono Mbia, *Trois prétendants... un mari* – et le Gabon ferment la liste, avec pour chacun une œuvre au programme, soit 6,66 %.

En ce qui concerne les anthologies, comme précédemment annoncé, elles sont au nombre de sept (7), avec la priorité quantitative accordée à l'Afrique qui en compte cinq (5), soit un ratio de 71,42 %. On catalogue notamment *L'anthologie de la poésie négro-africaine*, *L'anthologie de la poésie négro-africaine pour la jeunesse*, *L'anthologie de la littérature francophone d'Afrique centrale* et *L'anthologie de la littérature négro-africaine* de Lilyan Kesteloot. Dans l'ordre de programmation, on compte *L'anthologie de la littérature francophone* qui est une généralité prenant en considération plusieurs espaces littéraires. A ce titre, on la range dans le groupe Autres, afin d'éviter les écueils liés à la catégorisation. La dernière anthologie, qui représente 14,29 % comme la précédente, est tirée du catalogue gabonais.

Globalement, on retient que les textes gabonais occupent une place importante dans les pratiques de lecture au secondaire. Le roman et la poésie sont les deux genres littéraires qui matérialisent cette domination, réceptacle de l'affirmation d'une identité littéraire nationale. A ce sujet, on s'interroge sur l'identité des auteurs gabonais que l'on catalogue dans le corpus local en étude.

3. Quels auteurs gabonais lit-on au collège et au lycée ?

La prédominance des écrivains gabonais dans le choix des corpus au secondaire oblige à s'intéresser à l'identité de ceux qui sont lus. S'agit-il, dans l'ensemble, des incontournables de la littérature gabonaise ? Des valeurs sûres ? Des plumes émergentes ? etc. Afin d'examiner la teinte locale que prennent les pratiques de lecture au collège et au lycée, il convient de dessiner la cartographie nominative des écrivains gabonais au programme.

En classe de 6ème, hormis l'*Anthologie de la littérature gabonaise* de Nicolas Mba-Zué, Jean-Pierre Goursaud et François Martel, trois écrivains locaux sont au programme. Il s'agit de Justine Mintsa avec *Premières lectures* et Sylvie Ntsame avec *Le soir autour du feu* pour la section récits ou romans ; Dany Okoumba, auteur de *Mélodies premières*, pour le genre poétique.

En classe de 5ème, à l'anthologie précédemment citée de Nicolas Mba-Zué, Jean-Pierre Goursaud et François Martel, s'ajoutent *Mémoires d'un instituteur* de Moïse Nkoghe Mve pour le récit ; *Le bouquet* de Marie Claire Assoumou Mombe et Brigitte Obame Emane pour la section théâtre ; enfin *le chant de ma mère* d'Eric-Joël Bekalé pour le genre poétique.

En classe de 4ème, outre l'anthologie déjà énumérée, l'élève gabonais se sociabilise avec *La vocation de Dignité* de Jean Divassa Nyama et *Les matitis* de Hubert Freddy Ndong Mbeng dans la section roman ; *Croissant de soleil* de Pulchérie Abeme-Nkoghé pour le genre poétique.

En classe de 3ème, en additif de l'*Anthologie de la littérature gabonaise*, les romans au programme sont *Histoire d'un enfant trouvé* de Robert Zotoumbat et *Les matinées sombres* de Narcisse Eyi-Menyé ; côté poésie, il y a *La ballade des chuchotis* de François Allogo-Ovono.

Dans le second cycle, en classe de Seconde spécifiquement, le jeune apprenant fait face à *Siana* d'Okoumba-Nkoghé et *Souffrance partagée* de Mexcent Zué Elibiyo en ce qui concerne le genre romanesque ; en poésie, il y a au programme *Ligne d'horizon* de Marie-Constance Zeng Ebome et *La sagesse de mon terroir* d'Henri-Georges Boundzanga.

En classe de Première, les romans gabonais soumis en lecture sont *Elonga* d'Angèle Ntyugwetondo Rawiri et *Sous le pont de Bomo* de Marc Kaba ; en poésie, seul le recueil *Bya ke veh ?* de Janvier Nguema Mboumba figure en programmation.

Enfin, en classe de Terminale, les deux romans recommandés en étude sont *FAM !* de Chantal Magalie Mbazoo Kassa et *Pascaline dans les flots de la chute* d'Arnold Nguimbi ; dans le genre poétique, il y a *Cantiques de l'exil* d'Honoré Ovono Obame et *Les temps déchirés* d'Hallnaut-Mathieu Engoang.

Au regard du catalogue assez fourni des œuvres gabonaises, il est aisé d'affirmer que la politique de distiller l'identité régionale à travers les pratiques de lecture est fortement affirmée. L'élève qui achève son parcours scolaire au lycée rentre à l'université avec des acquis conséquents en littérature gabonaise. Ce choix entend faciliter non seulement l'enseignement des Lettres gabonaises au niveau supérieur, mais il permet en plus de faire la promotion des œuvres locales, naguère biffées par la dépendance à la littérature française.

Toutefois, si l'appétence pour le texte gabonais est indéniable, il est utile de s'interroger sur le choix des écrivains qui composent le patrimoine littéraire local en étude. D'emblée, on constate que la liste des œuvres gabonaises dans laquelle devront piocher les professeurs de français au collège et au lycée présente quelques « omissions ». Partant du principe que le champ littéraire gabonais regorge des écrivains convenablement installés et qui ont accumulé un capital symbolique assez important pour se réclamer de la catégorie des « consacrés », il est attendu que leur représentativité soit au firmement du baromètre des œuvres au programme scolaire. Dans le cas qui intéresse cette étude, c'est-à-dire Okoumba-Nkoghé, sa faible représentativité ne pose-t-elle pas la question de son appartenance au noyau central de cette littérature ?

4. Okoumba-Nkoghé dans le champ de lecture : une classicisation institutionnelle

Maurice Okoumba-Nkoghé jouit d'une position relativement prestigieuse au sein de la littérature gabonaise, en raison de sa reconnaissance institutionnelle et sa prolifique production. En plus d'être parmi les premiers écrivains gabonais à éclore, il a produit une œuvre qui, assez rapidement, est devenue l'objet d'un discours critique développé non seulement en milieu universitaire[8], mais aussi dans l'espace secondaire du lycée et collège. Dans ce sens, aussi étonnant que cela puisse paraître, l'IPN a programmé à l'étude, au compte de l'année 2020, une seule œuvre du répertoire d'Okoumba-Nkoghé, à savoir le roman *Siana* (1981), uniquement en classe de Seconde. Mais cette configuration, qui d'un premier point de vue, n'est pas représentative en termes d'occurrence, traduit une marge de manœuvre assez restreinte pour ce qui concerne le choix des corpus par les enseignants de français. Il faut dire que cette dernière monture de la liste des ouvrages au programme des lycées

---

[8] On peut citer entre autres Mba-Zué (1991), Gahungu (2003), Mbondobari (2008), Renombo et Taba (2019), Magnima Kakassa (2021) ; mais aussi une centaine de mémoires de maîtrise et master soutenus principalement à l'Université Omar Bongo, et des thèses de doctorat ayant ses œuvres en composants du corpus.

et collègues se veut circonscrite, limitant pour l'essentiel le choix à deux possibilités par genre et par classe. Dans ce cas, la primeur de programmation semble être donnée à un grand groupe d'écrivains au détriment d'un modèle de choix privilégiant les écrivains classicisés ou canonisés par la critique la plus répandue.

Ce mode de programmation opéré par l'IPN crée des doutes sur la pertinence de détermination des écrivains modèles dans le champ littéraire gabonais. La notion de valeur littéraire se trouve gauchie par la volonté de mettre un maximum d'écrivains au programme, sans tenir compte des critères esthétiques, thématiques et auctoriales[9]. Un tel montage a pour conséquence la programmation à une seule occurrence par écrivain, peu importe le nombre d'ouvrages sur le marché. Ainsi, un écrivain tel qu'Okoumba-Nkoghé – qui totalise une vingtaine de titres dans sa besace et qui a atteint une certaine audience auprès de la critique la plus érudite – se trouve mis sur le même pied d'égalité qu'un auteur ayant publié une seule œuvre. Mais on le sait, la classicisation des écrivains ne dépend pas du nombre d'œuvres publiées. De fait, la question de la place des écrivains dans la liste des ouvrages au programme scolaire, ou de leur absence, implique une réflexion sur les mécanismes de formalisation des classiques ou la « constitution du canon, cet ensemble composé d'œuvres et d'auteurs censés représenter l'essence de la littérature nationale » (Broussin, 2018 : 30).

Pour le cas d'Okoumba-Nkoghé, au plan institutionnel gabonais, nul doute qu'il soit considéré comme un écrivain classique dont l'actualité est sans cesse *crescendo*. Ecrivain classique renvoie à

---

[9] Ce genre de pratiques ouvre la voie à un soupçon de camaraderie entre les agents de l'IPN, les écrivains et dans une moindre mesure, les éditeurs. La complaisance et le copinage semblent être à des endroits, un critère subjectif valable. Il faut signaler que d'une part, les membres de l'IPN sont, pour l'essentiel, piochés au sein du système scolaire et dans ce sens, les possibilités de conflit d'intérêt sont largement envisageables, du fait que la majorité des écrivains gabonais exercent dans le milieu professionnel de l'enseignement et ceux qui sont programmés pour les cours de français vivent généralement au Gabon, principalement à Libreville. Pas donc étonnant que des écrivains qui se situent hors du périmètre de la capitale gabonaise soient absents de cette liste, à l'image de Bessora, Benicien Bouschedy, Apis Ondo, Edna Merey-Apinda, etc. D'autre part, il est important de s'interroger sur une probable mainmise (pouvoir ?) des éditeurs gabonais sur l'institution scolaire, à travers des possibles accointances avec les membres de l'IPN, suivant le principe du jeu et des enjeux en vigueur dans un champ littéraire. Mais ceci est un autre débat qui mérite une étude approfondie afin de lever les équivoques.

une « valeur de modèle ou ce qu'on enseigne dans les classes » (Viala, 1992 : 12). Suivant ce principe, Alain Viala estime que l'on peut considérer l'école, la recherche universitaire, le monde de l'édition mais aussi les différents prix et concours littéraires comme des instances officielles de légitimation déterminant quels auteurs vont constituer le canon de la littérature nationale ou devenir des classiques. Mais pour l'attribution et la circulation du label de « classique » dans un champ littéraire, ne faut-il pas au préalable avoir des aptitudes à la classicisation ? En se référant à Marie-Odile André (1993 : 251),

> en tant que fait de réception, la classicisation d'un écrivain est un processus à travers lequel se forme la valeur littéraire. Comme processus, cette classicisation implique plusieurs instances (presse, édition, école) dans un jeu complexe et parfois contradictoire de relations ; selon son degré d'achèvement, elle décide de l'accès au rang de classique et définit les positions dans la hiérarchie des écrivains classicisés.

Chez Okoumba-Nkoghé, le processus de classicisation s'est construit au fil de sa trajectoire littéraire. S'il se présente aujourd'hui comme l'un des écrivains les plus prolifiques au Gabon, c'est du côté de l'institution scolaire qu'il faut aller chercher sa valeur symbolique. En effet, le monde scolaire lui a fait très bon accueil dès le début des années 1990, avec l'insertion de ses textes dans la liste des ouvrages à étudier aux cours de français. Tout commence par l'intérêt prononcé pour *La mouche et la glu* (1984), roman qui cadre parfaitement avec les attentes thématiques du système scolaire gabonais autour de la question du conflit des générations, entre tradition et modernité. L'œuvre d'Okoumba-Nkoghé vient s'ajouter aux textes avant-gardistes africains tels que *Maïmouna* d'Abdoudaye Sadji et *Sous l'orage* de Seydou Badian, pour composer le corpus d'étude au lycée et collège. L'insertion de *La mouche et la glu* au programme de lecture inscrit l'auteur dans une durée qui est celle de l'histoire littéraire, puisque « si l'institution scolaire joue un rôle essentiel dans le processus de classicisation, elle intervient selon sa logique propre qui est celle de son histoire et de ses besoins » (André, 1993 : 254). Le roman susmentionné n'est pas la seule œuvre d'Okoumba-Nkoghé à avoir été proposée en étude dans le système scolaire. En 2018 par exemple, la « Liste des ouvrages recommandés dans l'enseignement secondaire »[10], plus étoffée que la récente de 2020, plaçait en auréole plusieurs œuvres de cet écrivain, parmi lesquelles *Le rêve de Nyenzi*, *Le chemin de la mémoire* et *Le destin de Doussala*. Cependant, la place qui lui est affectée aujourd'hui dans le corpus d'étude au secondaire est plus restreinte que celle que lui donne la répartition du capital symbolique. L'œuvre majeure, *La mouche et la glu*, est sortie de la programmation, victime sans doute des renouvellements thématiques. A ce sujet, Hans Robert Jauss (1978 : 270) soutient que « pour qu'une œuvre du passé continue d'être agissante, il faut qu'elle suscite l'intérêt latent ou délibéré de la postérité qui poursuit sa réception ou en renoue le fil rompu ».

Chez Okoumba-Nkoghé, principalement autour de *La mouche et la glu*, se joue une double figuration, autant discursive qu'auctoriale, en termes de réception. Le roman publié en 1984 s'est inscrit dans le patrimoine littéraire gabonais, avec le statut de classique, du fait notamment de la réussite du pacte de lecture qui a fait l'unanimité. Il faut reconnaître que l'école et la critique universitaire ont largement contribué au processus de classicisation de cette œuvre. Toutefois, face à l'unanimisme autour de *La mouche et la glu*, il faut reconnaître que de longue date, l'effort de la corporation institutionnelle, à travers l'école, a été de mobiliser des moyens pour éviter de réduire Okoumba-Nkoghé à ce roman le plus connu. Il est aussi question de « patrimoiniser » l'auteur, en faisant de lui un classique de la littérature gabonaise. A ce stade, le nom Okoumba-Nkoghé ne représente plus seulement l'auteur du classique *La mouche et la glu*, il renvoie également à l'écrivain labellisé du champ littéraire gabonais.

Conclusion

En introduction à son ouvrage sur *La fabrique de l'écrivain national*, Anne-Marie Thiesse (2019 : 11) estime qu'il n'y a « pas de véritable nation sans littérature, pas de véritable littérature qui ne soit nationale ». Une telle assertion nécessite que l'on s'intéresse au modèle de l'écrivain qui incarne l'image de la nation par son œuvre et sa posture auctoriale. A l'évidence, Okoumba-Nkoghé est une icône de la culture locale et une référence littéraire reconnue du

---

[10] Institut Pédagogique National, (2000), « Liste des ouvrages recommandés dans l'enseignement secondaire », Note circulaire, Akanda.

champ littéraire gabonais[11]. Il apparaît aujourd'hui comme l'une des figures centrales de la littérature gabonaise contemporaine, en étant un écrivain qui a su inscrire une œuvre au patrimoine national des biens symboliques. Au nombre des instances qui ont permis à cet écrivain de devenir un classique de la littérature gabonaise, il y a l'école, à travers l'insertion de ses livres dans le programme des ouvrages à étudier, notamment au secondaire. Si l'approche comptable de la feuille de programmation des auteurs gabonais qu'il faut étudier en classe donne actuellement une occurrence à Okoumba-Nkoghé, cette donnée ne saurait traduire avec charme la place de cet écrivain dans le champ de lecture. Cela est dû au fait que l'impact de consécration ne se mesure pas à la position minorée de la présence de ses œuvres dans les différents niveaux d'étude du secondaire. Dans le champ littéraire gabonais, la réception critique accordée à l'auteur de *La mouche et la glu* et son inscription dans le champ de l'institution scolaire depuis des décennies lui permettent de prendre rang parmi les classiques. Il est donc permis de penser qu'à l'épreuve de la notoriété, Okoumba-Nkoghé est un écrivain majeur de la littérature gabonaise,

> grand écrivain, il l'est en ce sens que l'accompagne une érudition vivante, une critique sans cesse renouvelée, actualisée, diversifiée, parfois polémique, presque toujours passionnée et qui dépasse les frontières de sa diffusion initiale. Grand écrivain, il l'est bien évidemment aussi parce qu'il est également consacré par l'institution scolaire. Il l'est également par la fidélité renouvelée et élargie d'un lectorat qui dépasse largement les attentes et les rangs de l'école... (Fraisse, 2003 : 283-284).

Il faut toutefois signaler que le procéssus de classicisation de Maurice Okoumba-Nkoghé est aujourd'hui désorganisé par l'institution scolaire à travers une programmation dont les choix ne cessent de susciter des interrogations sur la pertinence des critères d'insertion. C'est là un point important sur lequel peut déboucher une refonte du système institutionnel scolaire.

---

[11] Cette construction de la figure nationale est un procéssus en élaboration. La conscience nationale n'y a pas totalement intégré ce type d'appropriation symbolique.

Bibliographie

ABEME NDONG, M. (2018), *Formation des sujets lecteurs enseignants dans le secondaire au Gabon*, Thèse de doctorat en Didactique, Université Laval.

ANDRE, M-O. (1993), « La classicisation des modernes : le cas Colette », *Littératures classiques*, n°19, pp. 249-258.

BOURDIEU, P. (1992), *Les règles de l'art. Genèse et structure du champ littéraire*, Paris, Seuil.

BROUSSIN, M. (2018), « Femmes et canon(s). Quelle place pour les auteures du XVIe siècle dans les ouvrages scolaires ? (1900-2014) », *Revue TIES*, vol. 1, pp. 29-47.

DABLA, S. (1986), *Nouvelles écritures africaines. Romanciers de la seconde génération*, Paris, L'Harmattan.

FRAISSE, E. (2003), « Camus et l'école en France : à propos d'une institutionnalisation », Brodziak, S. et *al.* (dir.), *Albert Camus et les écritures du XXe siècle*, Arras, Artois Presses Université, coll. « Etudes littéraires », pp. 283-294.

FRAISSE, E. (2011), « Enseignements littéraires et œuvres de référence : entre l'ancien et le nouveau », *Le français aujourd'hui*, n° 172/1, *Corpus littéraires en question*, pp. 11-24.

GAHUNGU, P. (2003), *La poétique du soleil dans "La mouche et la glu" d'Okoumba-Nkoghe: analyse sémiostylistique*, Libreville, Maison gabonaise du livre.

HALEN, P. (2001), « Notes pour une topologie institutionnelle du système littéraire francophone », Diop, P. S. et Lüsebrink H.-J. (dir.), *Littératures et sociétés africaines. Regards comparatistes et perspectives interculturelles. Mélanges offerts à János Riesz à l'occasion de son soixantième anniversaire*, Tübingen, Gunter Narr Verlag, pp. 55-67.

INSTITUT PEDAGOGIQUE NATIONAL (2000), « Liste des ouvrages recommandés dans l'enseignement, pré-primaire, primaire, secondaire général et technique », Note circulaire, Akanda.

JAUSS, H.R. (1978), *Pour une esthétique de la réception*, Paris, Gallimard.

LAHIRE, B. (2006), *La condition littéraire. La double vie des écrivains*, Paris, La Découverte.

MAGNIMA KAKASSA, A. (2021), « Lecture de la postcolonie dans quelques œuvres de Maurice Okoumba-Nkoghé », *Djiboul*, n°1, vol.3, pp. 199-214.

MBA-ZUE, N. (1991), « Okoumba-Nkoghé ou la quête de l'impossible amour », *Notre librairie*, n°105, *La littérature gabonaise*, pp. 100-103.

MBONDOBARI, S. (2008), « Ecriture de l'immédiateté : pouvoir politique et postcolonie dans *Le chemin de la mémoire* d'Okoumba-Nkoghé », *Neohelicon*, vol. 35, n°2, pp. 101-113.

NGAL, G. (1995), *Création et rupture en littérature africaine*, Paris, L'Harmattan.

OBIANG, L. (2009), « La nation à la pointe de l'écriture ? Nationalisation du fait littéraire et construction de l'identité politique au Gabon », Renombo S. et Mbondobari S. (dir.), *Créations littéraires et artistiques au Gabon. Les savoirs à l'œuvre*, Libreville, Editions Raponda Walker, pp. 157-179.

OKOUMBA-NKOGHE, M. (1981), *Siana*, Paris, ARCAM.

OKOUMBA-NKOGHE, M. (1984), *La mouche et la glu*, Paris, Présence africaine.

RENOMBO, S.R. et TABA ODOUNGA, D. (2019), *Les ombres solaires, du réalisme au roman écologique dans l'œuvre de Maurice Okoumba-Nkoghé*, Libreville, Raponda Walker.

SIMA EYI, H.-H. (2020), *La vie littéraire au Gabon. Ses acteurs institutionnels, ses instances de médiation et de légitimation et ses enjeux*, Libreville, Symphonia.

VIALA, A. (1992), « Qu'est-ce qu'un classique ? », *Bulletin des bibliothèques de France (BBF)*, 1992, n° 1, pp. 6-15.

SEXUALITÉ, ÉTHIQUE ET ÉCRITURE

Crédit photo : Archives de l'écrivain.

L'HOMOSEXUALITÉ À L'ŒUVRE CHEZ SAMI TCHAK ET OKOUMBA-NKOGHÉ

Charles Edgar MOMBO
Université Omar Bongo
mombocharlesedgar@yahoo.fr

Résumé : Le sexe s'invite de plus en plus en littérature d'Afrique francophone. Et les romanciers contemporains semblent en faire un élément itératif, soit pour justifier une situation matrimoniale, soit pour en indiquer les possibles significations. Cependant la littérature du sexe ou érotique, c'est selon, s'oriente certainement vers des lieux inexplorés, notamment l'homosexualité masculine et féminine, comme pour montrer aux lecteurs que les écrivains francophones d'Afrique subsaharienne sont aussi au fait de l'actualité en narrant ce qui autrefois pouvait choquer au nom d'une certaine pudeur. Cette proposition voudrait présenter deux écrivains, de deux cultures différentes qui se sont essayés à écrire et décrire l'homosexualité dans leurs textes.
Mots clés : Homosexualité – Sexualité – Erotisme –Pudeur – Significations

Abstract : Sex is a more and more recurrent theme in Francophone literature. Contemporary novelists make it an iterative element, either to justify a marital situation, or indicate its possible meanings. However, sex or erotic literature, depending, is moving towards unexplored places, in particular male and female homosexuality. This trend may show that Francophone writers from sub-Saharan Africa are aware about it, as to deal with what is shocking from a moral standpoint. This paper presents two writers from different cultures, who write and describe homosexuality in their texts.
Keywords: Homosexuality – Sexuality – Eroticism – Modesty – Meaning

Introduction

La littérature africaine s'ouvre inexorablement à des sujets dits de mondialisation, ou sujets à la mode, collant ainsi aux réalités socio-contextuelles, sans cesse mouvantes.

L'inscription du sexe comme paradigme textuel apparait comme une sorte d'antienne, vu les urgences inscrites tantôt comme sexe de femme dominé par l'institution phallocratique, tantôt perçu comme sexe-objet, source de plaisir, d'assouvissement de bas instincts, et même corps-sexes battus. Cette description est souvent mise en exergue par les écrivaines[1] qui cherchent toujours à décrire et à dénoncer les conditions drastiques du traitement de la femme dans une société quasiment hostile à son épanouissement. Toute la littérature féminine, en effet, demeure « une tentative de présentation du corps-sexe de la femme par la femme comme un élément itératif des narrations » (Ekome Ossouma : 2012). Cependant, il y a une « nouvelle » littérature écrite qui, elle, tente de dépasser la représentation du corps tel que fait par les romancières, en introduisant une occurrence anticonformiste : le corps de soi découvert par le corps même, du même sexe ou l'homosexualité (masculine et féminine).

Des corps de femmes, jadis dévoilés, orientés vers les corps masculins, s'ouvrent peu à peu à d'autres femmes, dévoilant ainsi une liberté individuelle et fondamentale, à travers une prise en compte personnelle de l'orientation sexuelle. Ce dévoilement conduit inéluctablement à l'homosexualité féminine ou le « lesbianisme », qui devient un des topoï de la littérature africaine actuelle. Il s'agit précisément de cela chez l'écrivain d'origine togolaise Sami Tchak, qui, dans *La fête des masques* (2004), présente une homosexualité masculine. La littérature gabonaise se met, elle aussi, à décrire le penchement homosexuel, et Okoumba-Nkoghé, romancier également convoqué en a exploré les contours depuis *Elo, la fille du soleil* (2013), jusqu'à *Le Signe de la source* (2014). Les romans cités servant de corpus démonstratif, le but est de présenter deux visions de l'homosexualité par deux écrivains d'aires différentes.

L'hypothèse qui sous-tend cet article est que les romans à l'étude installent les personnages dans une découverte progressive de l'homosexualité. Comment s'opère l'orientation de l'homosexualité dans les romans de Sami Tchak et Okoumba-Nkoghé ? Les personnages adoptent-ils l'homosexualité par choix délibéré ou par contrainte ?

Pour examiner un tel sujet, l'on est contraint de faire une étude interne, qui permet aux romans de rendre compte, par eux-mêmes, de l'expression de l'homosexualité décrite. Le fil conducteur de cette contribution permet de montrer que la description du sexe est une

---

[1] La majorité des textes de la littérature féminine d'Afrique francophone subsaharienne se présente comme des textes engagés et dénonciateurs de la domination de l'homme sur la femme. On peut citer, entre autres, Mariama Bâ, Ken Bugul, Calixthe Beyala… qualifiées du reste par Jacques Chevrier d'« amazones des lettres africaines » (2008 : 90).

donnée littérairement africaine et qu'elle reste pareillement une donnée de la littérature gabonaise. Enfin, l'on se permettra de proposer une esquisse d'interprétation de l'homosexualité dans le corpus à l'étude.

1. Petite revue de la littérature ou historiographie de la question du sexe

Sexe et littérature forment un vieux couple dans la tradition littéraire francophone, d'autant que l'un – sexe – s'est toujours invité dans l'autre-littérature. Et de plus en plus, l'on assiste, en littérature africaine subsaharienne, notamment, à l'écriture du sexe comme un élément qui fait partie du discours fondamental, comme si les auteurs se sont libérés d'un « poids énorme ». Les poids les plus significatifs ont toujours demeuré la pseudo-pudeur qui caractériserait les peuples africains et l'idée que le sexe reste un élément tabou dans les sociétés. En reprenant Dominique Maingueneau (2007 : 33) parlant de la liberté en littérature française, il se lit que les écrivains africains également révèlent « ce qui est tu, ce qui ne peut être que secret » pour pouvoir le mettre à la disposition des lecteurs. Malgré la domination coloniale, où la revendication identitaire et des affirmations des valeurs noires sont les motifs d'écriture, il reste qu'on eût pu lire des présentations des corps et des scènes intimes dans la littérature africaine postcoloniale francophone.

Toutefois, il faut attendre les années post-indépendances pour voir s'éclore le positionnement corporéïque et sexuel comme enjeux littéraires. Plusieurs romanciers, en effet, vont faire des descriptions des scènes sexuelles plus vivantes qu'exposées. Dans l'introduction à son ouvrage *Sexe et littérature*, Olivier Bessard-Banquy (2010) indique que « le sexe a cessé d'être l'étalon des tabous » et a permis de libérer toutes les pulsions des personnages. Les récits actuels de la littérature africaine rentrent peu à peu dans cette optique de la libération des pulsions cachées et de la brisure des verrous traditionnels. Poursuivant la discussion à ce sujet, Elara Bertho et Ninon Chavoz (2017) dans un article commun, pour leur part, pensent que :

> Des travaux d'édition récents ont mis en lumière des récits antérieurs, qui n'avaient pas trouvé de public à l'époque de leur conception. Cet envers de la littérature du continent, non exploité

et tombé dans l'oubli, constitue un ''rivet'' manquant de la mémoire et la culture littéraires.

Pour les auteures citées ci-dessus, la frange érotique doit être sue et connue du lecteur, comme un des éléments constitutifs de la littérature africaine francophone, et estiment que le discours sur le sexe est un bien vieux sujet de la littérature écrite par les Africains ; cependant mis en veille, ou moins défendu par la critique. L'on sait que plusieurs romanciers avant Sami Tchak et Okoumba-Nkoghé ont déjà matérialisé le sexe ou le corps-sexe dans leurs œuvres. Le sexe auquel on fait allusion est plus érotique que pénétrant, parce que les écrivains ne décrivent que les rapports amoureux et leurs dimensions symboliques, telles que la sensualité et l'excitation. Choisis expressément en raison de leur audace d'écriture, Yambo Ouologuem et Sony Labou Tansi servent de confirmation de notre pensée.

D'abord le Malien Yambo Ouologuem, en publiant *Le Devoir de violence* (1968), l'auteur prend le contrepied d'une littérature qui s'attèle à présenter le Noir avec ses qualités, tout en proposant au lecteur un ouvrage qui met en scène une histoire de l'Afrique teintée de violences, de barbaries, de traite d'esclaves interafricaine, d'assassinats, etc. Au-delà de cette présentation, le romancier s'était permis de montrer aux lecteurs un érotisme sans précédent, dépassant les canons jusque-là établis, en convoquant même la zoophilie à certains moments. Malgré la négative réception du roman après le prix Renaudot en 1968, et sa relative sortie de la littérature pour des raisons de plagiat constaté, Yambo Ouologuem, écrira un autre texte tout autant dédié au sexe : *Les mille et une bibles du sexe* en 2015 dans lequel se lisent des orgies sexuelles et textuelles.

Ensuite, il y a le Congolais Sony Labou Tansi. Avec *La Vie et demie* (1970), par exemple. Le lecteur se met en face d'une prolifération du sexe dans l'œuvre. En effet, pour se venger du Guide Providentiel qui a tué son père, Martial, ainsi que les autres dignitaires de la Katalamanasie, Chaïdana utilise son sexe comme une redoutable arme. L'auteur y décrit des scènes de sexualité dans lesquelles Chaidana, elle-même, est présentée avec un corps aux multiples fonctions: corps-pour-la-mort; corps-pour-le-charme; corps-pour-la jouissance…

Les écrivaines ne sont pas en reste, car elles présentent le sexe de la femme ou le corps de cette dernière sous plusieurs facettes. Il est perçu tantôt comme lieu intime, de vie et de procréation, tantôt comme objet pour l'homme ou de l'homme, martyrisé voire battu. Ce sont, entre autres, Marie Ndiaye, Aminata Sow Fall, Calixthe Beyala, Nedjma ou encore Frieda Ekotto…

La petite revue présente un enjeu heuristique du sexe dans la littérature africaine. Elle précise que le sexe est décrit dans certains ouvrages, même si les relations décrites restent essentiellement hétérosexuelles et moins détaillées. Pourtant, à partir des années 2000 avec, en majorité les écrivains dits de la migritude, le sexe, sous toutes ses formes, devient un élément de la littérature francophone. Les textes actuels ne font plus d'économie sur le sujet sexuel. Ils l'exposent sans fioritures et sans pudeur. Mieux les romanciers ouvrent leurs espaces à un nouveau topos : l'homosexualité qui demeure encore dans de nombreux pays comme taboue. Toutefois, deux romanciers, togolais et gabonais, vont aborder sous deux angles différents l'homosexualité : l'homosexualité masculine et l'homosexualité féminine ou le lesbianisme.

2. L'homosexualité dans le roman de Sami Tchak

D'origine togolaise, espace d'Afrique de l'Ouest réputé très traditionnel, Sami Tchak (2000) est l'auteur contemporain qui va véritablement inscrire la pratique homosexuelle masculine dans son œuvre. *La fête des masques* semble l'espace diégétique dans lequel l'auteur célèbre l'homosexualité comme un mode de vie à part entière. En effet, Carlos passe de l'attirance hétérosexuelle à l'amour de Gustavo, le Capitaine. Il faut tout de même livrer deux faits importants qui résonnent comme le déclenchement de mise en branle de l'homosexualité de Carlos. Le premier est que le père compare son fils à une femme, à cause d'une morphologie et d'un tempérament qui ressemblent trop à celui d'une dame. La citation ci-après décrit la personnalité de Carlos vue par le paternel, comme n'étant pas un homme, un vrai :

> Lorsqu'il voulait se convaincre d'être le seul homme de la famille, mon père me disait ironique, que je tenais trop de ma mère pour que ma parole pût faire frémir un moineau. « La femme que tu épouseras te pissera dessus, tu n'es pas un homme. Mais écoute-toi parler ! Tu es tout sauf un homme, disons un homme mou, un homme très mou, très mou, très mou. Un mollusque, rien que ça ! N'importe quelle vulgaire femme te dominera. Tu es ma honte. (2004 : 49)

Le second fait est qu'après s'être moqué de la corpulence du fils, le père se glousse de l'apparence de son sexe qui ne répondrait pas aux dimensions moyennes du sexe « normal » d'un homme. Voilà ce que dévoile son père à ce propos :

> Et puis ce truc minuscule, hein ? Aucune femme ne m'a fait l'insulte de prétendre m'avoir avalé sans douleur. Aucune. Tais-toi, avec ça, tu peux passer à travers le chas d'une aiguille ! Alors, dans ma boue tiède d'une femme, tu te perdras dans l'océan ! Pauvre Carlos ! Tu as dû te présenter à Dieu au moment où il ne lui restait plus de pâte à faire des queues, hi ho ha ! (2004 : 50).

Les deux extraits choisis indiquent non seulement le caractère méchant vis-à-vis du fils, mais décrivent tout de même certaines caractéristiques physiques de Carlos qui ressemblent plutôt aux traits d'une femme qu'à ceux d'un homme. La conséquence des injures proférées par le père est que Carlos se sent moins homme que femme, et commet un crime par strangulation sur la personne d'Alberta, avec qui il vient de copuler à cause d'un malentendu qui lui rappelle la petite dimension de son pénis : « Vous ne m'avez rien fait. Trop petit… » (2004 : 27). La scène se passe quasiment au début du roman pour montrer au lecteur la souffrance vécue par Carlos qui finit par le rendre si méchant au point de tuer la dame, pourtant bienveillante. Ces prétextes ne sont pas anodins, d'autant que Carlos va les vivre comme des moments d'angoisse et de grandes frustrations, au point qu'il va se réfugier auprès de sa sœur qui le rendra « femme » par le fait d'un déguisement en fille pour prendre part à une cérémonie officielle ; laquelle servira de tremplin à la pratique homosexuelle.

S'il est un troisième élément déclencheur de l'envie sexuelle masculine, c'est bien le fait des rencontres télévisuelles et musicales avec des artistes homosexuels. Le récit du Togolais est évidemment rempli d'actants qui contribuent à la mise en place du schéma homosexuel, en faisant intervenir des musiciens et des journalistes de grande renommée, mais qui sont homosexuels devenus, comme pour servir d'encouragements à Carlos dans l'affranchissement de sa personnalité. Pendant qu'il est chez Alberta, par exemple, toute la musique proposée est exécutée par des chanteurs dont les corps sont, soient transformés, soient tendus vers les corps de même sexe. C'est le cas de George Alan O'Dowd, alias Boy George (2004 : 15), avec un corps « androgyne » mi-femme, mi-homme. Bien entendu, le résultat est que Carla lui donne le prénom de Rosa afin de l'accompagner au grand bal donné par Son Excellence (2004 : 49-52). Le premier pas est franchi durant cette soirée, au fond, qui précède tout ce qui se produira plus tard, notamment avec tous les autres hommes. Durant la fameuse cérémonie, Carlos va se faire désirer et aimer par le capitaine Gustavo, qui est un des amants de Carla. Invité à danser avec le ministre de la Culture, Carla se découvrait peu à peu « femme » avec un corps aimable comme celui de sa sœur, et se sentit pris dans un tourment d'amour :

> Deux fois, il avait demandé au capitaine autorisation de danser avec moi [Carlos] Il m'avait alors glissé dans l'oreille : « Gustavo est tombé sous ton charme, Rosa Carlos. Hum ! Hum ! » (…) Je pense qu'il venait de comprendre ce qui se passait en moi, en moi qui, l'espace d'une énorme illusion, croyais avoir accédé au bonheur de Carla, moi Rosa, l'homme mou, de Père, moi qui avais reçu plusieurs fois la visite de Barbara. (2004 : 64)

Barbara dont il est question était un homme qui avait fini par devenir femme et surtout homosexuel. Il apparait comme l'un des modèles de Carlos après sa sœur Carla qui était une si jolie dame. Dès l'instant où Rosa, du moins Carlos, s'est laissé prendre par le vertige de l'amour homosexuel, les pages qui vont de 66 à 99 quasiment présentent, d'abord les moments intrépides des rencontres des corps de Gustavo et de Carlos, puis ceux de Antonio et de Carlos, enfin de Carlos complètement métamorphosé par la découverte d'un corps qui est enfin apprécié, comme une femme avec un corps d'homme.

Du reste, la fusion des corps est tellement forte que la narration confine désormais Carlos à une sorte d'androgyne comme Boy George : « Je me préparais à lui avouer combien j'étais heureux (heureuse, aurais-je dit) » (2004 : 69). La déclaration de Carlos prouve à suffisance le bonheur d'être aimé, d'être apprécié, mais révèle l'idée que Carla, qui connaissait son frère, avait peut-être déjà compris que le corps-tombeau de son frère se dévoilerait devant la présence des corps identiques, à travers l'homosexualité.

Comme on peut le voir, le roman de Sami Tchak se positionne comme le roman de la révolte sexuelle, bravant ainsi toute la pudeur de la littérature africaine d'antan. Il présente le sexe sous toutes ses formes homosexuelles. Dans la même trajectoire, la littérature gabonaise n'est pas en reste. Avant Okoumba-Nkoghé, on eût pu lire déjà des prémices homosexuelles, cette fois féminines, chez une de ses compatriotes Angèle Ntyugwetondo Rawiri.

C'est en 1989 que l'écrivaine gabonaise Angèle Ntyugwetondo Rawiri, dans un texte au titre provocateur, *Fureurs et cris de femme* présente, comme pour marquer un nouvel item du roman africain, les marques de l'homosexualité. Emilienne, personnage central, après s'être révoltée de la trop présence de l'union hétérosexuelle avec son époux, trouve une sorte de quiétude auprès d'une autre femme, qui est sa secrétaire. Au fil des rencontres, elle s'amourache éperdument de cette dernière : « Pendant une semaine, Emilienne se laisse entrainer par ce cri nouveau de son corps qu'elle échange avec sa secrétaire dans son bureau. Ce changement heureux s'agrandit tous les mois » (1989 : 117).

Cette œuvre qu'on pourrait qualifier d'avant-gardiste de littérature gabonaise semble ouvrir les possibles d'une littérature du sexe, en mettant en scène deux femmes amoureuses. Cependant, la réception de cette œuvre avait été mitigée vu le caractère homosexuel déployé. Toutefois, la critique la salua comme une œuvre majeure de la littérature gabonaise. La particularité est que l'auteure de ce roman est une femme.

A la suite d'Angèle Ntyugwetondo Rawiri, un autre romancier gabonais s'invite doucement à la littérature érotique qui s'énonce presque visiblement par strates. En effet, Okoumba-Nkoghé, sans rentrer dans les détails des scènes sexuelles, montre tout de même au lecteur la forte présence de l'homosexualité féminine. Dans *Elo, la fille du soleil*, lors d'une soirée dans un bateau, le personnage éponyme est prié par une inconnue à danser. Sans ne distinguer véritablement ni la face, ni la forme de la personne qui lui adresse l'invitation, Elo accepte, et c'est le début d'une relation intime. L'extrait suivant en dit long : « Une jeune femme, assise à l'écart et que personne ne semblait voir, invita Elo. Celle-ci accepta, histoire de chasser le malaise qui, déjà l'envahissait. Sa cavalière la tenait serrée contre elle, étroitement, comme l'eût fait un homme… » (2013 : 102-103).

Au fur et à mesure que la danse s'effectue, Elo se laisse entrainer au point de se laisser solliciter. Sur le pont du bateau, pourtant vierge, Elo connaitra de façon libre la mission d'être libérée de la virginité, non pas par un homme, mais par un corps identique au sien : le corps et le sexe d'une femme. La copulation entre femmes permet même à Elo de se questionner sur le fait que le désir et le plaisir entre femmes seraient-ils semblables que ceux procurés par l'homme... Elle atteignit ainsi l'orgasme pour la première et la dernière fois pendant tout le récit, libérant ainsi son « corps-tombeau », inconnu et vierge à celui d'une autre femme. L'auteur parvient tout de même à rappeler au lecteur que l'acte que vient de commettre Elo avec une autre femme est purement mystique vu que la partenaire n'existe pas. La dame disparut après qu'Elo eut atteint son orgasme. A la fin,

> Elle ouvrit les yeux mais ne vit personne à ses côtés. Où était donc son étonnante partenaire ? Elo remit de l'ordre dans ses vêtements et rejoignit les autres en bas, où la même rumba rythmait les pas. Elle chercha en vain sa partenaire, fouilla les pièces attenantes à la grande salle. Personne ! (2013 : 105)

L'ayant dit plus haut, l'auteur, pour ne pas se départir de sa légendaire pudeur et pour ne pas être « propagandiste » du lesbianisme, fait intervenir une partenaire imaginaire comme pour nier la mise en branle de l'orientation sexuelle de Elo. La pratique homosexuelle dans ce roman n'est décrite que sur un espace assez réduit. Elle tient sur une page et demie.

Si dans *Elo, la fille du soleil*, l'auteur ne s'implique pas trop dans l'écriture de l'homosexualité, il faut espérer *Le Signe de la source* pour lire plus visiblement, et de façon plus détaillée l'homosexualité féminine. Dans *Le Signe de la source*, l'élément déclencheur de la mise en branle du « corps-tombeau » de Iyanghi demeure sa grande sœur qui lui promet de devenir comme elle, c'est-à-dire riche et puissante. Pour y arriver, la petite sœur doit offrir ce corps fermé aux désirs de la grande sœur. Cela commence dès son arrivée du village quand, venue la chercher à la gare routière, Malemba pose sa main sur la cuisse de sa sœur pendant le trajet... Ce geste dérange manifestement la petite sœur qui observe encore l'éthique traditionnelle. Une fois à la maison, Iyanghi est frappée par l'opulence et la richesse de son aînée et se demande du reste comment elle a pu devenir riche si rapidement. Après son installation, Iyanghi est portée comme seconde patronne des entreprises de sa sœur Malemba qui « conduisait maintenant trop vite, une main sur le volant, l'autre posée à plat sur la cuisse nue de sa petite sœur. – Si tu es soumise, dit-elle, tu donneras un bon coup à ton destin (...) » (2014 : 16). Parce que portée encore par les valeurs traditionnelles, Iyanghi « frémit : cette main sur sa cuisse lui procurait une sensation gênante » (*Idem*). Un jour, Malemba interdit de façon injonctive à sa sœur de ne jamais faire venir des hommes chez elle : « Pas d'hommes ici ! » (2014 : 19).

Dans ce roman, tous les personnages sont des femmes et homosexuelles, y compris Atongowanga, servante de Malemba qui voulut avoir une relation avec Iyanghi un soir. Cette dernière opposa une fin de non-recevoir, même si la servante engagea un dialogue avec Iyanghi au point de la faire douter :

> - Si tu avais à choisir entre un homme et une femme, avec qui coucherais-tu ?
> - Je reste encore fidèle aux traditions.
> - Tu finiras par changer toi aussi.
> – Certainement, mais à toi de me convaincre.
> – Nous y arriverons forcément. (2014 : 22)

Fort de ce qu'elle connaissait du fonctionnement de sa patronne, Atongowanga, à travers ce dialogue était plus ou moins en train de dire à Iyanghi qu'elle finirait par succomber à l'homosexualité. D'ailleurs le premier moment du dévoilement de son corps commence un soir, où, rentrant de son travail, Malemba exige que ce soit Iyanghi qui lui fasse le massage. Découvrant le corps de sa petite sœur, Malemba est éblouie devant une telle beauté : « Iyanghi se déshabilla, mais garda sa culotte. La grande sœur n'apprécia pas. Elle dit : - Avec un corps comme le tien, tu ne devrais pas avoir honte de la lumière » (2014 : 39). Puis elle revint sur la déclaration de départ : « Si je t'ai appelée du village, c'est pour orienter tes attributs naturels dans la direction du soleil. Suis-moi et tu domineras à ton tour » (*Idem*) De plus, remarquant le corps vierge de sa petite sœur, Malemba qui s'écrie devant un tel décor, va l'initier au plaisir des mêmes corps. Et c'est à ces pages également que Malemba lui avoue son aversion pour les hommes et sa préférence pour les corps de même nature :

> C'est extraordinaire, elle est encore vierge ! (...) Le doigts délicats entamèrent une longue danse sur le corps offert. Des soupirs de plaisir inondèrent la chambre entière. Malemba aimait le voisinage des femmes jeunes, belles et vierges de préférence (...) Les doigts de Iyanghi produisaient le même effet. Sa réalité bascula et dans son mirage, Malemba se voyait flottant sur un volcan… (2014 : 39).

La rencontre des sexes se fait quand Malemba invite sa sœur à la rejoindre sur le lit.

> Celle-ci, [Iyanghi]subjuguée, ne put refuser. Elle subit avec ravissement le contact de l'onguent et celui des grosses mains. Elle connut à son tour le tourment des sens quand tous ses pores sonnèrent comme des clochettes dans le soir… Et Malemba, souriante, posséda amplement son miel, chaque minute de sa vie, son sexe jusqu'au puits ventral, ses pieds aux orteils bien minces, les fines tiges de ses seins, tout son passé et tout son avenir. Plus elle la dévorait dans une étreinte où les deux corps s'épousaient, plus elle réduisait son énergie spirituelle. Iyanghi ne sut combien de temps dura cette messe… (2014 : 41-42)

Ainsi se révèle le vrai premier rapport homosexuel entre Malemba et Iyanghi. Cette initiation a suffi pour que Iyanghi plongeât inéluctablement dans le même monde que sa grande sœur, comme l'avait prévenu Atongowanga. Bien plus, le corps dévoilé de Iyanghi va même s'initier aux orgies organisées par le groupe de femmes de sa grande sœur. L'une d'entre elles se passe particulièrement dans la piscine au domicile de Malemba (2014 : 43). C'est par cette orgie que l'auteur clôt la première partie du texte…

La seconde fois qu'il y a rapports sexuels entre les deux sœurs, tel que présenté par le romancier gabonais, c'est lorsque Malemba est ministre de l'agriculture :

> Malemba allongea lentement un gros bras à la main ouverte, desserra la dernière bretelle [de la robe de Iyanghi] ; pendant quelques secondes, elle garda dans son poing fermé la bande du tissu. Puis d'un seul coup, comme on déchire un voile, elle déchira la robe. Une demi-heure plus tard, Malemba se releva, bien heureuse dans la détente qui suivit la libation. (2014 : 56-57)

Comme la première fois, il semble que les rapports homosexuels entretenus par les sœurs se font toujours après de torrides journées de travail de la grande sœur qui perçoit, dans cet acte, une sorte de soulagement. Une fois de plus, sans faire une totale description de la scène sexuelle, l'auteur suggère au lecteur de mettre en fonctionnement son imagination pour pouvoir comprendre que les images utilisées renvoient à l'acte de copulation.

La dernière scène homosexuelle féminine se déroule entre Atongowanga, supposée dame de ménage de Malemba, qui finit par lui faire une révélation : elle – Atongowanga – est leur petite sœur que Malemba avait sacrifiée pour devenir davantage riche, qui serait revenue du séjour des morts pour protéger Iyanghi. La consommation homosexuelle s'établit du reste lorsque Malemba décide de les emmener à la recherche d'une source supposée l'aider à retrouver son pouvoir perdu après son limogeage du ministère. Au bout du troisième jour en pleine forêt, Atongowanga

> regardait [Iyanghi], les yeux pleins de tendresse et de désir passionné. Avec un soupir de satisfaction, elle lui passa les bras autour du cou et l'attira derrière un tronc d'arbre. Les minutes passaient. Les deux femmes s'embrassaient sur les mains, les genoux, les hanches, la poitrine, le cou et les joues. Au cœur de la tourmente sensuelle, Atongowanga jura que quoi qu'il arrivait elle n'oublierait jamais Iyanghi, elle ne cesserait jamais de la protéger. (2014 : 118)

3. En guise d'interprétation

Après avoir montré quelques séquences de l'homosexualité chez Sami Tchak et Okoumba-Nkoghé, il revient d'esquisser une interprétation qui sous-tend les comportements des personnages aux œuvres. Dans une moindre mesure, l'homosexualité décrite par Sami Tchak apparait comme la conséquence d'un sentiment d'infériorité eu égard à la dimension bien minuscule de son pénis. Raillé par son paternel, Carlos va s'orienter vers un homme comme lui pour pouvoir se sentir aimer. Il est du reste aidé, pour cela, par sa sœur. L'homosexualité peinte par Okoumba-Nkoghé est d'abord et avant tout de nature mystique, en ce qu'elle reste liée à l'acquisition des biens matériels par les pratiquantes. C'est dire qu'une fois de plus, les personnages lesbiens qui surgissent dans ses deux romans étudiés le sont, non par épanchement « naturel », c'est-à-dire une volonté libre et totale de devenir homosexuels, mais ils le deviennent comme par recommandation des forces de sorcelleries en vue d'obtenir des formes de pouvoirs politiques et mystiques. La scène orgiaque décrite dans *Le Signe de la source* est précédée d'une séance de prise de verre de sang par les congénères de Malemba, y compris sa petite sœur. Ensuite, à la fin de l'acte sexuel commis par Elo et la femme inconnue, cette dernière disparait comme par enchantement du bateau dans lequel l'acte a été commis. Même les voisins ne la virent point. Pourtant, elle avait bien eu des rapports sexuels avec Elo. Ce phénomène de « revenant » réapparait dans *Le Signe de la source* quand, après avoir consommé leur acte sexuel, Atongowanga se révèle enfin à Iyanghi comme sa sœur sacrifiée par leur ainée Malemba, mais qui disparait du véhicule, du retour de la recherche de la fameuse source, après avoir eu un grave accident.

Une autre approche se lit dans la mesure où l'auteur gabonais fait apparaitre et disparaitre des personnages qui ont réellement eu des rapports sexuels avec Elo et Iyanghi, comme respectivement un personnage-libérateur et protecteur. Libérateur parce que Elo se libère de sa virginité via une dame fut-elle inconnue ; et protecteur en ce que, dès l'instant où l'acte sexuel est consommé entre Iyanghi et Atongowanga, cette dernière lui promet de la protéger désormais contre tous les sortilèges et maléfices de leur sœur. En réalité, derrière l'homosexualité présentée par Okoumba-Nkoghé, il y a une réelle volonté de montrer au lecteur d'autres facteurs socio anthropologiques que vivraient certaines femmes de cette partie de l'Afrique centrale qui se laissent prendre par le vertige du pouvoir et de la richesse. C'est donc, pour nous, une orientation sexuelle non volontaire mais édictée par la société et ses travers.

Conclusion

Il me semble d'emblée que la littérature africaine est aussi « fille de son temps ». Les thèmes abordés obéissent de plus en plus à la littérature « mondiale », qui voudrait ne rien laisser au hasard. C'est pourquoi, après avoir brièvement montré que le sexe est une donnée présente de la littérature africaine, il a été présenté, grâce à Sami Tchak et à Okoumba-Nkoghé des fusions sensuelles de l'homosexualité.

Si chez Sami Tchak, il s'agit d'un garçon qui aime d'autres garçons, il reste que chez l'écrivain gabonais, c'est l'homosexualité féminine qui est décrite. Les auteurs examinés proposent des déclenchements de mise en branle homosexuelle de Carlos et de Iyanghi par étapes, comme pour faire croire au lecteur que c'est un sentiment enfoui au fond d'eux-mêmes, mais que les trajectoires et les contextes semblent révéler.

Carlos, à travers un effet de « reflet de miroir », se projette sur Gustavo qui lui montre sa propre image. Autrement dit, la rencontre avec Gustavo déclenche le passage de ce corps dévoyé par la nature et décrié par le père, et plus tard par Alberta pour se transformer en un corps dévoilé ; dévoilant ainsi sa véritable nature homosexuelle. Il faut tout de même préciser que contrairement à Iyanghi, Carlos accède volontiers au dévoilement de son corps. Chez Iyanghi, l'épanchement vers le corps-même de soi est venu par une sorte de cheminement diachronique. De la résistance aux premières caresses de Malemba, sa grande sœur, elle finit par accepter cette nouvelle nature induite par l'épanchement des corps féminins.

Les deux corps présentés se révèlent au fil des intrigues de chaque auteur, au point que les ouvrages ou les narrations interviennent aussi dans le processus de révélation. Cette « inquiétante étrangeté » faite de mélanges d'autres médias et d'autres arts, participent à son tour, à la mise en branle du genre romanesque, qui lui-même pourrait être regardé comme un genre bi ou multi « sexuels » ou multi fictifs, si tant est que chaque art et chaque média, ou autres peinture, chanson, deviennent une même face (cachée) du roman francophone…

Bibliographie

BERTHO, E. et CHAVOZ, N. (2017), « Ananconda et serpents de mer : paradoxes d'un « érotisme noir » chez Yambo Ouologuem et Abdoulaye Mamani », *Etudes de lettres*, n° 3-4, en ligne. URL: http://journals.openedition.org/edl/2477 (consulté le 07 décembre 2020).

BERTRAND, C-J. et BARON-CARVAIS, A. (2001), *Introduction à la pornographie. Panorama critique*, Paris, La Musardine.

BESSARD-BANQUY, O. (2010), *Sexe et littérature aujourd'hui. Petite étude des mœurs dans les littératures françaises*, Paris, La Musardine.

CHEVRIER, J. (2008), *La littérature africaine : anthologie de la négritude*, Paris, Librio.

LABOU TANSI, S. (1970), *La Vie et demie*, Paris, Seuil.

MAINGUENEAU, D. (2007), *La littérature pornographique*, Paris, Armand Colin.

OKOME OSSOUMA, B. (2012), *Le Corps des Africaines décrit par des romancières africaines*, Paris, L'Harmattan.

OKOUMBA-NKOGHE, M. (2013), *Elo, la fille du soleil*, Yaoundé, Clé.

OKOUMBA-NKOGHE, M. (2014), *Le signe de la source*, Yaoundé, Clé.

OUOLOGUEM, Y. (1968), *Le Devoir de violence*, Paris, Seuil.

RAWIRI, A. (1989), *Fureurs et cris de femme*, Paris, L'Harmattan.

TCHAK, S. (2004), *La fête des masques*, Paris, Gallimard.

LA REPRÉSENTATION DE LA DÉVIANCE DANS LES ROMANS D'OKOUMBA-NKOGHÉ : *ADIA, LE SIGNE DE LA SOURCE ET LE DESTIN DE DOUSSALA*

Serge ELLA ONDO
Université Omar Bongo
ellaserge@yahoo.fr

Résumé : Placée sous l'autorité intellectuelle de George Lukacs, cette contribution se propose de montrer comment les romans d'Okoumba-Nkoghé, notamment *Adia*, *Le signe de la source* et *Le destin de Doussala* apparaissent à la fois comme mise en scène et mise en forme de la déviance. Pour mettre en exergue la première constellation de cette représentation, l'analyse démontre que les personnages du corpus sont, à des degrés divers, des êtres déviants du fait de leur forte propension pour l'homosexualité, l'inceste et les pratiques sorcellaires. Ce qui les entraine dans les profondeurs abyssales de l'incertitude et du chaos. Dans la seconde inflexion de cette étude, l'objectif consiste à montrer que les motifs littéraires tels que le circonstant de la nuit, le dédoublement de la personnalité et des actions des protagonistes ainsi que l'usage soutenu de la langue et du style propre de l'auteur, participent à l'écriture des déviances ou aux déviances de l'écriture dans les romans.
Mots-clés : Okoumba Nkoghé – Poétique – Déviance – Personnages – Ecriture

Abstract: In George Lukacs's approach of analysis, this paper intends to show how Okoumba-Nkoghe's novels in particular *Adia*, *Le signe de la source* and *Le destin de Doussala* deal with in form and content the theme of deviance. To highlight the first constellation of his poetics, the analysis shows that the characters in the corpus are, to varying degrees, deviant beings due to their strong propensity for homosexuality, incest, and witchcraft practices. It takes them to the abysmal depths of uncertainty and chaos. In the second inflection of this study, the objective is to show that literary motifs such as the circumstance of the night, the duplication of personality and the actions of the protagonists as well as the classic use of language and the proper style of the author participate in writing deviance or in the deviance of writing in the author's novels.
Keywords: Okoumba-Nkoghe – Poetic – Deviance – Characters – Writing

Introduction

Si la valeur d'un écrivain se mesure, entre autres étalons, à l'aune de sa longévité sur la scène littéraire, de la densité de ses publications ainsi que des travaux critiques qui lui sont consacrés, il va sans dire qu'Okoumba-Nkoghé apparaît sans nul doute comme étant « l'écrivain le plus prolifique et probablement le plus célèbre » (Munkonda Mbuluku Mikiele et Mizele N'Sansi, 2012) de la littérature gabonaise. D'autant plus qu'il totalise à lui seul près d'une quarantaine d'années de vie littéraire et compte à son actif une vingtaine d'œuvres composées de mythes, d'épopées, de poésies, de nouvelles et de romans. En sus de cette boulimie d'inspiration ou de cette libido créative exceptionnelle, l'autre intérêt majeur de cet auteur est que son œuvre romanesque est marquée par une forte présence des éléments anthropologiques et cosmogoniques du pays de ses ancêtres. En effet, à l'instar de ses contemporains gabonais tels que Justine Mintsa, Honorine Ngou, Jean-René Ovono Mendame ou Jean-François Moukagni, Maurice Okoumba-Nkoghé dépeint avec détails les contours dysharmoniques de sa société à travers l'évocation de la problématique du mal de l'existence et de celle du sens véritable à donner à la vie. En d'autres termes, cet écrivain qui est encore mal connu sur la scène littéraire francophone, actualise, dans ses récits, la situation apocalyptique d'une société africaine dont l'ambiguïté, la vacuité et surtout la transgression des valeurs sont mises sur la sellette. A cet effet, on peut constater que son écriture est traversée par une diversité de déviances que ce soit au niveau thématique qu'au niveau esthétique ou formel. Cependant, si cette tendance idéologique et scripturaire s'observe bien évidemment depuis la publication de son premier roman *Siana* (1981), il ressort aisément qu'elle apparaît de façon quasi obsessionnelle dans la plupart de ses romans dont les plus significatifs sont, à notre sens, *Adia* (2019), *Le signe de la source* (2007) et *Le destin de Doussala* (2011). Car dans la scénographie de ces trois fictions narratives qui composent le corpus de la présente étude, il s'observe que les individualités qui y sont mises en scène, ont une forte propension à fonder systématiquement leur ascension spirituelle et sociale aussi bien sur des écarts comportementaux et sociétaux que sur un certain nombre d'axiologies négatives qui les entraînent dans les profondeurs abyssales de l'incertitude et du chaos.

Ainsi, dans les lignes qui suivent, nous entendons lire chez Okoumba-Nkoghé la représentation de ces pratiques déshonorables et abominables, histoire de montrer comment les trois romans soumis à notre analyse, apparaissent à la fois comme mise en scène et mise en forme de la déviance. Pour étayer cette hypothèse développée par Georg Lukacs dans sa *Théorie du roman* (1989) au sujet du roman de la seconde moitié du XIXième siècle, nous allons, dans une première articulation, faire un inventaire des différentes formes de déviances orchestrées par les figures des récits. L'objectif ici étant de voir comment ces dernières apparaissent tous comme des êtres déviants du fait de leur fort intérêt pour l'homosexualité, l'inceste et la sorcellerie. Et dans la seconde inflexion, il s'agira de montrer comment les motifs littéraires du circonstant de la nuit, du dédoublement des personnages et de leurs actions ainsi que l'usage d'un registre de langue soutenue participent à l'écriture des déviances ou aux déviances de l'écriture dans les romans du corpus.

1. Les formes et les manifestations des déviances dans les romans

1.1. Le lesbianisme et l'inceste comme déviances sexuelles des personnages

La déviance désigne une conduite, un comportement ou une attitude qui s'écarte des normes et des valeurs sociales en vigueur, qui les transgresse ou qui les conteste. Ainsi dans toutes les communautés humaines, elle est punie soit par la loi, soit par des sanctions sociales ou est simplement vue comme un trouble psychologique ou comportemental. En effet, tout comme les œuvres en vogue de la littérature africaine postindépendance telles que *Le devoir de violence* (1968) de Yambo Ouologuem, *L'Ecart* (1979) de Mudimbe ou *La vie et demie* (1979) de Sony Labou Tansi, les romans du corpus se caractérisent par une certaine capacité, voire par une tendance délibérée à remettre en cause les canons normatifs de la société en mettant en scène des personnages qui témoignent d'une grande fascination pour le lesbianisme et l'inceste, deux pratiques sexuelles anticonformistes ayant pour visée la domination sociale ou l'ascension spirituelle de leurs adeptes. Dans *Adia*, roman sous-titré « la honte progressive », le lesbianisme ou encore l'homosexualité féminine semble être le passe-temps favori de Madame le Censeur. En fait, on voit ce personnage qui est censé moraliser la vie scolaire, entretenir des rapports homosexuels dans son appartement avec Vicinia, une fille de 15 ans qui cède à ses avances grâce à la promesse de travail faite pour son père Mulele. Le passage suivant est très édifiant à cet égard :

> La femme prit place près d'elle, en face, à la distance d'une allongée de bras. Et sa voix devint suave. –Vous avez là un joli haut mademoiselle (...) – Vous avez là une poitrine ferme, mademoiselle. Des doigts, elle tritura les pointes puériles. (...) Ses

> doigts devinrent plus audacieux, montaient descendaient, traversaient bois et plaines, roulaient dans les pavés, passaient plusieurs portes. … Avec art, ses doigts glissaient çà et là et tiraient d'elle-même des gémissements (…). La dame prenait dans sa bouche les bouts de seins que fiévreusement elle suçait. Vicinia était de marbre… Dans cette chambre, à un doigt du lycée, l'acte sexuel s'entourait de cordes et de lanière. (Okoumba-Nkoghé, 2019 : 61-62)

La suite de l'intrigue révèle que cet acte sexuel contre nature est ponctué par des pratiques sadomasochistes traduisant ainsi la très grande perversité de cette femme. Le narrateur fait état de cet étrange rite d'amour d'une rare violence en ces termes :

> Maintenant, attachez-moi au chevet du lit par les poignets et les chevilles. La gamine soupira et obéit. Elle s'arma du fouet qu'elle lui désigna du regard. L'ayant vu au cinéma, Vicinia savait ce qu'on attendait qu'elle fit. A chaque coup, la dame vibrait. La vibration ne découvrait pas l'orgasme ni ne le résumait : elle l'explorait ! Et la dame appréciait un bonheur qu'aucun mâle ne pouvait offrir. Fouet à la main, Vicinia labourait le corps nu d'une femme qui pût être sa mère. Voilée de bave et de larmes celle-ci la suppliait de frapper, de frapper encore et encore ». (Okoumba-Nkoghé, 2019 : 62)

Aussi, les autres jeunes filles du lycée sont-elles victimes de la dérive sexuelle de Madame le Censeur, une cinquantenaire qui voulant à tout prix retrouver son adolescence perdue, les pourchasse jusque dans les salles de classe. Ainsi d'après le narrateur, elle constitue donc un « véritable fléau » (Okoumba-Nkoghé, 2019 : 79) pour la gente féminine de son établissement. Dans *Le signe de la source*, l'écrivain gabonais ramène au goût du jour la problématique du lesbianisme incestueux tel qu'il l'a décrit dans *Elo la fille du soleil* (2008). Dans ce récit, l'auteure de cette déviance sexuelle est Malemba, une femme d'affaires très influente à la tête de l'AFAPO, une organisation de bienfaisance très puissante des femmes de Pomi, devenue plus tard ministre de l'Agriculture. Ainsi pour maintenir ses avantages ainsi que son statut, cette dernière va entretenir régulièrement des relations intimes avec ses collaboratrices, mais surtout avec Atongawanga, sa domestique de petite sœur et avec sa jeune cadette Iyanghi dont la virginité lui procure une certaine énergie. Face donc à l'insistance de Malemba, Iyanghi bien que pudique et respectueuse des traditions, sera contrainte de s'adonner à la pratique de l'homosexualité incestueuse pour préserver ses intérêts et ceux de son aînée tandis que cette dernière, assoiffée de pouvoir et de richesse, va totalement assumer cette abomination sexuelle. Ainsi, après la magnifique et inoubliable journée marquant l'inauguration du marché de Pomi, financé par ses soins, Malemba, au cours de cette nuit, jubile devant la nudité du corps de sa sœur avant de passer à l'acte sexuel. L'extrait qui suit le révèle de fort belle manière :

> Et Malemba, souriante, posséda amplement son miel, chaque minute de sa vie, son sexe jusqu'au puits ventral, ses pieds aux orteils bien minces, les fines tiges de ses seins (…). Plus elle la dévorait dans une étreinte où les deux corps s'épousaient, plus elle réduisait son énergie spirituelle. Iyanghi ne sut combien de temps dura cette messe. (Okoumba-Nkoghé, 2007 : 41)

Quelques temps plus tard, la grande sœur récidive son acte, cette fois-ci dans son bureau. Le narrateur décrit cette scène dans le passage suivant :

> Venant à sa rencontre, celle-ci la poussa d'un geste sec sur le canapé (…). Le regard ardent, Malemba dévorait le globe brunâtre que la mince étoffe voilait. Poussant en avant sa lourde masse, elle fit un pas, puis un second. Maintenant elle pouvait se courber. Allongée sur le canapé, tremblante comme une popeline, Iyanghi la regardait faire. Malemba allongea lentement un gros bras à la main ouverte, desserra la dernière bretelle… Puis d'un seul coup, comme on déchire un voile, elle déchira la robe. Une demi-heure plus tard, Malemba se releva, bien heureuse dans la détente qui suivit la libation ». (Okoumba-Nkoghé, 2007 : 79)

De plus Atongowanga, la petite sœur de Malemba et d'Iyanghi, pratique également un lesbianisme incestueux. En effet, cette dernière se tourne tout naturellement vers sa novice de sœur Iyanghi pour lui proposer une relation homosexuelle, régie par un interdit social et religieux. Ecoutons le narrateur à ce sujet :

> Iyanghi sentait chez la domestique une respiration qui n'était pas coutumière. Soudain, une main se posa sur son genou, une main tiède extrêmement douce. Elle se souvint du geste de sa grande sœur dans le Pajero. « Décidemment ! ». (…) Elle se crispa et laissa cette main partir à l'assaut de sa jambe ; la respiration d'Atongowanga devint sifflante, entrecoupée des mots inaudibles. (Okoumba-Nkoghé, 2007 : 21)

Dans *Le destin de Doussala*, on note également la présence des personnages accablés par les pratiques sexuelles déviantes. C'est d'abord le cas des deux belles sœurs Mboukou et Doussala qui éprouvent réciproquement une certaine attirance sexuelle à la vue de la nudité de leurs corps respectifs (Okoumba-Nkoghé, 2011 : 24-25). A la suite de l'intrique, on apprend que l'héroïne du roman est la bru d'une vieille femme dénommée Ndendi qui entretient des relations sexuelles incestueuses avec ses deux fils Loubombo et Massika pour se rajeunir comme le révèle judicieusement ce passage : « Quand il fallait se recharger en énergie, la vieille Ndendi entretenait avec ses deux enfants des rapports incestueux. Elle avait fini avec le premier. Au moment où elle s'unissait avec le second, la foudre était tombée sur eux » (Okoumba-Nkoghé, 2011 : 57). En réalité, on voit bien que toutes ces pratiques sexuelles inappropriées permettent aux protagonistes non seulement de dominer physiquement et mystiquement leurs partenaires, mais aussi d'avoir recours à d'autres types de déviances capables de faire du mal aux autres ou de les sacrifier sans autre forme de procès.

1.2. Les pratiques sorcellaires comme déviances familiales et sociales des personnages

Selon *Le dictionnaire Larousse*, la sorcellerie est une « pratique magique qui consiste à exercer une action, généralement néfaste, sur un être humain, sur des animaux et sur des plantes » (1978 : 583). En effet dans l'inconscient collectif de l'humanité, cette croyance occulte qui constitue une réalité sociologique gabonaise, est basée sur un ensemble de pratiques fétichistes et mystiques trahissant une « volonté de puissance d'un groupe d'individus sur un autre, d'un personnage sur un autre » (Taba Odounga, 2015 : 162), mais dont la finalité vise, d'après le critique gabonais François Dickobou (1989), à nuire gravement à l'existence d'autrui. En fait, à l'instar de certaines déviances sexuelles dont sont victimes les personnages du corpus, ces pratiques sorcellaires ébranlent profondément les principes familiaux et sociaux fondés sur le bonheur, sur l'harmonie entre les êtres et sur le respect de la vie humaine. Dans les univers romanesques du corpus, Okoumba-Nkoghé bat en brèche ces valeurs humanistes naturellement enfouies en l'homme pour décrire une société déviante où les Hommes se muent en êtres maléfiques et criminels. En fait, la complexité et l'ambiguïté de ses protagonistes s'expliquent à travers leur appartenance aux confréries secrètes qui sont à l'origine des plus grands maux dont souffrent leurs congénères. Dans *Adia*, on voit comment, au cours d'une réunion familiale, le père de Mulele, Grand Maître d'une confrérie mystique traditionnelle dénommée « Onkani », est soupçonné par sa femme d'être à l'origine des déboires existentiels de leur « épave de fils ». Aussi ce dernier lui-même témoigne d'une grave déviance. En effet, pour avoir un « travail juteux » (Okoumba-Nkoghé, 2019 : 71), le héros intègre nuitamment au Buedi Palace, une secte diabolique qui lui recommande le corps d'un enfant mâle. Désormais sur le chemin d'une damnation éternelle, l'époux de Sailé, avec une enveloppe d'un million en poche, décide ainsi de fouler au pied les principes moraux qu'il défendait en Espagne. Ainsi pour respecter son engagement pris envers son nouveau maître occulte, il n'hésite pas à passer à l'acte comme l'actualise cet extrait :

> Or voici cet adulte qui, mettant la main dans le sac, s'arma du marteau de forgeron. Et comme le dieu Thor, il laissa tomber la foudre sur la tête de l'enfant, qui tomba front contre terre. Cela se passa très vite et il n'eut même pas trop de sang. Mulele fourra le gamin dans le sac avec son cartable. (Okoumba-Nkoghé, 2019 : 77)

Ce crime crapuleux trahit bien évidemment la déviance de son auteur et le range systématiquement dans la catégorie des personnages sans scrupules ayant pour seul objectif de tuer au gré de leurs intérêts éphémères. Ce genre de pratiques à caractère maléfique traverse également en filigrane l'intrigue de *Le signe de la source*. Dans cette œuvre romanesque, la plupart des personnages principaux apparaissent comme des êtres sorciers ayant pour unique objectif de faire du mal à leurs congénères avant de leur ôter la vie. En effet, au-delà d'Iyanghi et d'Atongowanga, la jeune domestique dont la corpulence ressemble à un « génie de contes pour enfants » (Okoumba-Nkoghé, 2007 : 12) ou de surcroît à « une Ditengu » ramenée à la vie, il y a d'abord le père de Muduma qui est triplement présenté comme un maçon, un puissant voyant et un guérisseur de renom. En fait, on apprend que ce vieil homme, après avoir délivré Malemba d'une malédiction héréditaire, a donné à cette dernière une recette mystique qui lui permettra de sacrifier la fillette que sa mère venait d'accoucher au village afin d'améliorer son destin. Ensuite à la mort de ce vieux sorcier, « L'Ancienne », de son vrai nom Assok, est très vite devenue le « pasteur » et la

« conscience » (Okoumba-Nkoghé, 2007 : 42) de l'héroïne du roman. Issue d'une grande lignée de grandes initiées, cette adepte de la sorcellerie était la dernière d'une famille qui comptait treize enfants. Elle avait été élevée par sa tante paternelle selon le rite Kou, uniquement réservé aux femmes. Devenue adulte, elle avait parcouru les dix provinces de Mayi dans le souci de découvrir d'autres sociétés secrètes. Aujourd'hui, Assok avait atteint le stade terminal de ses différentes initiations et ses prédictions ne souffraient d'aucune ambiguïté. C'est elle qui a enrôlé Malemba non seulement dans l'homosexualité, mais aussi et surtout dans des pratiques mystiques visant la domination et la destruction des vies humaines. Quant à cette dernière, elle apparaît comme maîtresse dans l'art des déviances familiales et sociales. Car elle est détentrice d'une richesse et d'un pouvoir ayant pour origine les pratiques fétichistes qu'elle utilise pour vider toute l'énergie de sa sœur cadette qui incarne à la fois la lumière et la virginité du corps et de l'esprit. Ainsi avec un comportement de bourreau, Malemba qui est à l'origine de la stérilité de sa mère, domine sa sœur tout en lui demandant de faire comme elle. C'est-à-dire entrer dans cet univers maléfique si elle veut dominer à son tour. Aussi Malemba, devant les recommandations du père de Muduma, a-t-elle sacrifié mystiquement la fillette de sa mère pour être riche. Le narrateur décrit cette effroyable scène dans le passage suivant :

> Un an plus tard, le vieil homme me rappela pour dire que maman était enceinte. Cet enfant c'était le mouton qu'il attendait de sacrifier afin d'améliorer mon destin. Charmée par cette possibilité toute simple de changer la vie, j'avais accepté. Suivant ses conseils, je m'étais rendue au village, où il me fallait dormir trois jours d'affilé sur le même lit que notre mère. Revenue à Pomi, j'ai continué à vivre normalement jusqu'au moment où la fillette de maman naquit avant terme. Je devais repartir au village, où j'avais insisté pour qu'elle fût enterrée sous le lit d'un cours d'eau. (Okoumba-Nkoghé, 2007 : 42)

De plus, la sorcellerie de Malemba est mise à nu au sortir de sa rencontre avec le Ministre Représentant, un « homme lumineux » qui l'a humiliée. Pour renverser la donne, l'éphémère ministre de l'Agriculture, s'enferma dans son bureau : « ouvrit ses livres, sortit feuilles et écorces d'arbres, découvrit ses calebasses. Elle passa ainsi tout l'après-midi à murmurer sur de vieux textes cathares, à mâcher la cola, à ingurgiter des boissons merveilles » (Okoumba Nkoghé, 2007 : 59).

En outre les personnages actualisés dans *Le destin de Doussala* présentent plus que ceux évoqués ci-dessus des caractéristiques très particulières de la sorcellerie. Dès le premier chapitre, le père de Doussala, Dounoungou, ne voulait pas que sa petite fille de six ans joue avec les enfants de son âge, ni même qu'elle aille à l'école comme tous les enfants de Divevi, mais qu'elle parte à la plantation avec sa mère pour apprendre à être une bonne épouse plus tard. Une telle attitude dénote parfaitement que ce dernier est animé d'un esprit maléfique visant à nuire à l'avenir de sa fille. Aussi Loubombo, l'époux de l'héroïne est-il grand maître de la sorcellerie néfaste car doté d'un pouvoir de transformation en animaux sauvages. L'extrait suivant atteste fort bien cette réalité :

> Doussala aperçut un homme qui arrivait de bien loin. Elle avait vraiment besoin d'une compagnie… Assise sur le bord de la route, le sac entre ses pieds, elle attendit l'étranger. Au fur et à mesure que l'inconnu se rapprochait, elle le vit se métamorphoser successivement en singe, en gorille, en buffle, en lion puis en écureuil. Et l'écureuil entra dans une vieille tombe. Devant ce phénomène inouï, Doussala poussa un grand cri et perdit connaissance. Quand elle revient à elle, Loubombo était à ses côtés. Elle tremblait. Il lui laissa le temps de reprendre les esprits. (Okoumba-Nkoghé, 2011 : 46-47)

Ce sorcier de la pire espèce s'incarnant à la fois en homme et animal est dépeint comme un fauve affamé. Ainsi au cours d'une partie de chasse avec son ami Nyoundou au village Tsiengui-Paga, cet individu, privé du sang de Doussala, va froidement tuer Mikindou avant de s'en prendre à sa femme Miandzi qui avait toujours repoussé ses avances. Le narrateur décrit cet épisode sanglant en ces termes :

> (…) A l'expression de ses yeux, Mikindou comprit que la bête allait attaquer. Effectivement, il reçut plusieurs coups sur le visage et dans le thorax. Et il perdit connaissance. Loubombo se courba sur sa victime : -Je vais finir avec toi ! Il était devenu comme un lion avide de sang. Avec ses mains, il l'étrangla, si fort que ses doigts laissèrent autour du cou une marque indélébile (Okoumba Nkoghé, 2011 : 77).

Par ailleurs, Ndendi et ses deux fils Loubombo et Massika font montre d'une même cruauté inhumaine. Ces derniers ont attaché mystiquement Mboukou et son enfant comme l'auteur le relate dans le passage suivant :

> Doussala était désorientée. C'était la troisième fois qu'elle faisait le même rêve. Mboukou était enchaînée. Son bébé, un petit garçon, l'était aussi. Elle pleurait et lui demandait pardon. Elle l'aurait dû l'écouter. Maintenant elle savait que Ndendi était une méchante sorcière. Elle l'avait envoûtée avec l'aide de son fils. (Okoumba-Nkoghé, 2011 : 63)

Matsiendi, le second mari de Doussala est également plongé dans les nouvelles pratiques de la sorcellerie importée par le colonel de police Tessa. En effet, ce policier courtois, de surcroît bon époux et excellent père de famille, va recevoir de la part de son maître, une somme de cinq millions de francs en échange de la vie de son épouse. Tout compte fait, les protagonistes d'Okoumba Nkoghé apparaissent comme des êtres profondément déviants et maléfiques n'hésitant pas à éliminer aussi bien physiquement que mystiquement leurs congénères. Car comme le souligne Annie-Paule Boukandou (2011 : 55-56), toutes les pratiques à caractère sexuel et ésotérique auxquelles ces personnages sont intimement accrochés, témoignent de leur volonté de domination ou de leur exercice du pouvoir politique. Cette idée est également soutenue avec pertinence dans les ouvrages de Peter Geschiere (1995), Sophia Mappa (1998), Jean-François Bayart (1993) et Joseph Tonda (2005). Dans une telle configuration, n'est-il pas intéressant de voir comment ces multiples déviances impactent les structures narratives des romans du corpus ?

2. L'écriture des déviances ou les déviances de l'écriture dans les romans

2.1. Le circonstant de la nuit comme stratégie narrative des déviances des personnages dans les romans

Le théoricien français Lucien Tesnière définit le circonstant comme « une unité syntaxique ou narrative qui s'oppose à l'existence et à la réalisation de l'actant » (1966 :128). Se rapportant essentiellement aux compléments circonstanciels de lieu et de temps, il exprime les circonstances qui accompagnent ou qui définissent l'action dans un récit et met en évidence un aspect ou une problématique particulière d'un texte littéraire. Dans les romans qui nous servent de matériau d'analyse, on peut remarquer que c'est le circonstant narratif de la nuit qui permet aux personnages sorciers de poser des actes malveillants et répréhensibles par la raison sociale. En effet, ce circonstant renvoie à une temporalité obscure connotant tout ce qui est déviance ou qui engendre la peur ou la mort. Nous enjoignons à cela, le point de vue de Xavier Garnier (1999) à propos de *La mouche et la glu* (Okoumba-Nkoghé : 1984). Pour lui, le nocturne apparaît comme le motif littéraire des axiologies négatives de l'écrivain gabonais depuis ses premiers romans. Dans *Adia*, ce dernier fait usage de ce motif nocturne pour mettre en lumière les alliances sataniques et les crimes de Mulele. Cet ancien étudiant d'Espagne, au plus fort de ses ennuis financiers et familiaux, est convoqué au Buedi Palace à 23h, une heure tardive de la nuit, pour un « travail juteux assuré ». Lors de ce rendez-vous suspect avec un prêtre d'une secte diabolique, le père de Vicinia reçut une enveloppe d'un million de francs avant d'être sommé d'apporter le corps d'un enfant mâle. Quelques jours plus tard, le héros, pour honorer son engagement ou mettre en pratique sa déviance sociale, tue un enfant qui s'avançait dans la nuit (Okoumba-Nkoghé, 2019 : 77). Dans *Le signe de la source*, l'essentiel des actes déviants perpétrés par les protagonistes se déroulent également en pleine nuit ou dans des lieux sombres. En fait Malemba commet ses déviances sexuelles et ses pratiques sorcellaires entre les quatre murs de sa chambre où elle prend à chaque fois la peine d'éteindre la lumière et de fermer les ouvertures. De même Assok, « L'Ancienne », commet ses forfaits dans une atmosphère ténébreuse. Dans *Le destin de Doussala*, la plupart des protagonistes sont tous des férules de la sorcellerie qui se pratique le plus souvent la nuit. En effet, le père de Doussala, voulant à tout prix donner sa fille en mariage, opère un choix contre nature. Il invoque les fantômes en pleine nuit pour lui venir au secours : « Il attendait la nuit, et il parcourait le village en lançant depuis le centre : - Je m'appelle Dounoungou, j'ai une fille à marier… Il donnait des détails de sa beauté, il insistait sur son jeune âge, il faisait l'éloge de son éducation. C'était ainsi toutes les nuits » (Okoumba-Nkoghé, 2011 : 22). Et Trois nuits plus tard, Loubombo et Massika, deux forces « obscures » ont répondu à son appel. Aussi, ce fut au cours d'une autre nuit que Doussala et Mboukou sont-elles victimes des mêmes déviances sexuelles de la part de leurs époux comme nous l'avons souligné plus haut. De même, Loubombo, après avoir échoué à tuer son épouse, élimine physiquement, au cours d'une soirée sombre, Mikindou et sa femme Miandzi avant d'abuser du corps sans vie de cette dernière. La vieille Ndendi entretient également des relations incestueuses avec ses deux fils au moment où le voile opaque recouvre la clarté du jour. Et Matsiendi, le second époux de Doussala, est un éminent membre de la confrérie occulte dénommée « le Rite » dont les assemblées se tiennent tard dans la nuit. C'est donc au cours de l'une de celles-ci que le disciple policier va offrir sa bien-aimée en sacrifice contre de l'argent. Ainsi à travers toutes ces illustrations, il ressort clairement qu'Okoumba-Nkoghé use du circonstant de la nuit pour décrire les atrocités morales et physiques de ses protagonistes. Ainsi la nuit apparaît d'une part comme la métaphore de la peur, de la souffrance et de la mort, et d'autre part, elle est le moment par excellence de nuisance de la part des sorciers qui profitent le plus souvent de cet instant pour se dédoubler.

2.2. Le motif du dédoublement comme stratégie descriptive des déviances des personnages dans les romans

Le dédoublement de la personnalité est une expression dont la sémantique renvoie à de multiples acceptions qui ont un rapport avec divers paradigmes. Dans ce sous-point, nous nous appuierons sur la définition déclinée par le *Manuel diagnostique et statistique des troubles mentaux*. Celui-ci dit en substance que c'est « la présence de deux ou plusieurs identités ou « états de personnalité » distincts qui prennent tour à tour le contrôle du comportement du sujet » (2000 : 526). Pris dans ce contexte, le dédoublement de la personnalité s'entend comme un trouble de l'unité de soi qui se caractérise par l'apparition en alternance d'une personnalité première et d'une ou de plusieurs personnalités secondaires chez un même individu. En d'autres termes, il s'agit d'une doublure psychologique dans lequel coexistent chez une même personne un comportement normal, conscient et adapté au milieu qui l'entoure, et un comportement anormal, inconscient et inadapté. En Afrique noire, le dédoublement des individualités est un phénomène purement mystique maîtrisé par les sorciers. En effet, à l'instar de l'écrivain congolais Alain Mabanckou dans *Mémoires de porc-épic* (2006), on peut constater qu'Okoumba-Nkoghé, dans les romans du corpus, use du motif narratif du dédoublement des personnages et de leurs actions pour mettre en exergue leurs transgressions ou leurs déviances familiales et sexuelles. Dans *Le destin de Doussala*, œuvre où cette esthétique est le plus en vogue, l'écrivain gabonais met en scène des êtres maléfiques en proie au dédoublement des existences, des identités et des personnalités. On le voit dans la description des deux frères jumeaux Loubombo et Massika qui « se ressemblaient parfaitement. La peau très claire et velue, des yeux de chat, un visage ovale, un port agréable. Une noblesse diffuse émanait d'eux » (Okoumba-Nkoghé, 2011 : 23). A cette sorte de dédoublement physique s'ajoute un dédoublement ou une ressemblance mystique car les deux frères commerçants sont des sorciers patentés. Ce pouvoir mystique leur a permis notamment de répondre à l'appel nocturne du père de Doussala et de deviner le montant de la dot de cette dernière. Aussi Doussala et Mboukou sont-elles présentées comme des jeunes femmes apparemment dédoublées. D'abord elles sont vierges et le texte souligne cet aspect en ces termes : « Elles devinrent vite de bonnes confidences et se découvrirent beaucoup de points communs. Elles étaient toutes deux vierges et les maris n'étaient pas pressés de leur faire l'amour » (Okoumba-Nkoghé, 2011 : 28). Ainsi, le dédoublement des personnalités des deux belles sœurs est-il perceptible à travers le parallélisme ou la ressemblance de leurs sensations sexuelles. Car ce que Doussala vit avec son mari au cours de la première nuit, Mboukou vit la même chose avec le sien. Les deux époux et leurs épouses agissent et réagissent presque de la même façon comme l'atteste les deux passages suivants :

> [...] Doussala... Encore enveloppée dans ce brouillard, qui n'était ni épais ni léger, elle n'entendit pas son homme rugir comme une bête. Elle avait le feu entre les jambes. La douleur était pénible. A la sueur de la jouissance était mélangé le sang de l'adolescente. Loubombo lui souffla : Ne bouge pas, je vais te soigner. Il s'accroupit et la nettoya avec sa langue, ses lèvres et sa salive. Cela agit instantanément avec une efficacité d'huile anesthésique. [...] Comme si les deux frères n'avaient fait que répéter les mêmes gestes. Les jeunes femmes ne comprenaient plus. Elles avaient aussi ressenti les mêmes sensations. Durant toute la nuit, une boule de feu semblait se déplacer en elles. Un oiseau ! précisa Mboukou. Oui c'était bien cela ! (Okoumba Nkoghé, 2011 : 34-35).

A travers ce rituel d'initiation sexuelle, les deux jeunes femmes tombent enceintes et voient directement leur sort scellé. Par ailleurs, endormies côte à côte, ces dernières font le même cauchemar dont le narrateur nous fait état dans l'extrait ci-après :

> Dans leur sommeil, elles firent le même rêve : elles coupaient des feuilles de jonc pour envelopper la pâte de manioc ; la brousse était noire et sauvage ; un homme se présenta et se proposa de les y aider ; elles acceptèrent ; à la fin, il exigea pour récompense quelques gouttes de leur sang ; devant le refus des dames, l'inconnu lança sa machette qui blessa Mboukou à la tête … (Okoumba-Nkoghé, 2011 : 32).

Dans *Le Signe de la source*, Okoumba-Nkoghé, pour mettre en lumière les déviances d'Atongowanga, fait état du mystère de ses origines. En effet, l'intrigue révèle que cette revenante est la petite sœur de la « puissante » Malemba qui l'avait sacrifiée à l'âge de six mois pour son ascension sociale fulgurante. Plus tard, elle est devenue la compagne, l'attachée mystique et la serveuse de son aînée dans sa merveilleuse villa d'« Eyono ». Aussi étonnant que cela puisse paraître, on découvre que cette fille fait merveilleusement vibrer les cordes de la guitare dont les mélodies seraient inspirées d'une sirène dénommée « mamiwata ». Au regard de tout ceci, on peut en déduire que le dédoublement apparaît chez le romancier gabonais comme un procédé de caractérisation ou de démonstration des infractions familiales et sociales de ses protagonistes. Par ailleurs, dans notre corpus, on peut constater qu'Okoumba-Nkoghé pour dire cette déviance psychologique ainsi que les autres déviances évoquées plus haut, s'exprime dans une langue française soignée dont l'usage dévie ou transgresse avec celle usitée par les écrivains africains contemporains de l'espace francophone.

2.3. L'utilisation d'un registre de langue soutenue comme stratégie narrative de la déviance de l'écriture littéraire francophone

Contrairement aux écrivains français de souche, ceux appartenant à la francophonie littéraire ont la particularité de se situer « à la croisée des langues » (Gauvin, 1997 : 36) et par conséquent d'être dans des situations de « contacts de cultures » (Beniamino, 1999 : 52). Dans ce contexte, ces derniers inventent leur propre tradition littéraire et mettent en scène ce que Françoise Lionnet (2002 : 72) appelle la « dynamique transcoloniale » qu'elle définit comme « le transfert et le passage, le mouvement dans l'espace réel ou métaphorique et la traduction ou la translation d'une langue dans une ou plusieurs autres ». Ce mouvement, poursuit-elle, « dénote moins la temporalité et la succession – ou l'opposition – de moments distincts (…) que la possibilité de passer d'un domaine à un autre pour enrichir la nouvelle destination de l'apport de la précédente et nous donner par la même occasion la possibilité de réinterpréter les sources elles-mêmes » (Lionnet, 2002 : 72).

Ainsi dans ce palimpseste littéraire (Genette, 1982 : 37) actualisé par la littérature francophone, la plupart des écrivains contemporains appartenant à cet espace, optent pour une intégration simultanée de la diversité des langues que leurs différents personnages sont sensés parler. Il s'agit notamment de la langue française académique, de la langue française africanisée ou francophone et des langues vernaculaires propres aux autochtones. Ainsi à travers cette situation plurilinguistique, l'écriture littéraire francophone apparaît donc comme une interférence de sociolectes, c'est-à-dire une absorption de langages et de discours oraux ou écrits d'une société. En effet, tout comme le souligne Julia Kristeva dans son œuvre *Recherches pour une sémanalyse*, cette écriture se construit comme « une mosaïque de citations, comme absorption et transformation d'un autre texte » (Kristeva, 1969 : 133). A titre d'exemples qui n'épuisent pas le recensement exhaustif, on peut citer *Les Soleils des indépendances* (1968) et *Allah n'est pas obligé* (2000) d'Ahmadou Kourouma, *L'étrange destin de Wangrin* (1973) d'Hampaté Bâ, *La vie et demie* (1979) et *L'Etat honteux* (1981) de Sony Labou Tansi ou encore *Verre cassé* (2005) d'Alain Mabanckou, etc.

C'est dans ce foisonnement linguistique observable dans les œuvres romanesques contemporaines de la région francophone du continent noir qu'émergent *Adia, Le signe de la source et Le destin de Doussala* d'Okoumba-Nkoghé. En effet, on peut constater que depuis la publication même de ses premiers romans jusqu'aux récits qui servent de ferment à cette étude, l'homme de lettres gabonais s'écarte ostensiblement des habitudes scripturaires de la francophonie littéraire, et demeure pour parler comme Bernard Mouralis « très proches des modèles français parmi lesquels il est aisé de reconnaitre Balzac et Zola » (1969 : 119). A bien y regarder, l'auteur de *Siana* (1986) utilise tous les ingrédients d'un registre de langue soutenue dont les réminiscences apparaissent dans le romanesque africain de la première génération. Concrètement, l'auteur gabonais s'exprime dans un style très écrit qui ne comporte pas de niveaux de langues et des africanismes. Ce qui constitue une sorte de déviance par rapport aux écritures francophones. Car l'auteur, malgré le caractère villageois et surtout le statut non intellectuel de ses personnages, leur fait parler une langue française correcte et parfois académique. Car ces derniers ne se distinguent ni selon leur vocabulaire, ni selon leur accent ou encore moins par leur façon de s'exprimer. Ce qui fait en sorte que dans les univers narratifs de notre corpus, au-delà des noms des personnages et des noms des lieux de l'action, il n'y a pas, comme cela est observé dans les œuvres francophones, d'insertions des termes en langues gabonaises et africaines, des exemples d'interférences, d'emprunts et d'alternances codiques. Ici Okoumba Nkoghé affine sa pensée à travers une écriture dans laquelle se multiplient les marques du bien-écrire telles qu'un vocabulaire précis, rare et varié, des figures de style recherchées, des phrases assez longues, des tournures élaborées, l'imparfait, le passé simple et le passé antérieur de l'indicatif. Les trois exemples suivants suffisent à le montrer :

> Elle se présenta à son tour. De nouveau, le silence se fit entre eux. En forêt, la route paraissait interminable. L'automobile franchit un pont en béton, puis un autre en bois. La latérite contournait les montagnes et les grands arbres. L'approche du village Tsouka se signala par la présence des moutons broutant l'herbe des bas-côtés. Touré arrêta bientôt le camion devant une épicerie. Il était un peu plus de 15 heures. Le gérant vint décharger quelques marchandises. Alors que les deux hommes discutaient aimablement, surgit de nulle part Loubombo. Il injuria Touré sans ménagement, le traitant de voleur de femme et d'enfant. Il conclut ainsi sa diatribe : – Le moment venu, tu me rembourseras ma dot. (Okoumba-Nkoghé, 2011 : 32)

> Malemba mena le Pajero jusqu'au pont de la rivière Abangayo, sous la pluie qui n'arrêtait pas de tomber. - Grande sœur, lui dit Iyanghi, stoppe la voiture, nous allons descendre. - Tais-toi, peureuse, nous irons ensemble sur l'autre rive. Quand Iyanghi rencontra le regard de Malemba, une terreur sans nom l'envahit : les joues de la grande sœur, à l'ordinaire rondes, avaient déjà perdu de la chair; les cernes sous les yeux s'étiraient démesurément. Sous le pont, Abangayo avait triplé de volume. Malemba jeta le Pajero sur les troncs d'arbres mouillés. Il se passa aussitôt quelque chose de terrible. Malemba fut subitement prise d'une grande agitation; tout se passait comme si un esprit invisible lui disputait le volant. Alors, survint l'irréparable; dans un bruit épouvantable, le véhicule bascula dans le vide. Iyanghi hurla de terreur quand le sang lui monta à la tête. Elle ne vit plus rien. Aucune douleur, seulement un grand remous noir qui tournait avec lenteur et l'entraînait. De très loin, elle entendit comme un cri, puis un autre. Un souffle emplit la terre de

> musique. Les cris et la musique semblaient interminables, mais c'était désormais sans intérêt pour Iyanghi. Elle voulait seulement rester au fond du remous qui se creusait davantage en l'entraînant plus loin. (Okoumba-Nkoghé, 2007 : 72)

> Maintenant, attachez-moi au chevet du lit par les poignets et les chevilles. La gamine soupira et obéit. Elle s'arma du fouet qu'elle lui désigna du regard. L'ayant vu au cinéma, Vicinia savait ce qu'on attendait qu'elle fit. A chaque coup, la dame vibrait. La vibration ne découvrait pas l'orgasme ni ne le résumait : elle l'explorait ! Et la dame appréciait un bonheur qu'aucun mâle ne pouvait offrir. Fouet à la main, Vicinia labourait le corps nu d'une femme qui pût être sa mère. Voilée de bave et de larmes celle-ci la suppliait de frapper, de frapper encore et encore. (Okoumba-Nkoghé, 2019 : 62)

Dans ces trois passages apparaissent en particulier quelques caractères symptomatiques du français soutenu à savoir la recherche du mot précis, le souci d'éviter les répétitions, le style périodique, l'usage récurrent de l'imparfait et du passé simple de l'indicatif, etc. On notera qu'une telle écriture qui ne facilite pas le glissement d'une culture ou d'une pensée à une autre, ne renvoie ni à l'auteur, ni aux lecteurs leur propre image, permettant de voir par eux-mêmes les traits qui leur sont propres et étrangers. De ce fait, elle apparaît comme une sorte de déviance c'est-à-dire une sorte d'inadéquation de l'expression qui « donne parfois l'impression d'imiter diverses tonalités de la littérature européenne (française) » (Dabla, 1986 : 14-15) comme le remarque d'ailleurs Bernard Mouralis au sujet de *L'Enfant noir* (1953) et de *Chemin d'Europe* (1960) de Laye Camara, œuvres dans lesquelles il voit se manifester « la perfection du génie discursif du français classique » (1969 : 119). Pierre Henri Simon dégage la même impression à propos de *L'Aventure ambiguë* (1962) de Cheikh Hamidou Kane qui d'après lui, est « parfois trop dissertant et trop bien écrit, car tout le monde, même La Grande Royale, y parle un langage de congrès de philosophes » (1962). Toutes ces appréhensions dénotent une certaine déviance de l'écriture des romans du corpus par rapport à leur temporalité, à leur milieu, à « l'homo gabonus » et « africanus » qui doivent prétendument en être le centre d'intérêt.

Conclusion

Au regard de l'analyse ci-dessus menée, il est aisé d'avancer qu'*Adia*, *Le Signe de la source* et *Le destin de Doussala* sont traversés d'une part par une variété de déviances individuelles à caractère sexuel, familial et social, et d'autre part par des déviances narratives observables d'abord à travers la représentation péjorative des destinées des personnages évoluant dans une atmosphère lugubre et faisant l'amère expérience du dédoublement et ensuite à travers la transgression des codes scripturaires de la francophonie littéraire contemporaine. Ce qui, à notre sens constitue une véritable poétique romanesque de la déviance. En effet, dans la première constellation de cette poétique, on pourrait penser, à première vue, qu'Okoumba-Nkoghé dépénalise les déviances existentielles de ses protagonistes. Mais, le fait que ces derniers connaissent, à des degrés divers, des lendemains qui déchantent, prouve suffisamment que l'écrivain gabonais s'inscrit concrètement dans la dénonciation de ces dérives dangereuses dont la plupart de ses compatriotes sont encore victimes de nos jours. Aussi la seconde inflexion de cette représentation permet de voir comment l'auteur de *Le chemin de la mémoire* (1999) se démarque de la tendance scripturaire de ses homologues francophones contemporains à travers l'utilisation d'un registre de langue soutenue dont les prémisses remontent dès les débuts de la prose africaine. La simplicité de ce langage soigné et rigoureux, qualités attribuées à l'imitation littéraire des normes jugées académiques par les tenants du parler correct, contraint cet enseignant de littérature française classique de l'Université Omar Bongo à garder de manière constante sa plume. Ainsi, au-delà du fait que les frontières culturelles nationales sont déconstruites dans ses œuvres romanesques, le purisme de la langue qui y est en vigueur, explique également le fait que celles-ci soient étudiées, depuis plusieurs années, dans les collèges et lycées du Gabon.

Bibliographie

ASSOCIATION AMERICAINE DE PSYCHIATRIE (2000), *Manuel diagnostique et statistique des troubles mentaux*, Arlington, VA, American Psychiatric Publishing, Inc.

BAYART, J.-F. (1993), *Religion et modernité politique en Afrique Noire : Dieu pour tous et chacun pour soi*, Paris, Karthala.

BENIAMINO, M. (1999), *La francophonie littéraire. Essai pour une théorie*, Paris, L'Harmattan.

BOUKANDOU, A.P. (2011), « Quête du pouvoir et légitimation de la déviance dans *Elo, la fille du soleil* et *Le Signe de la source* de Maurice Okoumba-Nkoghé », Mikala, G. N. et Manfoumbi-

Mve, A. (dir.), *Les Ecritures gabonaises : histoire, thèmes et langues*, Tome 2, Libreville, Odem, pp. 55-82.

CAMARA, L. (1953), *L'Enfant noir*, Paris, Plon.

DABLA, S. (1986), *Nouvelles écritures africaines*, Paris, L'Harmattan.

DICKOBOU, F. (1989). *Le fantastique dans "Le Rivage des syrtes" et "Elonga"*, Thèse de Doctorat en littérature comparée, Université de Poitiers.

GARNIER, X. (1999), *La magie dans le roman africain*, Paris, PUF.

GAUVIN, L. (1997), *L'écrivain francophone à la croisée des langues*, Paris, Karthala.

GENETTE, G. (1982), *Palimpsestes. La littérature au second degré*, Paris, Seuil.

GESCHIERE, P. (1995). *Sorcellerie et politique en Afrique : la viande des autres*, Paris, Karthala.

HAMIDOU KANE, C. (1962), *L'Aventure ambiguë*, Paris, Julliard.

HAMPATE BA, A. (1973), *L'étrange destin de Wangrin*, Paris, Union Générale des Editions.

KOUROUMA, A. (1968), *Les Soleils des indépendances*, Montréal, Presses de l'Université du Montréal.

KRISTEVA, J. (1969), *Séméiôtikè. Recherches pour une sémanalyse*, Paris, Seuil, coll. « Points ».

IPEMBOUSSOU, G. (2013), *Okoumba-Nkoghé, entretien*, Libreville, Odem.

LIONNET, F. (2002), « Transcolonialismes : échos et dissonances de Jane Austen à Marie Thérèse Humbert et d'Emily Brontë à Maryse Condé », Robert Dion et H-J Lusebrink (dir), *Ecrire en langue étrangère*, Québec, Nota Bene.

LUKACS, G. (1989), *Théorie du roman*, Paris, Gallimard.

MABANCKOU, A. (2005), *Verre cassé*, Paris, Seuil.

MABANCKOU, A. (2006), *Mémoires de porc-épic*, Paris, Seuil.

MAPPA, S. (1998). *Pouvoirs traditionnels et pouvoir d'Etat en Afrique : l'illusion universaliste*, Paris, Karthala.

MOURALIS, B. (1969), « Individu et collectivité », *Annales de l'Université d'Abidjan*, Abidjan, Lettres T2.

MOURALIS, B. (2001), « Réflexions sur le "classicisme" de Mongo Béti », *Littératures francophones : langues et styles*, Paris, L'Harmattan.

MUDIMBE, V. Y. (1979), *L'Ecart*, Paris, Présence Africaine.

MUNKONDA MBULUKU MIKIELE et MIZELE N'SANSI, A. (2012), *Lire Okoumba Nkoghé*, Yaoundé, Clé.

OKOUMBA-NKOGHE, M. (1980), *Siana*, Paris, Arcam.

OKOUMBA-NKOGHE, M. (1984), *La mouche et la glu*, Paris, Présence Africaine.

OKOUMBA-NKOGHE, M. (1999), *Le chemin de la mémoire*, Paris, L'Harmattan, coll. « Encre noire »

OKOUMBA-NKOGHE, M. (2007), *Le Signe de la source*, Yaoundé, Clé.

OKOUMBA-NKOGHE, M. (2008), *Elo la fille du soleil*, Paris, L'Harmattan.

OKOUMBA-NKOGHE, M. (2011), *Le destin de Doussala*, Libreville, Odem.

OKOUMBA-NKOGHE, M. (2019), *Adia*, Yaoundé, Clé.

OUOLOGUEM, Y. (1968), *Le devoir de violence*, Paris, Seuil.

OYONO, F. (1960), *Chemin d'Europe*, Paris, 10/18.

TABA ODOUNGA, D. (2015), « Le pouvoir sorcellaire et divin dans *Le destin de Doussala* de Maurice Okoumba Nkoghé », Ndemby-Manfoumby, P., Mikala, G. N. et Nkonene Benha, F. (dir.), *Pouvoir, figures du pouvoir dans la littérature gabonaise*, Libreville, Odem.

TANSI, S.L. (1979), *La vie et demie*, Paris, Seuil.

TONDA, J. (2005), *Le Souverain moderne. Le corps du pouvoir en Afrique centrale*, Paris, Karthala.

TESNIERE, L. (1966), *Eléments de syntaxe structurale*, Paris, Klincksieck.

LIBERTÉ, ÉGALITÉ, FÉMINITÉ. LA PROBLÉMATIQUE DU POUVOIR ET DE LA DOMINATION SOCIALE DANS *LA MOUCHE ET LA GLU* D'OKOUMBA-NKOGHÉ

Dieudonné MUNZANGALA-MUNZIEWU
Institut de Recherche en Sciences Humaines/CENAREST
munzangalamunziewu@gmail.com

Résumé : La question de la dévaluation de la féminité dans l'éthique sociale négro-africaine, en particulier dans le contexte traditionnel gabonais, est au centre de *La mouche et la glu*[1], roman d'Okoumba-Nkoghe. En effet, le *logos* féminin qu'incarne Nyota constitue une altérité à l'*eros* masculin et au discours phallocratique portés aussi bien par son père, N'Gombi, que par M'Poyo, le patron de celui-ci. L'insoumission de Nyota, au nom de son amour pour Amando, fait échec à leur pacte, ébranlant l'*eros* ainsi que le stéréotype de la femme africaine mutique et réifiée par la gourmandise masculine : l'avidité d'argent du père, la lubricité et la mégalomanie de son patron. En effilochant le pouvoir masculin, la détermination iconoclaste de Nyota devient le porte-étendard d'une génération qui aspire à la modernité démocratique et aux droits humains, donc à la liberté féminine et à l'égalité des genres.
Mots-clés : Citoyenneté – Egalité – Féminité – Liberté – Pouvoir – Modernité démocratique

Abstract : The degradation of the female subject in social negro-African ethics, particularly in the traditional Gabonese context, is central in Okoumba-Nkoghe's novel *La mouche et la glu*. Indeed, the feminine logos embodied by Nyota replaces the masculine eros and the phallocratic discourse carried both by her father, N'Gombi and M'Poyo, the latter's boss. Nyota's insubordination due to her love for Amando defeats their pact. It thus undermines the stereotype of the mutilated African woman reified by male greed, expressed in the father's greed for money, lechery, and megalomania of his boss. By unraveling male power, Nyota's iconoclastic determination becomes the standard-bearer of a generation that aspires to democratic modernity, human rights, to women's freedom and gender equality.
Keywords: Citizenship – Equality – Feminity – Freedom – Power – Democratic Modernity

---

[1] Désormais les citations tirés de cet ouvrage seront marquées *LMG*, suivies du numéro de page.

Introduction

Le débat relatif à la place de la femme africaine dans l'espace public n'est pas nouveau. Nombre d'auteurs africains se sont penchés sur la question, en soulignant notamment les pesanteurs socioculturelles auxquelles elle doit faire face pour s'affirmer. Souvent non scolarisée ou contrainte d'interrompre sa scolarité, elle est condamnée à vivre sous l'autorité masculine, sa propre volonté étant liée à celle d'un homme, donc niée. Ainsi apprend-on de la bouche d'un personnage des propos sentencieux de cette sorte : « C'est quoi les études ? Une femme n'est pas bonne pour les études ; une femme est bonne pour la maison. (…) Une fille doit se soumettre à son père comme une femme à son mari ; un point, c'est tout !» (*LMG* : 44). Tel est le sort de Nyota, promise en mariage ou plutôt, vendue par son père, N'Gombi, au richissime et tout-puissant M'Poyo. Le destin de Perpétue (Beti, 1974) et celui de Juliette (Oyono Mbia, 2018), entre autres, ne sont pas plus enviables. En effet, l'organisation sociale privilégie l'autorité masculine, qui domine l'espace public, la femme étant reléguée à la sphère privée.

Du coup, la conflictualité sociale et la violence subséquente travaillent à la domination masculine, y compris dans le fonctionnement de la sexualité féminine soumise à une normativité sociale et/ou religieuse stricte, en ce qu'elle encadre à la fois l'intimité et la conjugalité. Masculinité rime alors avec autorité et publicité, tandis que féminité rime avec maternité et privauté, réduite à la fonction procréative : « Ce qui sied le plus à un ménage, le plus à une femme : l'enfant, la maternité. (…) A la femme sans maternité manque plus que la moitié de la féminité » (Kourouma, 1995 : 52). Par conséquent, la sexualité est un enjeu de pouvoir, ainsi que le montre par exemple Sony Labou Tansi (1979). M'Poyo n'incarne-t-il pas, jusqu'à la caricature, à la fois la lubricité et l'autoritarisme de celui à qui tout est dû, du fait de sa puissance financière ?

La présente étude tend à montrer, dans un premier mouvement, que le pouvoir est phallocratique et que, en outre, le *logos* est un attribut masculin. Il est illustratif d'une culture machiste qui érige le contrôle de la féminité en idéologie, en usant du langage de la violence. Réduite à sa corporéité et à l'émotivité, la femme est donc dépourvue de rationalité. Cette situation nous conduit, dans un second mouvement, à lire la féminité sous l'angle d'une existence appendiculaire, sans ipséité.

Aussi, en transcendant la vie par procuration à laquelle elle est promise, Nyota devient-elle le symbole de la lutte contre la réification de la femme et, *ipso facto*, la figure d'un féminisme ouvrant sur un horizon d'isonomie : homme et femme égaux devant la loi et citoyen(ne)s également libres dans une communauté politique (*politeia*) qui ne confine plus la femme à la domesticité (*oikonomia*) et ne réserve plus la *vita activa* à la virilité. D'un point de vue philosophique, au-delà du thème de l'Amour, *La mouche et la glu* d'Okoumba-Nkoghé pose la question de la subjectivité politique à partir de deux concepts principaux : le pouvoir et la féminité. Ainsi, en partant de la philosophie politique comme cadre théorique, notre analyse porte sur la problématique du genre et établit une relative correspondance entre les idées développées par certains philosophes suggérant que la femme n'est pas « un être pensant » (Nietzsche, 1993 : 681), d'une part, et quelques pratiques culturelles gabonaises qui infériorisent la femme, d'autre part. Dès lors, on comprend que ladite problématique n'ait pas suscité un grand intérêt heuristique au Gabon, au point où l'on a dû « attendre les années 1990 pour voir émerger des réflexions sous l'angle du genre » (Esseng Aba'a et Tonda, 2015 : 10).

En effet, dans une perspective double, explicative et normative des affaires de la cité, la prise et l'expression de la décision sont affaires d'hommes, seuls jugés aptes au commandement (Aristote, 2014), c'est-à-dire à l'exercice exclusif de la souveraineté de la collectivité. Quant à la féminité, elle désigne les caractères biologiques (réels) et psychologiques (supposés) propres à la femme, africaine ou autre ; elle se décline aussi comme féminitude, ce qui suppose une acceptation ou un rejet de ces considérations par la femme, en tant qu'elles servent de fondement à des préjugés culturels et à des postures politiques (de Beauvoir, 1976). Partant, notre hypothèse est que l'avenir s'écrira en termes d'autodétermination subjective, ce qui suppose une foi certaine dans la confluence de la féminité et de la rationalité, aux antipodes de l'instrumentalisation de la tradition en faveur de la domination masculine de la socialité.

1. Du pouvoir comme domination sociale

Du point de vue de la modernité démocratique, l'espace où les affaires publiques sont discutées, c'est-à-dire l'espace délibératif de *l'agora*, correspond à la citoyenneté. Dans ce cadre, se pose un préalable : l'exigence démocratique d'isonomie entre les membres du corps social, chacun(e) étant reconnu(e) dans sa subjectivité, entendue comme capacité d'autonomie : « La subjectivité, telle qu'elle émerge avec l'humanisme moderne, se définit (…) par deux propriétés : l'autoréflexion (la transparence à soi) et l'auto-fondation, ou si l'on préfère l'autonomie, le fait de se donner à soi-même la loi de son agir » (Ferry et Renaut, 1998 : 155). Autant dire que la notion d'*agora* rime avec celle d'*isonomia*, cette forme d'intersubjectivité politique et juridique qui entraine liberté des membres du corps social – les citoyen(ne)s –, égalité entre eux (elles) et, en l'occurrence, l'égalité des genres. Il subsiste cependant une distinction principielle interne à toute socialité, à savoir la séparation entre les gouvernants et les gouvernés. Ainsi, le pouvoir est avant tout décision, qu'elle soit le résultat d'un débat ou le fruit de la conscience solitaire du prince. Et cette décision engage l'action publique. Or, comme nous l'avons indiqué plus haut, l'éthique sociale négro-africaine favorise la domination de la socialité par la masculinité. Aussi, pourrait-on parler de sexisme, voire de misogynie, car les pratiques sociales participent de l'infériorisation de la femme, ce qui est à l'opposé du projet démocratique. Deux intellections sont en option ici :

> Ou celle, en voie d'affleurement, qui conçoit que chacun(e) dise ''je'' ; ou celle, qui tient de la coutume et qui est en train de défleurir, concevant que seul l'homme dise ''je'' et, parfois ''nous'', parlant alors en son nom et au nom de la femme. Cette prise unilatérale de la parole publique est une dénégation de l'autonomie morale de la partie muselée qui, de cette façon, est maintenue dans une sorte de minorité rationnelle perpétuelle. En fait, deux logiques s'affrontent. La première repose sur une certaine légalité, qui promeut l'autonomie subjective ; la seconde, elle, s'appuie sur une naturalité, qui fait diptyque avec une certaine hétéronomie collective. (Munzangala-Munziewu, 2008 : 188)

En clair, féminité et subjectivité ne se répondent pas toujours. Il apparaît une dichotomie entre la substantialité de la subjectivité masculine et la virtualité de la subjectivité féminine. Autrement dit, à partir de l'éthique sociale négro-africaine, il se dégage ce que nous appellerions un clivage entre le traditionalisme – qui accorde la priorité à l'homme – et le rationalisme qui promeut plutôt un humanisme égalitaire des genres. En effet, par l'unilatéralité de sa décision d'épouser Nyota, M'Poyo affirme sa supériorité : « J'ai connu ta fille par l'intermédiaire d'un ami professeur. (…) Alors j'ai décidé de l'épouser, parce que je savais que tu me la donnerais volontiers si je te le demandais, n'est-ce pas ? » (2007 : 48). De même, il affiche son ascendant sur N'Gombi, dont l'empressement obséquieux et l'avidité redoublent la condescendance de son patron à son égard : « M'Poyo le regardait avec un sourire où passait son mépris pour cet homme dont l'infériorité se traduisait par sa manière de tenir un cigare et de vider un verre de whisky, comme ça, d'un trait » (*LMG* : 47).

En ce sens, la tradition est au fondement de leur pacte, lequel se résume au mariage arrangé de Nyota, donc au projet commun de la déscolariser, en dépit de ses résultats brillants : « Ses professeurs veulent l'orienter vers la médecine, mais il n'en sera plus question du tout ; car une femme ne doit pas être plus instruite que son mari. (…) En effet, les femmes n'ont pas le droit de faire de longues études » (*LMG* : 48-49). En somme, si l'on considère que le savoir confère le pouvoir, il va sans dire que l'instruction en général, surtout les études de médecine à laquelle Nyota était destinée, constitue une entreprise subversive pour la stabilité de l'autorité masculine au sein de la socialité. En d'autres termes, il s'agit d'étouffer dans l'œuf, pour ainsi dire, ce que Franckline Ntsame Okourou, expliquant la *Feminist Consciousness* de Gerda Lerner, appelle « des stratégies pour changer l'ordre de subordination de la société pour parvenir à développer une vision nouvelle, un autre modèle de femme pour l'avenir » (2019 : 306). Dans la topographie romanesque gabonaise, cette approche théorique du genre se situe dans une sorte de "vocifération" discursive à la Bessora – au sens étymologique de porter haut la voix en guise de revendication, voire de vitupérer contre l'ordre social – telle que l'incarnent les jumeaux hétérozygotes Yeno et Waura, deux personnages de son roman *Deux bébés et l'addition*. Le premier est un homme sage-femme, tandis que la seconde, dans le même élan subversif, aurait souhaité que son mari bût lui-même le contraceptif ou, le cas échéant, portât la grossesse non désirée : « Il m'a fait cet enfant dans le dos [alors qu']il pouvait prendre la pilule » (Bessora, 2002 : 20, 24).

1.1 Un exercice phallocratique

Les notions de tradition, d'amour, de mariage, de pouvoir, entre autres, constituent la trame de *La mouche et la glu* de Maurice Okoumba Nkoghe. Mais, s'il s'en trouve une qui est bien illustrée *ad nauseam* par le personnage de M'Poyo, c'est celle du pouvoir : M'Poyo est imbu de sa personne. Ne dit-il pas avec arrogance : « D'ailleurs, je sais que chaque papa voudrait que j'épouse sa fille ; il en vient chaque jour ici dans ce bureau me le demander. Il faut avouer que la tienne a de la chance de voir mon choix se poser sur elle » (*LMG* : 48). Et dans cette suite, ivre de sa puissance financière : « M'Poyo posa sur lui sa main de directeur et dans un ton de directeur, il lui dit (…) -Tu vois bien que ce n'est pas n'importe quel fonctionnaire qui peut voir son nom honorer les marques de whisky » (*LMG* : 47). Pénétré de son rang social, il avait aussi les moyens de son pouvoir : « Sa puissance venait de cette humiliation qu'il imposait aux autres. (…) M'Poyo avait fait construire de rudimentaires habitations où il logeait tout son personnel afin de l'avoir constamment sous la main » (*LMG* : 50 et 113). Autant d'attitudes qui traduisent la fatuité et « la vacuité même de l'homme » (*LMG* : 50).

En ce sens, il ne se conçoit guère autrement que dans son caractère réfractaire à l'argumentation et sa manière d'imposer le consentement de ses interlocuteurs. Non seulement M'Poyo écrase tout le monde de son poids financier, mais en plus, il exerce une domination inquisitoriale sur la femme, la soumettant à ses caprices pour mieux la dévaloriser. Les moyens de la domination visent à empêcher l'essor de la subjectivité chez Nyota. Il y a, pour ainsi dire, une dé-subjectivisation féminine. Celle-ci porte, d'une part, sur les propres femmes de M'Poyo et dont l'évocation des corps est loin d'être poétique. L'homme a plutôt une vision utilitariste de la femme. De fait, il réduit l'érotisme féminin à la procréation : « Je vais renvoyer mes trois premières femmes chez leurs parents respectifs. Elles sont fatiguées et ne peuvent plus me faire des petits. Une femme qui ne fait plus les petits n'est plus bonne à rien » (*LMG* : 48) ; d'autre part, la féminité est poussée aux limites du supportable, dans un élan de déshumanisation presque irréversible, où la disjonction entre amour et sexualité est totale. La figure archétypale de cette aliénation de la féminité est le personnage de la secrétaire de M'Poyo. Il la tient et en (ab)use à sa guise, pour toutes sortes de tâches extra-professionnelles : « Une secrétaire était assise sur un canapé, les pieds du Directeur sur ses jambes fines, un coupe-ongles à la main. (…) [Elle] remit les pieds [de son patron] dans leurs souliers et sortit du bureau en ondulant des hanches » (*LMG* : 45-46).

Cette image de la féminité, réduite à la corporéité, à une position professionnelle subalterne, et à la concupiscence masculine, n'est pas sans rappeler certains personnages féminins tels Mina, dans le roman *Chair-piment* de l'écrivaine antillaise Gisèle Pineau (2002 : 17) : « Ils entraient en elle, gratis, tâtaient sa chair, goûtaient sa peau. Fallait qu'elle soit prise. Possédée. Traversée, sans parole par des sexes d'hommes ». En effet, comme figure de la femme violée dans sa dignité, Mina semble faire écho à la ménagère du libidineux M'Poyo : « Ménagère, aujourd'hui tu restes pour me tenir compagnie toute la nuit. (…) Je te donnerai de l'argent ; et quand ton mari verra cet argent, il se taira. Effectivement, le mari de la femme s'était tu » (*LMG* : 110). Outre cette représentation dégradante de la féminité, celle-ci rime avec pluralité conjugale, en ce sens que le caractère hyperbolique de la sexualité de M'Poyo n'eût pu trouver satisfaction que dans la polygynie. En effet, en bon phallocrate, il règne sur trois épouses et étend son empire érotique aux limites de sa puissance économique ; en prime, M'Poyo « a pour maîtresses toutes les femmes du pays » (2007 : 55). Quoi de plus normal, dirions-nous, vu qu'il faut une polyphonie féminine pour répondre à son refrain viril de chef d'orchestre. Ainsi, sa trique masculine est indispensable à la conduite du troupeau féminin, aux antipodes de la conjugalité hégélienne : « Le mariage est par essence monogamie » (Hegel, 2003 : 266).

Cette ostentation phallique est non seulement illustrative de la (volonté de) puissance de M'Poyo, mais aussi révélatrice d'une compréhension dégradante de la féminité partagée entre l'onto-mythologie négro-africaine, en l'occurrence gabonaise, et la tradition philosophique classique justifiant l'inégalité des genres : « De plus le mâle est par nature à la femelle ce que le plus fort est au plus faible, c'est-à-dire ce que le commandant est au commandé. Il en est nécessairement de même chez tous les humains. (…) Le mâle est, en effet, plus apte que la femelle à gouverner » (Aristote, 2014 : 2329 et 2340). Par ailleurs, comme nous l'indiquions plus haut, ivre de sa puissance économique et de son rang social, M'Poyo est un tyran mégalomane qui fait rimer virilité et lubricité, autorité et sexualité, à l'instar du tout-puissant et non moins truculent Jean-Cœur de Pierre, qui a droit de préemption sur « toutes les vulves du pays », dans *La vie et demie* de Sony Labou Tansi (1979 : 147) : « On fit entrer cinquante vierges choisies parmi les plus belles du pays (…). Jean-Cœur de Pierre but une sève que son père lui aurait recommandée (…). Il accomplit son premier tour de lit ».

Dans cette perspective sociopolitique où virilité et lubricité se répondent, où autorité et sexualité se confondent, impossible de ne pas établir une analogie entre les figures de Jean-Cœur de Pierre et M'Poyo. Certes, le premier tient tout un pays, la Catalamasie, par la taille de sa hernie, laquelle est à la fois la métaphore de son érotomanie et de l'enflure de son pouvoir politique, tandis que le second est simplement typique du chefaillon tropical dont le cynisme fait son miel de la vulnérabilité de ses concitoyens. Mais Sony Labou Tansi et Maurice Okoumba-Nkoghé, allégoriquement, traduisent tous deux l'insatisfaction sociale du citoyen, ainsi que le déficit démocratique des institutions dans l'espace politique africain :

> Grand-père, que vaut une vie où tout s'achète, y compris la conscience des gens ? Que vaut une vie où il n'est point de liberté ? Non, la vie que ma fiancée et moi voulons n'est pas celle-là. (…) Qu'as-tu fait grand-père ? - Je travaillais au port. Un jour que je soulevais un carton humide, il se brisa dans mes bras. C'était un carton de boîtes de sardines. J'en pris une et je l'ouvris. J'avais faim, mon petit, grand-faim ! Il y avait sept poissons dedans. (…) Le contre-maître remarqua qu'une boîte avait disparu. A sa question, je répondis que je l'avais mangée. Il me conduisit au commissariat. Un jour après, le juge me condamnait à sept mois de prison, c'est-à-dire un mois par poisson mangé. (*LMG* : 198-199)

Comme on le voit, l'absurdité d'une telle justice est caractéristique d'un espace politique où le pouvoir excède ses limites, c'est-à-dire des institutions qui, par leur protubérance et leur pléthore, sont à la fois budgétivores et inefficaces, telle la hernie de Jean-Cœur de Pierre symbolisant sa gloutonnerie sexuelle et sa boulimie du pouvoir. Tout au plus, elles engendrent ce que nous pourrions appeler l'intranquillité politique, à l'opposé de la définition de Montesquieu (1979: 294) : « Il faut que le gouvernement soit tel qu'un citoyen ne puisse pas craindre un autre citoyen ». Cette situation d'injustice montre bien que la liberté et l'égalité entre concitoyens sont à relativiser, pour le moins, d'autant que « la puissance de juger n'est pas séparée de la puissance législative et de l'exécutrice », étant donné que « la vie et la liberté des citoyens [lambda] » sont livrées à « l'arbitraire » des puissants. Autrement dit, « la liberté politique » (Montesquieu, 1979 : 294) est une exigence démocratique, en ce sens qu'elle participe de l'équilibre des pouvoirs. Aussi, « pour qu'on ne puisse abuser du pouvoir, il faut que, par la disposition des choses, le pouvoir arrête le pouvoir » (Montesquieu, 1979 : 293). Dans le cas contraire, le pouvoir s'expose à l'arbitraire de sa propre puissance, avec son cortège de malheurs et de cruautés infligés à la société : « Petite femme, si tu ne vas pas chez M'Poyo, tu perdras aussi ton fiancé, ton père l'a dit hier. Ils n'hésiteront pas à tuer celui que tu aimes et à étouffer l'affaire puisqu'ils en ont les moyens. Cela s'est toujours passé comme ça dans ce pays » (*LMG* : 184).

A l'évidence, la puissance de M'Poyo surpasse toute forme de légalité et lui donne le vertige de l'impunité, succombant à la violence des sanctions extrajudiciaires, en l'occurrence contre la personne d'Amando, le fiancé de Nyota, qu'il fait bastonner puis emprisonner arbitrairement : « Hier, quand on l'avait amené dans le bureau de M'Poyo, celui-ci avait ordonné qu'on lui donnât plusieurs coups de matraque. Par la pensée, il revit les deux agents se ruer sur lui avec une violence bestiale » (*LMG* : 195). Ce sentiment d'impunité habite aussi l'armée en tant qu'institution : l'un des véhicules d'un cortège militaire tue un enfant qu'il aurait pu éviter. Mais qu'importe, Opagha est de basse extraction sociale : « Pourquoi n'as-tu pas freiné, Sergent ? (…) Nous étions pressés ; et que faisait-il sur la route ? Ce n'est pas un bambin qui arrêtera la marche de l'armée » (*LMG* : 226).

Voilà une réflexion typique d'un espace politique où existe une disjonction entre les gouvernés et leurs gouvernants, en ce qu'elle signifie rupture d'identité et de légitimité, donc une absence de reconnaissance mutuelle au sens de Thomas Hobbes (1999 : 369) : « Un prince qui commande à des sujets misérables est lui-même misérable ». En d'autres termes, c'est un espace de non-droit où survient un découplage entre la normativité et les pratiques sociales, entre les principes de droit et l'action publique, en toute insouciance de la paupérisation du plus grand nombre, parfois jusqu'au mépris de la vie humaine. C'est sous cet angle que, ailleurs, nous soutenions que « la pauvreté est aporétique pour l'Etat de droit », c'est-à-dire qu'elle est le fruit « de la mauvaise gouvernance », étant entendu que, « cet irrespect de l'intérêt général affaiblit l'édifice social, au sens où la persistance de la misère de masse peut être subversive » (Munzangala-Munziewu, 2006 : 30). Tout compte fait, l'idéalité augustinienne du *cuique suum reddere* (à chacun son dû) ne fait pas partie de la socialité décrite par Maurice Okoumba-Nkoghé dans *La mouche et la glu*. L'injustice sociale et le pouvoir exorbitant forment un diptyque ravageur, vu qu'il n'est qu'extériorité de la féminité et que négativité de l'humanité, de la dignité qui est au fondement de l'humanisme juridique et de la modernité démocratique : « Tous les êtres humains naissent libres et égaux en dignité et en droits. Ils sont doués de raison et de conscience et doivent agir les uns envers les autres dans un esprit de fraternité » (DUDH, 1948 : art. 1).

1.2 Un logos masculin

Si le pouvoir est décision, c'est-à-dire la capacité d'infléchir le cours des choses, d'orienter les affaires publiques dans un sens ou dans un autre, il est aussi *logos* et présuppose la prise et l'expression de cette décision. Et l'*agora* est par excellence le *topos* de la formulation et de l'affirmation du *logos*, ce qui suppose une aptitude à la rationalité, en somme la capacité d'argumenter, voire de proférer sa parole, au sens étymologique de *proferre*, c'est-à-dire porter en avant sa parole, la poser devant un auditoire pour susciter son adhésion, pour le persuader. Or, dans le contexte de l'éthique sociale négro-africaine, particulièrement gabonaise, qui constitue la trame de *La mouche et la glu*, énoncer et persuader sont des facultés phallocratiques. En optant pour le journal intime et au regard de la relative pusillanimité de ses personnages féminins, Justine Mintsa (2004) est loin d'être une iconoclaste. D'où, sauf dérogation, l'exclusivité masculine de la parole argumentée dans l'espace public négro-africain ; ce que résume parfaitement un proverbe gabonais : « *Mutu va dimbu e vosili nana e subili. Dibala mateli mugetu matsutsi* »[2]. Ce proverbe indique que la parole publique est l'apanage de l'homme et que, par conséquent, la femme doit composer avec des résistances culturelles, qui sont autant d'obstacles à l'effectivité de la

---

[2] Proverbe en langue punu ou yipunu que l'on pourrait traduire littéralement par : « Une personne dans un village parle comme elle urine. L'homme debout et la femme accroupie ». Selon le classement de Malcom Guthrie (1953), *The Bantu Languages of Western Equatorial Africa*, Oxford University Press, le yipunu est une langue bantu de la zone B (B.40 Shira-Punu Group) classée B.43 Punu.

subjectivité démocratique pour une partie de la population, à cause de l'asymétrie des droits et libertés en fonction du genre.

Du coup, l'autonomie féminine doit être d'autant plus relativisée qu'elle demeure liée, en quelque sorte, au bon vouloir masculin, étant rappelé que pour qu'elle sorte du *domus*, elle doit obtenir une dérogation : « Si elle sort de sa claustration domestique et qu'il lui est donné la possibilité de prendre la parole en public – il s'agit en général d'une interpellation-, elle doit manifester quelque génuflexion » (Munzangala-Munziewu, 2019 : 91-92), en conformité avec la normativité sociale synthétisée par le proverbe cité plus haut. Il s'agit d'une construction culturelle tellement ancienne qu'elle paraît inscrite dans la naturalité des choses, au sens aristotélicien : « Le mâle est par nature à la femelle ce que le supérieur est à l'inférieur, c'est-à-dire ce que le commandant est au commandé. (…) Le mâle est, en effet, plus apte que la femelle à gouverner » (Aristote, 2014 : 2329 et 2340). A ce qu'il paraît, on dirait qu'une culture de la détention exclusive de l'outil cognitif par le genre masculin s'est transmise de génération en génération ; elle s'est alors sédimentée au point où, d'une part, la relégation de la féminité à la domesticité, à l'*oikos* et, d'autre part, la réservation de l'espace public à la masculinité semblent couler de source. Ainsi, « quand la tradition a le statut de norme suprême, les attitudes humaines se conforment aux coutumes. Et les coutumes semblent naturelles » (Legros, 1990 : 16).

Au fond, il existe un certain différentialisme hégémonique aux dépens de la féminité, lequel tend à effacer la ligne de démarcation entre *physis* et *nomos*, entendue comme limite entre le domaine de la factualité et celui de la normativité. Dans une pièce de théâtre, Wole Soyinka traduit cette situation où l'homme s'arroge la supériorité cognitive sur la femme, sous prétexte que cette dernière serait nettement moins dotée en ''matière grise'', signe de son inaptitude naturelle à la rationalité et, *ipso facto*, à la parole argumentée :

> - LAKOUNLE : (*la retient*) Je t'en prie, ne sois pas fâchée contre moi. Je ne te vise pas, toi, en particulier. Et de toutes manières, ce n'est pas moi qui le dis. Ce sont les savants qui le prouvent. C'est dans mes livres. Les femmes ont un cerveau plus petit que les hommes, c'est pour ça qu'on les appelle le sexe faible.
> - SIDI : (*le repousse violemment*) Et ça ? C'est le sexe faible ? Est-ce un être faible qui pile l'igname et qui se baisse pour planter le mil, toute la journée un enfant attaché sur le dos ? (Soyinka, 2001 : 10)

Ce dialogue, qui oppose Lakounlé, un instituteur pourtant progressiste, à Sidi, la beauté du village qu'il courtise, met l'accent sur l'autoritarisme masculin qui, en l'occurrence, s'appuie sur des arguments fallacieux, prétendument scientifiques, tout en se référant à un traditionalisme auto-justificatif et historiciste. La conversation entre N'Gombi et son ami N'Kima, après que le premier eut rudement échangé avec sa fille au sujet de son mariage arrangé avec M'Poyo, est du même ordre : « -Certes, elle a boudé ; elle m'a même parlé comme si elle était le père et moi la fille. (…) Depuis quand les filles parlent à leur père sans fermer les yeux ? - Ah ! mon ami ! c'est le Blanc qui est venu nous gaspiller le pays avec son école et ses idées » (*LMG* : 104). Evidemment, la liberté d'expression, qui plus est de la part d'une fille, est une effronterie insupportable, ainsi que le montre la rudesse de la réponse de N'Gombi à Nyota : « -Père…C'est de mon avenir qu'il s'agit et tu ne veux pas que je dise un mot ? -Tu n'as pas de mot ! C'est le mien qui compte. Maintenant ça suffit comme ça » (*LMG* : 102).

Ainsi, dans *La mouche et la glu*, la féminité est enchâssée dans une hétéronomie antiféministe que ne renierait pas Nietzsche. En effet, le philosophe allemand, outre son hostilité proclamée, dans *Le crépuscule des idoles* (1993 : 1012-1013), à la démocratie et au libéralisme : « libéralisme : autrement dit abêtissement grégaire (…). De tous temps le démocratisme a été la forme de déclin de la forme organisatrice », assimile sans ambages, dans *Par-delà le bien et le mal* (1993 : 681), la féminité à la minorité rationnelle à perpétuité, étant entendu que, à ses yeux, la femme « n'est pas un être pensant », précisant même qu'elle doit se taire, y compris lorsqu'elle est concernée au premier chef : *Mulier taceat de muliere* (1993 : 1351). Il va sans dire que, ainsi dévaluée, la parole féminine est cantonnée à l'intimité, dans une sémantique familiale, et ne s'affirme que pour répondre à une interpellation maritale ou paternelle, comme en témoigne la conversation entre N'Gombi et sa fille : « -Depuis un certain moment, je ne te vois plus ! -Non, père ! Parfois je pars pour la plantation avec mère, parfois je reste dans ma chambre pour faire de la couture » (*LMG* : 98).

Confirmation est faite, s'il en était besoin, que la femme affirme son identité essentiellement dans des rôles relatifs à la problématique de l'affectivité ou de la sollicitude (Brugère, 2006), cette éthique qui renvoie aux métiers attachés aux soins et à l'attention portés aux autres -femme au foyer, infirmière, sage-femme, technicienne de surface…- et que les Anglo-Saxons résument par le terme *care* (Molinier, 2013). Il appert que la féminité est confinée à l'émotivité, que l'on considère ces différentes branches de l'activité professionnelle où l'on trouve une pléthore de femmes, d'un côté, ou que l'on retienne les tâches domestiques et les travaux champêtres accomplis par les femmes dans *La mouche et la glu*, d'autre part, le pouvoir de décision et l'énonciation de celle-ci renvoient symboliquement plutôt à un *logos* masculin, lequel se manifeste par un certain autoritarisme (pouvoir de décider) et une prise unilatérale de la parole (monopole du *logos*). Dans les deux cas, la féminité est dévaluée et apparaît comme une servitude : « Elle venait de comprendre l'inutilité de la discussion. (…) D'un pas inégal, elle sortit de l'appartement personnel de son père, comme une jeune esclave sort de l'appartement personnel de son maître » (2007 : 102). Ici, traditionalisme et mutisme féminin vont de pair. En clair, la tradition confère une autorité indiscutable à l'homme et le *logos* paternel est singulièrement écrasant et dirimant : « C'est la coutume ! Tu dois m'obéir les yeux fermés. Une fille, c'est une fille ». (2007 : 101).

2. De la féminité comme minorité rationnelle perpétuelle

Au nom de son amour pour Amando, Nyota fait preuve d'insoumission à l'égard de son père et fait échec au pacte qui lie ce dernier à son patron. Ce faisant, elle ébranle le stéréotype de la femme africaine mutique et réifiée par la violence et la gourmandise masculines, en l'occurrence par le mercantilisme tout nouveau de N'Gombi, l'érotisme et l'autoritarisme de M'Poyo. Car, par sa détermination iconoclaste, elle entame le monopole du pouvoir patriarcal et devient le modèle d'une jeunesse qui a soif de justice et, en un mot le parangon d'un féminisme qui se veut émancipateur et égalitaire, en opposition à l'instrumentalisation machiste de la tradition. Nyota tient ainsi des reproches à son père : « Tu fais usage de la coutume parce que cette coutume va dans le sens de tes intérêts ; mais est-ce que je suis obligée de la suivre, cette coutume ? Es-tu persuadé que ce qui a été valable hier peut l'être encore aujourd'hui ? » (*LMG* : 101).

En réalité, le propos de Nyota transcende sa situation personnelle ; il dénonce l'avilissement de la personne humaine et la déshumanisation de la femme, par des pratiques relevant de l'autojustification : « sur le principe d'une stricte clôture : notre vision du monde est la seule qui ait un sens et qui soit vraie » (Castoriadis, 1986 : 262). En ligne de mire, le relativisme culturel systémique qui est à la base de cette vision et que nous pourrions schématiser par la dichotomie entre l'*homo hierarchicus* traditionnel et l'*homo aequalis* démocratique. L'idée centrale est celle de la reconnaissance de la subjectivité filiale et féminine, qui admet la différence des genres -la réalité biologique masculin/féminin- et l'autonomie morale de chacun(e), en tant que personne humaine. Dans cette optique, le féminisme de Nyota est un rationalisme, au sens de Karl Popper (1979 : 167) : « Le rationaliste est enclin à considérer que les hommes sont fondamentalement égaux et à voir dans la raison le lien qui les unit ». Dit autrement : la femme aussi est capable de rationalité ; elle est parfaitement apte à l'autonomie subjective, en toute égalité avec l'homme.

2.1. Une existence féminine appendiculaire

« On ne naît pas femme : on le devient », lance Simone de Beauvoir en 1949. Elle entend, par cette formule de prime abord lapidaire et paradoxale, que la subjectivité humaine, pas plus du point de vue de la féminité que de celui de la masculinité, n'est un destin figé dans la corporéité sexuée. Devenir une femme est la résultante de l'histoire et non une donnée de la nature. Ce processus aboutit à un conditionnement social qui relève de la culturalité, par imprégnation de stéréotypes dictés globalement par la masculinité et corrélativement subis par la féminité. En effet, précise de Beauvoir, « aucun destin biologique, psychique, économique ne définit la figure que revêt au sein de la société la femelle humaine ; c'est l'ensemble de la civilisation qui élabore ce produit intermédiaire entre le mâle et le castrat qu'on qualifie de féminin » (de Beauvoir, 1976 : 285). Il n'est pas question de la part de la philosophe de nier la naturalité des attributs biologiques comme réalité, mais d'expliquer la condition féminine par l'instrumentalisation de la différence sexuelle, laquelle sert de base de justification de la domination de la socialité par la masculinité. En clair, la femme « naît » bien physiologiquement femme et l'homme homme, mais la femme « devient » culturellement femme et l'homme homme par l'éducation.

D'où cette idée que la féminité, pour de Beauvoir, est simplement la résultante d'une opération de castration, en ce sens qu' « elle [la femme] est l'inessentiel en face de l'essentiel. Il est le Sujet, il est l'Absolu : elle est l'Autre (…). La femme ? C'est bien simple, disent les amateurs de formules simples : elle est une matrice, un ovaire ; elle est une femelle : et ce mot suffit à la définir » (de Beauvoir, 1976 : 15 et 35). Par conséquent, cette compréhension avilissante de la féminité -sa réduction à la corporéité- ne saurait perdurer, car elle équivaudrait à une assignation à la minorité rationnelle perpétuelle et à la domesticité. Dès lors, toute subjectivité est inséparablement une conscience incarnée et incorporée ; la sexualisation de la féminité comme matrice hétérosexuelle équivaut à son identification à la maternité. Or, cette biologisation tend à conditionner la différenciation sexuelle en fonction d'images préétablies, ce, au détriment de la féminité, réduite à l'utilité sociale, entendue comme condition du renouvellement social, là où précisément la masculinité est synonyme de domination sociale. Ainsi s'explique la répudiation programmée de ses femmes par M'Poyo, qui envisage de les remplacer par la « belle et intelligente » Nyota : « Je vais renvoyer mes trois femmes chez leurs parents respectifs. Elles sont fatiguées et ne peuvent plus me faire des petits. Une femme qui ne fait plus les petits n'est plus bonne à rien » (*LMG* : 48).

Par ailleurs, l'anonymat des femmes de M'Poyo forme un contraste éloquent avec sa renommée à lui. Du point de vue des attentes sociales et maritales, elles ont rempli leur office, à savoir une existence consacrée à la production d'une progéniture nombreuse et annexée à la souveraineté de leur mari. Aussi, pourrions-nous entendre ce mutisme comme le signe de leur assujettissement ; ce qui signifie, sur le plan sociopolitique, une citoyenneté de seconde zone, en pointillé, privées qu'elles sont de « jouir de la liberté », au sens de Montesquieu : « Pour jouir de la liberté, il faut que chacun[e] puisse dire ce qu'il [elle] pense ; et que, pour la conserver, il faut encore que chacun[e] puisse dire ce qu'il [elle] pense ; un[e] citoyen[ne], dans un Etat, dirait et écrirait tout ce que les lois ne lui ont pas défendu expressément de dire, ou d'écrire » (Montesquieu, 1979 : 479). A l'instar de son patron, « le directeur des directeurs », l'homme dont « les banques du pays sont remplies de son argent » (*LMG* : 99), N'Gombi n'est pas plus respectueux de la liberté d'expression, ainsi qu'en témoigne le congédiement de la femme qui ose lui rappeler quelques règles d'hygiène, de respect de l'environnement et de pudeur, à sa condition de sous-homme :

> Arrivé au sommet de la colline, l'homme cala le vélo contre une pierre. Il fit quelques pas, ouvrit son pantalon par le devant et, debout au bord du chemin, il pissa dans le caniveau, sans aucune pudeur, sous les yeux des femmes qui allaient, panier sur le dos, vendre leurs produits au marché de la ville. L'une d'elles, scandalisée, dit à N'Gombi : -Homme, tu ne peux donc pas aller faire ça dans la plaine ? -Passe ton chemin, femme ! Je n'admets pas qu'une femme me fasse une telle remarque. - Mais pourquoi pas, homme ? (…) L'époque où vous avez nié notre existence en tant qu'êtres humains est révolue. (…) « Ce Blanc et ses lois sont venus gaspiller le pays ! Une femme me parler sur ce ton…Une femme, un être sans vie réelle ! Non, je n'admettrai pas cela ! » (*LMG* : 40-41)

Cet échange est illustratif de la douloureuse condition féminine en Afrique. Il montre, en effet, à quel point il est difficile de hisser la féminité au niveau de la subjectivité masculine dans l'espace sociopolitique africain, en particulier dans le monde traditionnel gabonais. Tout se passe comme si la correspondance supposée entre la naturalité et la socialité rendait infaillible la normativité qui en découle. Autrement dit, à l'image de N'Gombi, non seulement tous les nomothètes traditionalistes quant à l'observance rigoriste des coutumes font le pari de l' « infaillibilisme » de ces dernières, mais aussi de leur « indépassabilité », donc le pari de la permanence de leur validité dans le temps, ignorant alors la factualité sociale qui, elle, obéit à une certaine dynamique. Toutefois, s'il est indéniable que « les traditions, bien que critiquables, sont indispensables, car elles contribuent à structurer le monde social, à en faire un cosmos plutôt qu'un chaos » (Boyer, 1996 : 541), l'érection de l'Etat de droit que tout le monde appelle de ses vœux, la libération de la femme ou, plutôt, la libéralisation de la socialité en vue de l'épanouissement de la féminité, passent nécessairement par l'arrachement de la citoyenneté à certaines coutumes. Procéder autrement, c'est exposer le projet démocratique à l'aporie, donc à l'échec de l'Etat de droit. C'est ainsi que, dans le contexte gabonais, la loi « soumet le choix par la femme de son activité professionnelle à un avis lié de son époux », « la femme peut exercer la profession de son choix, à moins que le mari demande au tribunal de lui interdire, dans l'intérêt de la famille, l'exercice de cette profession » (Code civil, art. 261, al. 1). Et il ne viendrait à l'idée de personne d'envisager une telle situation s'agissant de l'homme ; qu'il en soit réduit, lui « l'essentiel » et « l'Absolu » à adresser une telle demande à son (ses) épouse(s), elle(s) qui constitue(nt) l' « inessentiel » (de Beauvoir).

Dans cette optique, l'humanité féminine est amoindrie, dévaluée, dans la mesure où la femme accomplit difficilement *sui juris* les actes de la vie publique ; en tant qu'*alteri juris*, elle ne contracte pas toujours librement, sans s'en référer à la volonté de son mari qui dispose en quelque sorte d'un droit de veto. Ainsi, l'autonomie féminine reste conditionnée par la volonté masculine ; à vrai dire, il s'agit d'une situation d'hétéronomie, les aspirations féminines étant encadrées à la fois par la coercition communautaire – le poids de la tradition – et l'autorité maritale, seule habilitée à définir l'intérêt familial. L'assouplissement de la tradition semble une condition *sine qua non* à l'émergence d'une subjectivité féminine autonome, à la reconnaissance de la femme en tant qu'individualité rationnelle : « L'homme de l'humanisme est celui qui n'entend plus recevoir ses normes et ses lois ni de la nature des choses (Aristote), ni de Dieu, mais qui les fonde lui-même à partir de sa raison et de sa volonté (…) par opposition aux sociétés où c'est la tradition qui fonde l'autorité » (Renaut, 1989 : 53). Au total, sortir la féminité des marges de la subjectivité, c'est intégrer progressivement et prioritairement une logique individualiste et égalitaire par rapport à l'ordre social holiste et hiérarchique en vigueur, source majeure d'une certaine chosification de la femme, aujourd'hui incompatible avec les aspirations démocratiques.

2.2. Une réification de la femme

« Ecoute, j'ai décidé de marier Nyota à M'Poyo (…). Nyota est ma chose, comme toi tu es ma chose. Je t'ai épousée avec une dot et non avec des mots, c'est la coutume. (…) Est-ce que ton père t'avait consultée ? », assène N'Gombi à sa femme (*LMG* : 54-55). Cette séquence est un condensé de l'abus de pouvoir ; c'est la négation de l'altérité, pire, la radicalisation de l'altérité dans la différence de sexe et d'âge, le détenteur du pouvoir déniant à l'autre sa subjectivité. En effet, la dépendance de Ndoulou à l'égard de N'Gombi, son mari, et la vulnérabilité de Nyota font se confondre sa brutalité – sa virilité de mari – et son pouvoir de décision, c'est-à-dire son autorité paternelle, dans un élan hyperbolique de violence à la fois physique et symbolique, puisqu'il va jusqu'à commanditer le meurtre mystique de sa fille par le sorcier Samabi : « Il se leva comme un fauve et prit sa femme à la gorge (…) Ce sont de petites piqûres, la victime ne sent rien ; regarde, ta fille n'a même pas ouvert les yeux ; elle ne les rouvrira plus jamais ! » (*LMG* : 55 et 250). Au-delà de la perversion de N'Gombi par le pouvoir d'argent de M'Poyo, il apparaît nettement l'idée que féminité et masculinité ne peuvent être sur le même pied d'égalité. Non seulement le mari dispose de sa femme comme d'une chose, mais, plus grave, il s'octroie un ''droit de vie ou de mort'' sur sa fille. Ndoulou et Nyota sont dévaluées, déshumanisées, chosifiées.

Mais, comment féminité et subjectivité peuvent-elles coïncider ? Comment Nyota pourrait-elle devenir une personne humaine, si ce n'est en subvertissant la normativité sociale qu'incarnent *ad nauseam* son père et le richissime M'Poyo ? Entreprise certes difficile pour une femme de passer du statut d'objet à celui de sujet, mais qui n'est pas inexpugnable pour qui a cette volonté de s'approprier une liberté concrète et de déployer son pouvoir d'agir, ce, contre un système qui condamne d'avance la féminité à des rôles de faire-valoir aux prétentions masculines. Tout est affaire de foi dans son agir, dans sa capacité personnelle à ébrécher les murs du machisme et à en saper les fondations, précisément en s'opposant à certaines pratiques et en relativisant certaines croyances, ainsi que le font Ndoulou et Nyota :

> Seule Nyota a le droit de se choisir un homme (...) C'est une fille qui vit avec son époque. Vous les hommes, vous nous avez longtemps fait ramper comme des vers de terre, parce que vous aviez les lois de votre côté, vous étiez ces lois. Mais maintenant, ces lois sont pour tout le monde ; tu ne briseras pas la vie et les études de Nyota. (…) Mère, si refuser d'épouser un homme vieux comme son père, un homme que je n'ai jamais vu ni connu, un homme que je n'ai pas choisi et que je ne pourrai choisir, si refuser de l'épouser pour rester libre dans ma vie comme dans mes sentiments est un crime qui me vaudrait la colère d'un père ou bien plus, alors j'accepte de faire face à ce Mal que tu as vu briller dans ses yeux. La haine est peut-être aussi forte que l'amour, je le sais ; mais je préfère l'amour pour vivre heureuse avec celui que j'ai choisi librement, ou mourir heureuse tout en sachant que lui m'aimera toujours. (*LMG* : 55 et 59)

Visiblement, il se dessine là un fossé axiologique, d'une part, entre N'Gombi, partisan des valeurs du passé, qui servent de guide au présent, un présent qui anéantit l'avenir dans un fixisme hostile à tout compromis et, d'autre part, Ndoulou et Nyota, qui croient à l'amélioration de la condition féminine par la lutte acharnée contre la phallocratie ambiante. Elles savent qu'il s'agit d'un combat qui les transcende individuellement. La vieille Ndoulou se bat pour sa fille et toutes celles de cette génération-là, eu égard à son grand âge et à son vécu personnel. Quant à Nyota, elle fait le pari d'un féminisme opposé à toute déshumanisation de la féminité, dans une double sémantique anthropologique – un objet sexuel pour la lubricité masculine – et sociologique, perçue comme une machine à procréer dont il faut, en un sens utilitariste, maximiser la fécondité. Or, « le caractère du pouvoir est lié à celui de l'obéissance, et l'obéissance elle-même implique un certain mode de croyance » (Lefort, 2002 : 26). Nyota a conscience que le pouvoir est décision ; aussi, décide-t-elle de désobéir à son père au péril de sa vie, car elle croit à l'amour par delà la mort. C'est donc un acte, dirions-nous, de féminitude, au sens de Simone de Beauvoir.

Tout compte fait, Nyota sait que son irrévérence est délivrance. Elle incarne la dignité de la femme jusqu'au sacrifice suprême : « Fille, par ta mort tu enseignes l'espoir à tes petites sœurs » (*LMG* : 268). En un sens, elle devient le porte-étendard de sa génération, laquelle aspire à la modernité démocratique et aux principes des droits humains : liberté individuelle et égalité sexuelle : « Tous sont égaux devant la loi et ont droit sans distinction à une égale protection de la loi (...). Le mariage ne peut être conclu qu'avec le libre et plein consentement des futurs époux » (DUDH, art. 7 et art. 16, al. 3). Mais, plus prosaïquement, elle désobéit à son père par opposition à la cupidité de celui-ci et au conservatisme social, lesquels la condamnent à un destin conjugal de faire-valoir au narcissisme érotique de M'Poyo, elle qui aspire à l'équité et à l'égalité. Aussi, par ce refus du « diktat des couilles », Nyota eût-elle pu faire sienne la déclaration d'Ekassi : « Je ne veux plus me voir consacrée reine des fourneaux en train de préparer des petits plats idiots à un idiot qui a une idiotie entre les jambes… » (Beyala, 1987 : 48).

De ce point de vue, la volonté de Nyota est d'échapper à l'égoïsme calculateur de son père et à « la hernie » de M'Poyo, pour reprendre la métaphore labou-tansienne. Ce faisant, elle représente la revanche de la féminité sur la masculinité, par le détricotage de l'autorité paternelle et la dévirilisation de M'Poyo. D'une certaine façon, elle est motivée par un idéal de bonheur individuel, lequel rencontre l'intérêt de la société par la médiation de l'amour d'Amando, consacré par leurs fiançailles. Son irrévérence pousse-au-crime est une « action [qui] est accomplie en vue d'une fin », celle de viser le bonheur individuel du plus grand nombre par « l'éducation et l'opinion, qui ont un si grand pouvoir sur le caractère des hommes (…) pour créer dans l'esprit de chaque individu une association indissoluble entre son bonheur personnel et le bien de la société » (Mill, 1988 : 38 et 67). Le féminisme de Nyota se traduit par son refus de subir le destin d'une femme condamnée à subir ; sa lutte prend une tournure presque révolutionnaire. C'est une métaphore de la liberté qui tranche avec la léthargie et la passivité caractéristiques de la génération de sa mère : mariage arrangé, violences conjugales, infidélité masculine, etc. Nyota est de celles qui agissent plutôt pour parvenir à l'émancipation : « Le destin de la femme dans ce pays était-il donc de subir ? Elle comprit alors mieux le sens réel de la lutte que sa fille et son jeune fiancé engageaient » (*LMG* : 188). Par conséquent, la déchosification/réhumanisation de la femme implique une synergie homme/femme en vue d'une émancipation véritable.

Conclusion

Lorsque, en 1931, Marcel Mauss parle de la division par sexes comme « une division fondamentale qui a grevé de son poids toutes les sociétés », il fait non seulement le constat de l'androcentrisme qui marque les sciences sociales à cette époque : « nous n'avons fait que la sociologie des hommes et non la sociologie des femmes, ou des deux sexes » (Mauss, 1969 : 15), mais surtout le constat de la pénibilité de la condition féminine. Depuis lors, cette condition s'est considérablement améliorée, la femme étant parvenue à l'émancipation et à l'égalité. A l'évidence, cela varie en fonction des sociétés et des époques, mais cette évolution est globalement indéniable. Il va de soi que la féminité est encore confrontée à la violence sociale de par le monde, que ce soit au Nord ou au Sud. Et cette violence n'est pas que virtuelle ou symbolique[3], mais bien

---

[3] Cf. Le site du quotidien *Libération* (Libe.fr) du mardi 04/03/2014. Marie Piquemal : *La Moselle met femmes et poubelles dans le même sac* : « L'image montre un buste de femme dans un sac poubelle trônant au milieu de quelques déchets dont une bouteille d'eau minérale écrasée, une canette vide couchée, une peau de banane… ». Consulté le 05/03/2014 à 15h13.

réelle[4]. En revanche, la tendance vers un mieux-être féminin est tangible, voire irréversible. Toutefois, il ne faut pas se méprendre sur la signification de cette dynamique. Elle ne vise pas à instaurer quelque gynocratie où la femme se vengerait de toutes les humiliations subies au cours de l'histoire, du fait des abus de pouvoir de la part de l'homme.

Ce mouvement a pour objet l'effectivité de l'isonomie démocratique, donc l'instauration d'une « société décente », qui abhorre l'humiliation de l'autre : « Une société civilisée est celle dont les membres ne s'humilient pas les uns les autres, alors qu'une société décente est celle où les institutions n'humilient pas les gens » (Margalit, 1999 : 13). Ainsi, le sacrifice de Nyota et les coups mortels supportés par son fiancé Amando, au nom de leur amour, synthétisent le sens de l'engagement d'une jeunesse qui rêve à un avenir meilleur, qui est en mal de justice dans une société où chaque citoyen(ne) se sent respecté(e) comme tel(le) : « Entre les deux fosses des deux frères, les hommes mettront le corps de la jeune fille en terre. Sur l'horizon bas, l'astre du jour déclinait. Demain matin il reprendrait son escalade des marches du ciel, tout neuf, mué (…) en un cri contre l'injustice et contre la faim, en pur acte d'amour » (2007 : 270). En définitive, l'optimisme est cependant de mise au regard de la transfiguration anagogique du personnage de Mombo, à mille lieues de la déréliction de N'Gombi et son irrépressible « vouloir-gagner ».

Bibliographie

ARISTOTE, (2014), *Les Politiques*, I, 5, 1254b et I, 12,1259b, trad. P. Pellegrin, *Œuvres complètes*, Paris, Flammarion.

BEAUVOIR, S. (de), (1976 [1949]), *Le Deuxième Sexe*, 2 tomes, Paris, Gallimard, coll. « Folio-essais ».

BESSORA, (2002), *Deux bébés et l'addition*, Paris, Le serpent à plumes.

BETI MONGO, (1974), *Perpétue ou l'habitude du malheur*, Paris, Buchet-Chastel.

---

[4] Cf. *L'Union* n°12936 du mardi 04 février 2019, p. 9 : « A propos du crime passionnel au quartier Nkembo, M.N a finalement succombé à ses brûlures ! ». Et l'on apprend que son concubin K.N, « l'auteur présumé de cet acte ignoble a recouvré la liberté quelques jours seulement après son arrestation… ». En France par exemple, « une femme meurt tous les trois jours sous les coups de son conjoint ». Cf. le site du quotidien *Le Monde* (lemonde.fr) consulté le 25/11/2015 à 14h57.

BEYALA, C. (1987), *C'est le soleil qui m'a brulée*, Paris, Stock.

BOYER, A. (1996), « Rationalisme critique », Raynaud, P. et Rials S. (dir.), *Dictionnaire de philosophie politique*, Paris, PUF, pp. 540-543.

BRUGERE, F. (2006), « Sollicitude. La nouvelle donne affective des perspectives féministes », *Esprit*, 1, n°361, pp. 123-140.

CASTORIADIS, C. (1986), *Domaines de l'homme*, Paris, Seuil, coll. « Empreintes ».

Déclaration Universelle des Droits de l'Homme (DUDH), 1948, telle qu'elle a été proclamée par l'Assemblée générale de l'ONU le 10 décembre 1948 (Résolution 217 [III] A).

ESSENG ABA'A, G. et TONDA, J. (dir.), (2015), *Le féminin, le masculin et les rapports sociaux de sexe au Gabon*, Paris, L'Harmattan, coll. « Etudes africaines ».

FERRY, L. et RENAUT, A. (1998), « Habermas, Apel et nous », Sosoe, L. K. (dir.), *Subjectivité, démocratie et raison pratique*, Paris, L'Harmattan, pp. 149-179.

HEGEL, F. (2003), *Principes de la philosophie du droit*, §167, trad. Kervégan J.-F., Paris, PUF, coll. « Quadrige ».

HOBBES, Th. (1999 [1971]), *Léviathan*, trad. Tricaud F., Paris, Dalloz, (chap. XXX, note 89).

KOUROUMA, A. (1995 [1970]), *Les soleils des indépendances*, Paris, Seuil.

LABOU TANSI, S. (1979), *La vie et demie*, Paris, Seuil.

LEFORT, C. (2002), « Le pouvoir », Michaud, Y. (dir.), *Université de tous les savoirs*, vol. 9, *Le pouvoir, l'Etat, la Politique*, Paris, Odile Jacob, coll. « Poches », pp. 25-37.

LEGROS, R. (1990), *L'idée d'humanité. Introduction à la phénoménologie*, Paris, Grasset.

MARGALIT, A. (1999), *La société décente*, trad. Billard F., rev. L. d'Auzay, Paris, Climats.

MAUSS, M. (1969 [1931]), « La cohésion sociale dans les sociétés polysegmentaires », *Œuvres complètes*, tome 3, *Cohésion sociale et divisions de la sociologie*, Paris, Minuit.

MILL, J.-S. (1988), *L'Utilitarisme*, trad. Tanesse G., Paris, Champs/Flammarion.

MINTSA, J. (2004 [1994]), *Un seul tournant, Makôsu. Journal*, Paris, L'Harmattan.

MOLINIER, P. (2013), *Le travail du care*, Paris, La Dispute.

MONTESQUIEU, (1979), *De l'esprit des lois*, éd. V. Goldschmidt, 2 tomes, voir t. I, XI, 6/ XI, 4/ XIX, 27, Paris, GF-Flammarion.

MUNZANGALA-MUNZIEWU, D. (2019), « Féminité et socialité au Gabon. Quelle démocratie ? », *Le Politiste*, n°5, pp. 87-118.

MUNZANGALA-MUNZIEWU, D. (2008), « Féminité et subjectivité dans l'espace démocratique africain », *Ethiopiques*, n°81, pp. 181-202.

MUNZANGALA-MUNZIEWU, D. (2006), « De la pauvreté comme aporie de l'Etat de droit en Afrique », *RIRSH, Revue semestrielle de l'Institut de Recherche en Sciences Humaines (IRSH)*, vol.9-10, n°9-10, pp. 25-40.

NIETZSCHE F. (1993), *Le crépuscule des idoles* (Flâneries d'un inactuel), §38 et 39 ; *Par-delà le bien et le mal* (Nos vertus), § 234 et 232, note 3, *Œuvres*, 2 volumes, vol. II, trad. Lacoste J. et Le Rider J., Paris, Robert Laffont/Bouquins.

NTSAME OKOUROU, F. (2019), « L'aventure *ambiguë* de l'inscription littéraire de la revendication féminine au Gabon », Enongoué F., Moukala Ndoumou M., Nzinzi P.D. (dir.), *L'Afrique dans les bruissements du monde*, 2 tomes, voir t. 2, *Au miroir du monde*, Paris, Descartes & Cie-10/14, pp. 305-324.

OKOUMBA-NKOGHE (2007 [1984]), *La mouche et la glu*, Paris, Présence Africaine.

OYONO MBIA, G. ([1964] 2018), *Trois prétendants...un mari*, Yaoundé, CLE.

PINEAU, G. (2002), *Chair-piment*, Paris, Mercure de France.

POPPER, K. (1979), *La société ouverte et ses ennemis*, Tome 2, trad. Bernard J. et Monod Ph., Paris, Seuil.

RENAUT, A. (1989), *L'ère de l'individu*, Paris, Gallimard.

SOYINKA, W. ([1968] 2001), *Le lion et la perle*, trad. Chuto J. et Laburthe-Tolra Ph., Yaoundé, Clé.

Photo : Stèle de la Liberté à Libreville
(Ph. Karl Mba, 2019).

LE SIGNE DE LA SOURCE OU LE DOUBLE JEU DE LA PSYCHÉ CHEZ MAURICE OKOUMBA-NKOGHÉ

Ornella Pacelly NDOMBI LOUMBANGOYE
Université Omar Bongo
ndombiornellaprof@gmail.com

Résumé : La littérature francophone d'Afrique subsaharienne se compose aujourd'hui de plusieurs littératures par pays, dont la tendance actuelle vise à revendiquer leur identité nationale. Une volonté manifeste d'émancipation et de distinction lisible à travers l'évolution considérable de la qualité des œuvres qu'elles proposent. C'est le cas ici de la littérature gabonaise, qui, par le biais de ses romanciers, peint un univers où le réel et l'irréel s'entremêlent sans détours. Maurice Okoumba-Nkoghé avec *Le signe de la source* propose une nouvelle approche romanesque du sujet africain dépassant la simple angoisse de l'exode rurale, afin de plonger le lecteur dans les « mondes intérieurs » de ses protagonistes. Il se lit en effet, des personnages en proie à un mal-être existentiel, bouleversés par le reflet déformé d'un monde devenu un miroir psyché en perpétuel mouvement. Une dualité existentielle plongeant le lecteur dans une cosmogénèse Taoïste où le Yin et le Yang, l'Ombre et la Lumière tentent une lutte sans merci dans le psychisme humain.
Mots clés : Dualisme – Psychose – Identité – Sexualité – Miroir

Abstract : Today, all Sub-Saharan Francophone countries has their own literature. This trend emphasizes their claim for national identity. There is a strong desire to emancipate. It comes with the evolution of the quality of their works. It is the case here with the Gabonese literature, which, through its novelists, paints a universe where the real and the unreal intermingle without detours. Maurice Okoumba-Nkoghe's Le Signe de la source offers a new novelistic approach of the African subject beyond the anguish of the rural exodus, leading the reader in the "interior worlds" of its protagonists, where characters are in the grip with an existential malaise, upset by the distorted reflection of a world. A psychic mirror in perpetual motion reveals an existential duality plunging the reader into a Taoist cosmogenesis where Yin and Yang, shadow and light are radically opposed.
Keywords : Dualism – Psychosis – Identity – Sexuality – Mirror

Introduction

Arrivé timidement en 1971 avec *Histoire d'un enfant trouvé* de Robert Zotoumbat, le roman gabonais atteint sa vitesse de croisière à partir de 1980. Cette maturation est en partie favorisée par l'avènement d'une génération d'écrivains, privilégiant le roman aux autres genres de la littérature gabonaise.

Ainsi, depuis le roman *Elonga* d'Angèle Rawiri, on assiste à la floraison d'autres romanciers tels que Maurice Okoumba-Nkoghé, Justine Mintsa, Laurent Owondo ou encore Hubert-Freddy Ndong Mbeng. Ces derniers procèdent, en effet, à l'élaboration d'une écriture plus métaphorique voire philosophique, portée sur l'être humain et son rapport métaphysique au monde qui l'entoure. Un véritable jeu de miroir où l'objet semble se confondre au reflet, plongeant ainsi les personnages dans une errance constante et oppressante.

De ce fait, cette conception romanesque inscrit la littérature gabonaise dans la tendance littéraire actuelle visant à lire le principe de dualité[1] de l'existence à travers la complexité psychique des personnages-clé d'une œuvre romanesque. En effet, le romancier s'attache désormais à la description psychologique de ses personnages, reléguant au second plan les éléments spatio-temporels de la narration. Cette volonté à porter l'attention du lecteur sur les états d'âmes des protagonistes replace la notion d'identité au cœur même du processus de création du roman gabonais contemporain. Car, l'identité est une notion à plusieurs sens, qui se définit selon le sujet. Elle représente ici le caractère permanent et fondamental d'un individu, ou d'un groupe d'individus faisant de son libre arbitre[2] sa singularité. La psychanalyse freudienne la définit, en effet, comme une « construction caractérisée par des conflits internes entre différents topics telles que le Moi, le Ça et le Surmoi » (Freud, 1984 : 47). Ainsi, le sujet angoissé plonge inévitablement dans un questionnement existentiel qui le conduit systématiquement vers le jugement de l'autre (cet autre soi) devenu le reflet d'une détresse intime ou l'image déformée d'une vie rêvée.

Ce postulat rejoint la pensée sartrienne sur la notion de « malaise » à l'égard de la littérature actuelle. En effet, le malaise apparaît au moment où l'individu se trouve dans l'incapacité de voir son idéal aboutir. Lorsque le choix par lequel il espère s'assumer et s'accomplir est voué à l'échec, l'individu ressent fortement cette

---

[1] Ce terme renvoie au « dualisme » : une doctrine philosophique posant deux principes irréductibles et indépendants. La philosophie platonicienne présente le dualisme métaphysique constitué des concepts du Bien et du Mal, Dieu et le Diable dans l'existence humaine.

[2] Faculté qu'aurait l'être humain de se déterminer librement et par lui seul, à agir et à penser selon sa conscience.

sensation d'angoisse et de mal-être. De fait, la décadence du personnage que l'on peut lire dans certains textes africains, comme *L'étrange destin de Wangrin* et son héros Wangrin ou encore *L'aventure ambiguë* avec le personnage de Samba Diallo, révèle en réalité une dégringolade constante et généralisée de l'être et de son monde intime. En perpétuel questionnement sur son existence, le personnage remet en question ses rapports avec autrui, mais aussi et surtout ses rapports avec lui-même. C'est cette instance qui nous renvoie au roman philosophique de Jean-Paul Sartre intitulé *La Nausée* (1972). Rappelons que ce livre est écrit sous la forme d'un journal, d'un long monologue au cours duquel le personnage principal, Antoine Roquetin, prend peu à peu conscience de son existence. Cette prise de conscience progressive engendre chez ce personnage une angoisse due à l'absurdité du monde dans lequel il vit. A travers ce texte de Sartre, on peut lire la déchirure intérieure du personnage en proie à la prise de conscience de son être, mais incapable de s'affirmer face au jugement d'autrui.

Par ailleurs, la rencontre entre deux individus est déjà la rencontre de deux êtres humains qui portent en chacun ses doutes, ses angoisses et ses blessures physiques ou psychologiques. Aussi, c'est le jugement que peut porter un individu sur l'état de son monde intime qui peut rendre leur relation infernale. Cet « enfer » se lit inévitablement dans *Le signe de la source* (2014) du romancier gabonais Maurice Okoumba-Nkoghé. Ce roman construit en quatre parties, relate l'histoire d'Iyanghi, une adolescente aussi belle que naïve, qui subit tout au long du récit l'attraction maléfique de sa grande sœur Malemba convaincue que la source de son pouvoir financier et spirituel se situe dans le contrôle permanent des membres de sa famille aussi bien vivants que morts. C'est à travers l'émancipation de Iyanghi et la déchéance du personnage de Malemba, réduite à côtoyer les vices du monde de la nuit pour conserver son pouvoir sur sa sœur cadette, qu'on s'interrogera sur l'existence d'un double sens de la psyché dans cette œuvre. En effet, on relève un jeu de mot entre la psyché faisant référence au miroir-psyché, qui est un grand miroir inclinable à volonté ; et la psyché, définie en psychologie analytique comme étant un concept désignant l'ensemble des phénomènes psychiques qui englobe toutes les manifestations conscientes et inconscientes d'un individu. Autrement dit, comment le miroir psyché parvient-il à devenir l'hyperbole de la psyché des personnages-clés du roman de Maurice Okoumba-Nkoghé ?

Sans prétendre maîtriser tous les champs pertinents et utiles à l'analyse de la manifestation de l'angoisse existentielle dans une œuvre romanesque, nous tiendrons compte de certaines prémisses de la psychanalyse freudienne, reprise et reformulée par Jacques Lacan. Ces derniers proposent, dans leurs travaux sur le psychisme humain, une théorie des profondeurs, nous permettant de décrypter l'opacité de l'Inconscient des personnages principaux dans *Le signe de la source*[3] de Maurice Okoumba-Nkoghé. C'est à travers l'analyse de ce texte mêlant le profane au sacré, l'Ombre à la Lumière que nous tenterons de décrypter cet écrivain de la dualité conduit progressivement le lecteur à redéfinir la notion d'identité à travers la problématique du double dans son œuvre.

1. La ville : une psyché déformante

Parmi toutes les muses existantes dans le monde littéraire, la ville reste indéniablement le lieu privilégié de la trame narrative chez les écrivains africains en général, et gabonais en particulier. En effet, cet espace de l'humanité par excellence, représente chez le sujet écrivant un espace en constante métamorphose. Peuplée d'êtres et de choses de diverses tailles, venant de divers horizons, la ville constitue un espace euphorique où l'anonymat permet l'introspection des sujets qui la composent. Car, ayant pour seule identité la diversité, la ville se caractérise principalement par la non-identité.

C'est cette ultime caractéristique amène Maurice Okoumba-Nkoghé à créer la ville de « Pomi, la capitale de Mayi » dans *Le signe de la source* (2014 : 7). Dès le début du récit, le romancier plante le décor et conduit immédiatement le lecteur dans un univers fantasmagorique. Il use, en effet, de procédés subtils consistant à produire dans l'obscurité, un jeu d'ombre et de lumière plaçant Iyanghi, l'un des personnages-clés de son roman, dans une confusion permanente au fur et à mesure qu'elle entre dans la ville :

> La nuit était complètement tombée sur Pomi quand l'autocar
> entra dans la ville. Les lumières coulaient des terres jusqu'à

---

[3] Les références à cet ouvrage seront désormais marquées par *LSDLS*, suivies du numéro de la page.

> l'océan où elles scintillaient comme des étoiles sous-marines. La place de la gare routière était encore comble. Située à proximité d'un grand marché, le plus important de la commune, cette place délimitait deux univers, tel un diaphragme. D'un côté les bidonvilles, où les populations et les moustiques partageaient le même voisinage. De l'autre l'administration et les quartiers résidentiels. Valise à la main, Iyanghi cherchait des yeux sa grande sœur. L'air était chargé d'humidité et d'urines. Des appels venaient de partout. (*LSDLS* : 9-10)

Ce passage illustre la complexité de la ville, mais aussi la dualité de l'univers qui la compose. Okoumba-Nkoghé se présente ici comme un écrivain de la dualité. Un double jeu s'installe dès le commencement de l'histoire, permettant de considérer la ville comme une sorte de psyché : un grand miroir inclinable à volonté, devant lequel les personnages se voient ou se découvrent progressivement, au gré de leurs désirs profonds et/ou inavoués. Aussi, à la différence du roman-miroir de Stendhal « qu'on promène le long d'un chemin » (Stendhal, 1997 : 25), le roman de l'écrivain gabonais présente un miroir à deux faces dans lequel les personnages déambulent à travers la complexité de leur monde intime. Telle une psyché, la ville reflète ainsi les êtres et les choses tout en confrontant la conscience et l'inconscient des personnages principaux de l'œuvre.

En effet, un clin d'œil à l'idée de réflexion dans le récit est à relever dès les premières pages de l'œuvre : Iyanghi tira un petit miroir de son sac. La glace ovale lui renvoya un visage aux traits agréables, une chevelure riche et un corps svelte. Elle se trouvait un peu plus mûre qu'à l'époque du collège. « Me voici maintenant une femme ! ... » (*LSDLS* : 8).

La référence au « petit miroir » à ce niveau de la narration, souligne la subtilité scripturale de Maurice Okoumba-Nkoghé. Ainsi présenté, on ne peut s'empêcher de faire allusion à la notion de « stade du miroir » chère à la psychologie. En effet, le « stade du miroir » est un terme utilisé par de nombreux psychologues et psychanalystes, dont le premier fut le psychologue français Henri Wallon. De son nom complet Henri Paul Hyacinthe Wallon, il est le créateur de ce terme et le premier de sa profession à relever dans son livre, *Les origines du caractère chez l'enfant* (2002), l'importance du miroir dans la construction psychologique de l'être humain. En ce qui nous concerne, la reprise de ce terme en 1938 par Jacques Lacan requière notre attention quant à l'analyse de notre corpus. Dans son texte *Ecrits*, Lacan présente ce stade comme « formateur de la fonction sujet « je » [...] Mais cette fonction ne peut se mettre en place que par la présence de l'Autre » (Lacan, 1970 : 93). Le miroir révèle ainsi au personnage sa maturité, un passage de l'enfance à l'âge adulte nécessaire à l'entrée dans la ville. Un passage de l'autre côté du miroir, symbole d'un rite initiatique du profane vers le sacré. L'entrée d'Iyanghi à Pomi est une entrée à double sens : d'une part, elle quitte l'univers rural et ponctué de tradition du village maternel, pour le dualisme brutal de la grande ville ; et, d'autre part, elle réalise une métamorphose physique et psychologique face aux exigences de la métropole. Le reflet de Iyanghi dans le miroir devient ainsi un prétexte chez l'écrivain gabonais pour annoncer la présence influente d'un autre personnage-clé de la narration : Malemba. La ville cesse ainsi d'être considérée comme le simple lieu des possibles professionnels, mais plutôt comme la psyché déformante de personnages en proie à leurs propres angoisses existentielles.

2. Iyanghi et Malemba : l'être et le reflet

Selon la conception lacanienne du « stade du miroir », on note d'emblée la notion d'identification : « il y suffit de comprendre le stade du miroir comme une identification au sens plein (...) à savoir la transformation produite chez le sujet, quand il assume une image » (Lacan : 94). Cette identification est liée à l'assomption, par le sujet, d'une image reflétée du corps. Au moment où le personnage Iyanghi voit désormais en son reflet « une femme », elle s'identifie inconsciemment à sa grande sœur Malemba dont la réussite sociale et professionnelle n'est plus à démontrer dans la ville de Pomi :

> Le voyage reprit son cours et Iyanghi retourna à son univers intérieur. La lettre de son aînée était claire : après une brouillerie de trois ans, elle estimait que l'heure était venue de donner à la cadette une seconde chance... « Mon Dieu ! Gérer un prêt-à-porter ! » La demoiselle ne doutait plus de son avenir, il serait tel que Malemba le décrivait dans sa correspondance. Elle aurait la liberté de porter les vêtements de son choix, de gouverner sa vie selon son désir, de sortir et de rentrer à ses heures, de passer d'une boîte de nuit à une autre... (*LSDLS* : 8)

Le Sujet est social, affirme Jacques Lacan dans le stade du miroir, il a besoin de l'Autre pour se constituer. En conséquence, le passage sus-cité montre que Iyanghi trouve en sa grande sœur Malemba, un référent social, un « je-idéal » (Lacan : 94) qui, selon elle, devient métaphore d'une liberté d'acte et de pensée ne pouvant déboucher qu'à la réussite sociale tant rêvée. Okoumba-Nkoghé nourrit donc la problématique du double dans son texte à travers la peinture de deux personnages diamétralement opposés qui semblent constituer les deux faces d'une même pièce. D'un côté Iyanghi, une douce et jolie jeune femme au cœur compatissant ; et de l'autre Malemba, une femme forte physiquement et psychologiquement dotée d'un caractère agressif aux allures de troubles bipolaires. On assiste donc au fil du récit, à la transformation physique et psychologique des deux femmes dont l'une semble être le reflet de l'autre :

> La grande sœur entraîna la cadette dans un des salons.
> - Voilà, tu es ici chez toi.
> - Chez moi ?
> - Ce qui est à moi est à toi, voyons !
> Iyanghi palpa le cuir des fauteuils pendant que ses yeux couraient sur les murs. Les sœurs finirent par s'asseoir, l'une en face de l'autre. Malemba prit dans ses mains celles de sa cadette, et, la regardant tendrement, lui parla longuement (…) Iyanghi apprécia le discours de son aînée, tout en se demandant comment celle-ci avait fait pour changer de vie en si peu de temps. C'était là une grande énigme qu'une seule nuit ne pouvait résoudre. (*LSDLS* : 10-11)

Cet extrait est révélateur, certes, de la fortune de Malemba ; mais il souligne aussi et surtout le doute qui s'installe progressivement dans l'esprit de sa sœur Iyanghi. En effet, la rapide ascension de Malemba n'est pas passée inaperçue aux yeux de sa cadette qui s'interroge sur la source d'une telle réussite. Le romancier gabonais entreprend une juxtaposition des deux sœurs et amène le lecteur à lever le voile recouvrant le miroir placé entre elles. De ce fait, Iyanghi, l'image du réel, voit en Malemba, le reflet déformé d'une vie éphémère. Les richesses matérielles que présente Malemba à sa sœur semblent masquer une misère spirituelle que la cadette ne manquera pas de souligner dans le récit :

> Les deux sœurs avaient commencé à manger quand la plus jeune interrogea :
> - Qu'est devenue la natte ?
> - Laquelle ?
> - Celle sur laquelle tu es née.

> - Sous mon matelas ; pourquoi la question ?
> Iyanghi garda le silence. Malemba sourit. Cette natte était le reflet
> de son angoisse, le point intense de sa destinée. (...) Que cherchait
> à insinuer la cadette avec cette histoire de natte ? (…) Depuis
> qu'elle était devenue riche, Malemba redoutait l'intelligence des
> êtres qu'elle ne pouvait contrôler. (*LSDLS* : 12)

L'auteur révèle ici le jeu et les enjeux de la visite de Iyanghi chez sa grande sœur : la volonté de contrôler une petite sœur ayant trop longtemps échappé à sa vigilance. La symbolique du miroir omniprésente dans l'œuvre nourrit la problématique du double dans notre analyse. Car, le miroir n'est plus un simple objet, il devient une parole, une métaphore, ou encore une comparaison. Autant d'éléments qui finalement introduisent l'Autre, un autre Soi. Ainsi, à travers ces deux personnages, Maurice Okoumba-Nkoghé propose un roman-miroir où l'objet et son reflet se confondent dans une réalité fantastique. Aussi, comme dans le roman *Alice au pays des merveilles* (2008) de Lewis Carroll, traverser le miroir signifie se confronter à l'intimité de son psychisme. C'est l'occasion de visiter son inconscient, la possibilité de rencontrer son Soi véritable, la source de son être universel.

De ce fait, en acceptant de jouir des richesses de sa grande sœur, Iyanghi accepte inconsciemment la traversée de cette psyché, de cet immense miroir sans fond, au risque de souiller la rivière dans laquelle sa « lumière » prend sa source : « Iyanghi était prise entre deux extrêmes : d'un côté le monde d'une mère bonne et rurale, qui ne faisait jamais ce qu'elle voulait, brimée par la tradition ; de l'autre celui où évoluait une grande sœur libre mais sans panneaux indicateurs » (*LSDLS* : 22).

À ce stade de l'œuvre, l'écrivain gabonais nous propose une métamorphose de la psyché. Celle-ci devient une théorie de la psychologie désignant l'ensemble des manifestations conscientes et inconscientes du cerveau humain. Autrement dit, une lecture du psychisme des personnages-clés du texte est envisageable par l'entremise des mouvements conscients ou inconscients de ces derniers, tout au long du récit.

3. L'étreinte de l'Ombre et la Lumière

Au fil du texte, on relève un double « je », une sorte de conflit entre deux entités originellement complémentaires. En effet,

Malemba tente de dominer sa sœur cadette, trop naïve ou trop douce pour s'en apercevoir :

> Sous sa robe de nuit, Malemba était nue.
> - Viens vite !
> - Je n'ai pas le cœur à cela.
> - Au contraire tu dois t'amuser ! Nos ennuis touchent à leur fin. Tu m'accompagneras sur la route où nous arrêterons définitivement ces tourments. Pendant que Malemba parlait, elle déshabillait la cadette. Ses sens étaient déjà en ébullition, sa passion était prête à se déchaîner. C'est dans ces moments-là que Malemba pouvait être extrêmement généreuse. (*LSDLS* : 101)

Ce passage démontre l'influence de Malemba sur sa sœur cadette. En acceptant l'étreint de sa sœur aînée, Iyanghi laisse l'Ombre pénétrer son univers et prendre progressivement possession de son être. Cependant, consciente de l'importance de ses faveurs dans la vie de sa grande sœur, Iyanghi décide d'en jouer pour obtenir les réponses aux questions qui gravitent autour de la réussite de Malemba :

> - Raconte-moi le message de Muduma.
> - Plus tard, Iyanghi, plus tard.
> La petite grogna de mécontentement, tourna le dos et disparu dans les draps. (…) Cette irritation soudaine durcit lentement ses seins lourds et ses narines ouvertes. Elle était bien consciente qu'un complot se préparait contre elle. Cette idée qu'on cherchait à lui enlever Iyanghi la remplissait de colère, la tourmentait d'une manière intolérable. (…) Non ! Iyanghi changeait, il lui fallait donc agir vite. C'était nécessaire pour maintenir longtemps son équilibre. Mais pour le moment, elle gagnerait à jouer le jeu. (*LSDLS* : 102)

Se lit dans ce passage le désir inconscient d'Iyanghi à vouloir percer le mystère autour du pouvoir de sa grande sœur. Les questions qu'elle pose deviennent oppressantes pour Malemba qui voit sa cadette échapper peu à peu à son emprise. Une ultime tentative d'intimidation de la jeune femme pousse Malemba à dévoiler sa part d'Ombre à travers la narration des origines de son pouvoir actuel. On y découvre un personnage en proie à un mal-être existentiel depuis l'enfance.

La jeune Malemba, « porteuse d'une malédiction héréditaire » (*LSDLS* : 102), était considérée dès sa naissance comme la source de la stérilité de sa mère, et partant, la cause du départ de son père qui ne pouvait plus supporter de vivre avec une femme si peu féconde. Elle serait également à l'origine du décès de l'enfant prématuré de sa mère, pour en faire un sacrifice dans le but de changer son avenir. À lire le témoignage du parcours de vie de Malemba, on peut relever chez l'écrivain gabonais, une volonté à peine voilée de peindre un personnage essentiellement sombre. De sa naissance à l'âge adulte une Ombre semble constamment planer sur la jeune femme. Une caractéristique totalement opposée à Iyanghi sa sœur cadette qui représente la Lumière et dont le cœur reste plein d'amour et de compassion pour son aînée, malgré un caractère insaisissable et une soif de pouvoir assumée.

Ce choix esthétique amène le lecteur à lire *Le signe de la source* avec une référence Taoïste, visant à distinguer le Yin et le Yang, le clair et l'obscur dans la reconnaissance du principe de la dualité de l'existence. L'étreinte de ces deux sœurs laisse penser à une éclipse où la lune tente de recouvrir définitivement le soleil, en vain. Maurice Okoumba-Nkoghé recentre le débat sur l'identité et le besoin de trouver un juste équilibre entre la part d'Ombre et celle de Lumière propres à chaque être.

4. Du signe à la Source

Dans sa quatrième de couverture, l'auteur précise qu'ici chaque terme a deux sens : le profane et le sacré. Le signe, c'est l'indice, la trace. La source, c'est le début, le point d'où jaillit un cours d'eau ou une lumière. Il s'agit, en effet, d'une quête identitaire de personnages en proie à la complexité de leur monde intérieur. La recherche effrénée du bonheur se lit à travers le personnage de Malemba. Cette dernière, convaincue de trouver le bonheur éternel dans la réussite sociale, en amassant le maximum de richesse et de pouvoir spirituels entreprend dans la forêt, la quête de la source d'une rivière aux miracles : « Il me faut trouver la source de la rivière Abangayo, Assok en avait parlé vaguement, j'irais là-bas » (*LSDLS* : 111).

Malemba sombre progressivement dans un mal-être qui la plonge un peu plus dans l'obscurité de son être : une source introuvable, des affaires au plus mal, un licenciement et enfin un grave accident entraînant la perte définitive de l'usage de ses jambes. Ce personnage aux multiples facettes, représentant la cupidité et le vice ne peut prétendre mourir à la fin de l'œuvre. Car, soucieux de représenter la dualité de l'existence, le romancier gabonais ne peut concevoir un déséquilibre dans la trame du récit. En effet, le jour ne peut exister sans la nuit et la vie ne peut également exister sans la mort.

Parallèlement à cela, Iyanghi, personnage lumineux du récit, se libère des chaînes placées par sa sœur aînée afin d'asseoir son influence sur elle. Car, Iyanghi qui « s'enlisait dans les marais de l'opulence et s'éloignait de la source » (*LSDLS* : 67), décide de prendre son destin en main et de quitter la ville dévoreuse d'âmes :

> La jeune femme jeta un coup d'œil égaré vers la fenêtre entrebâillée. A l'extérieur, la cour était inondée de soleil. « D'accord, maître, je crois que j'ai compris », se dit-elle. Alors à son tour, Assok répliqua :
> - Où iras-tu en sortant d'ici ?
> - J'aime profondément ma grande sœur, mais je dois désormais vivre selon mes propres principes. Je vais repartir à Itsaka passer ma convalescence auprès de maman. Ensuite, je pense approfondir mes connaissances en informatique et trouver un travail à ma mesure. (*LSDLS* : 128)

Cet ultime passage illustre la source de l'éclat de Iyanghi dans le texte. La source n'est pas un lieu ou encore un objet, elle est simplement l'Amour présent dans le cœur de tout être. D'abord un amour fraternel, à travers la patience de Iyanghi face à sa grande sœur agressive et autoritaire. Ensuite, l'amour de son prochain, lisible dans la relation entre Iyanghi et ses employés. Enfin, l'amour divin, qui permet à Iyanghi de pardonner les erreurs de sa sœur et de ses complices. De la sorte, l'auteur clos son texte sur une note positive, avec l'ensoleillement de la journée après une nuit orageuse. Le signe semble avoir désigné sa source.

Conclusion

Au final, *Le signe de la source* est un roman de la réflexion, dans les deux sens du terme. En effet, à travers les personnages d'Iyanghi et de son aînée Malemba, Maurice Okoumba-Nkoghé nous invite à réfléchir sur le monde et l'être humain dans son rapport à l'Autre ; tout en présentant également ce roman comme reflet de la personnalité, il révèle au lecteur l'existence d'un clair-obscur capable de coexister afin de maintenir l'équilibre du psychisme humain. Ainsi, derrière la problématique du double, Maurice Okoumba-Nkoghé propose une nouvelle approche de la littérature gabonaise, plus décomplexée, capable d'affronter et d'assumer son reflet [aussi déformé soit-il] dans ce gigantesque miroir qu'est la société africaine contemporaine.

Bibliographie

DELAY, J. et PICHOT P. (1997), *Psychologie*, Paris, Masson.

DETHY, M. (2003), *Introduction à la psychanalyse de Freud*, Lyon, Ed. Chronique sociale.

FREUD, S. (1984), *Connaissance de l'inconscient, nouvelles conférences d'introduction à la psychanalyse*, Paris, Gallimard.

KANE, C. H. (2004), *L'aventure ambiguë*, Paris, Ed. 10/18.

LACAN, J. (1970), *Ecrits*, Paris, Seuil.

LEWIS, C. (2008), *Alice au pays des merveilles. De l'autre côté du miroir*, Paris, Gallimard.

MBAZO'O KASSA, C. M. (2003), *Fam !*, Libreville, Maison gabonaise du livre.

MINTSA, J. (2004), *Un seul Tournant Makôsu*, Paris, L'Harmattan.

NDONG MBENG, H.-F. (1992), *Les Matitis*, Paris, Sépia.

OKOUMBA-NKOGHE, M. (2014), *Le signe de la source*, Yaoundé, Clé.

OTSIEMI, J. (2000), *Tous les chemins mènent à l'autre*, Libreville, Ndzé.

SARTRE, J.-P. (1972), *La Nausée*, Paris, Gallimard.

STENDHAL (1997), *Le Rouge et le Noir*, Paris, Le livre de Poche.

WALLON, H. (2002), *Les origines du caractère chez l'enfant*, Paris, PUF.

LA PROBLÉMATIQUE DU DOUBLE DANS *ELO, LA FILLE DU SOLEIL* DE MAURICE OKOUMBA-NKOGHÉ, *MEMOIRES DE PORC-EPIC* D'ALAIN MABANCKOU ET *AKONO Y BELINGA* D'INONGO-VI-MAKOME : DE LA « THÉRIANTHROPIE » AU DÉDOUBLEMENT REDOUBLÉ

Hubert EDZODZOMO ONDO
Ecole Normale Supérieure de Libreville
edzodzomohu@yahoo.fr

Résumé : La problématique du double est récurrente aussi bien dans la littérature francophone qu'hispanophone d'Afrique. Elle se donne à voir de différentes manières dont « la thérianthropie » semble à nos yeux la plus aboutie. Cette préoccupation peut être la conséquence du châtiment divin ou d'une autorité à l'endroit d'un être malveillant et cynique ou plutôt prendre la forme de la quête du pouvoir par des moyens peu conventionnels, la sorcellerie. Dans un cas comme dans l'autre, le héros joue un rôle trouble, voire double. Il est égoïste, il veut s'accaparer de tout. Il se transforme au gré des circonstances en porc-épic, en crocodile aux griffes acérées ou encore en rat géant pour accroître son autorité et nuire davantage à son prochain. Par ses incessantes duplications, il devient dans sa communauté un criminel. La lecture critique des romans, *Elo, la fille du soleil* (2013) de Maurice Okoumba-Nkoghé du Gabon, *Mémoires de porc-épic* (2006) du franco-congolais, Alain Mabanckou et *Akono y Belinga* (1997) d'Inongo-vi-Makomè du Cameroun, va tenter de mettre en lumière ces différents aspects. Mais, au-delà de l'analyse des romans francophone et hispanophone, la présente étude esquisse, les grands traits de la théorie du double que le présent travail revendique.
Mots-clés : Problématique du double – Thérianthropie – Gabon – Cameroun – Congo Brazzaville – Roman francophone – Roman hispanophone

Abstract : Double representation is recurrent in both Francophone and Hispanophone African literature. It is perceived in different ways that reveal « therianthropy ». It comes with the consequence of a divine punishment, the authority over a malicious and cynical being. Or it turns into a quest of power through unconventional means: witchcraft. In both cases, the hero plays a murky or even double role, selfish as he wants to possess everything. Depending on circumstances, he changes into a porcupine, a crocodile with sharp claws, or even a giant rat in order to increase his authority and further harm his neighbor. He becomes a criminal in his community throughout his incessant duplications. The critical reading of the following novels *Elo, la fille du soleil* (2013) written by Maurice Okoumba-Nkoghe from Gabon, *Mémoires de porc-épic* (2006) by the French and Congolese author Alain Mabanckou, and *Akono y Belinga* (1997) by Inongo-vi-Makomè from Cameroon, sheds light on these different aspects. Beyond this analysis, the present article outlines the main features of the theory of double articulation.

Keywords: Problematic of the double articulation – Theriantropy – Gabon – Cameroon – Congo Brazzaville – Francophone novel – Hispanophone novel

Introduction

La critique s'intéresse généralement à l'humour et à l'ironie dans l'écriture d'Alain Mabanckou (Bisanswa, 2011 : 20), à l'engagement de l'écrivain Inongo-Vi-Makomè face à l'immigration africaine en Europe et à la quête du pouvoir chez Maurice Okoumba-Nkoghé, l'un des écrivains les plus talentueux du Gabon (Bekalé, 2013 : 108). La problématique du double pourtant prédominante dans l'ensemble des œuvres littéraires de ces auteurs, n'est pas abordée. Il s'agit de la mise en scène du désir mimétique, ou de l'attachement à représenter un monde africain où les frontières sont poreuses entre le monde humain et le monde animal ou bien entre le monde des morts et celui des vivants.

Elo, la fille du soleil (2013) de Maurice Okoumba-Nkoghé, relate l'histoire d'une jeune femme dénommée Elo, originaire d'un pays imaginaire d'Afrique, Mayi. Pour subvenir non seulement à ses propres besoins mais aussi à ceux de sa sœur cadette qui vit en Europe, elle décroche un emploi à plein temps à Mayi Contacts, une agence privée de voyage. À vingt-cinq ans, elle vit seule et est encore vierge. Une situation qui la préoccupe beaucoup au point que cela devient une obsession. Quelques rencontres nouées ici et là, à son lieu de travail ou à la plage qu'elle fréquente assidûment, vont pouvoir enfin l'aider à organiser sa vie et à en donner un sens. D'abord Kono, une enfant abandonnée possédant le don de voyance, lui prédit un bel avenir. Ensuite, lorsqu'elle rencontre Priska, une étrangère originaire du Kwazulu-Natal, elle prend confiance en elle. À sa disparition suite à un crash d'avion, Elo, hérite de tous ses biens y compris son immense entreprise immobilière à Mayi. Désormais comptant parmi les personnes influentes du pays, son nom est souvent évoqué pour la succession du président de Mayi. Mais la lutte pour la conquête du pouvoir n'est pas seulement une affaire du président et de personnes influentes du pays, elle est aussi une affaire de petites gens. C'est le cas d'un vieil homme inconnu, investi du pouvoir de se dédoubler en crocodile qui cause mort et désolation dans la cité en commençant par sa propre famille.

Dans le roman du camerounais, Inongo-Vi-Makomè, *Akono y Belinga*, il s'agit de l'histoire de deux frères, Akono l'aîné et Belinga, le benjamin. À la mort de leur père, tat Ole, un homme bon, Belinga très cupide, veut s'accaparer de tous les biens du défunt. En dehors du fait qu'il souhaite s'emparer de tout l'héritage paternel, il veut aussi prendre la vie de son frère, Akono. Furieux de toutes les mauvaises décisions de Belinga, le fantôme de tat Ole lui apparaît. Il punit Belinga et le transforme en gorille blanc. Dans *Akono y Belinga*, le dédoublement a valeur de châtiment. Au-delà du caractère quasiment irréversible qu'elle suppose, cette transformation met en lumière, le dédoublement dans l'une de ses expressions les plus sombres.

Mémoires de porc-épic (2006) du lauréat du Renaudot 2006, Alain Mabanckou, pousse le dédoublement à son paroxysme. Comme les romans gabonais et camerounais, le chef-d'œuvre du franco-congolais questionne la figure du double à l'œuvre dans la famille Kibandi où, les doubles nuisibles, des animaux de la forêt se transforment en tueurs en série à Mossaka et dans toute la contrée, à la grande satisfaction de leur maître. Dans un style particulier, uniquement ponctué par des virgules, Ngoumba, le porc-épic, raconte de manière rétrospective sa vie au service d'un humain, Kibandi dont il a été le double nuisible pendant quarante-deux ans. Sentant sa mort proche suite à la disparition de son maître, le porc-épic, l'instance narratrice, s'assied au pied du vieux baobab et se confesse. Il évoque l'initiation de son maître contre la désapprobation de maman Kibandi, ses missions qui sont en fait des meurtres à accomplir jusqu'à ce que Kibandi se décide à s'en prendre aux jumeaux de la famille Moundjoula. Cette mission scellera son arrêt de mort.

Notre analyse sur la problématique du double, se fonde sur l'étude des romans dans un double espace, linguistique et littéraire : la littérature d'expression française ou francophone[1] et celle

---

[1] La notion de francophonie ne tiendra compte, dans notre travail que de l'idée de champ linguistique (entendu comme espace de partage d'une langue commune : le français) et non en termes de champ littéraire.

d'expression hispanique. Toutes deux proviennent d'Afrique centrale, le Gabon, le Congo-Brazzaville[2] et le Cameroun.

À partir d'une approche comparée axée sur l'analyse des romans pris ensemble, comme le rappelle Yves Chevrel (1989 : 3), « comparer c'est surtout « prendre ensemble (cum) plusieurs objets ou plusieurs éléments d'un ou de plusieurs objets pour en scruter les degrés de similitude (par), afin d'en tirer des conclusions que l'analyse de chacun d'eux n'avait pas nécessairement permis d'établir, en particulier sur leur part de singularité ». Ainsi, nous espérons mieux cerner cette problématique du double.

Nous divisons notre travail en trois parties. D'abord, une tentative de définition du thème central « double » ou « thérianthropie » ainsi que de son inscription dans la littérature ensuite de la manifestation du double ainsi que ses conséquences dans les romans. Pour finir, dans la partie consacrée à la discussion, nous questionnons la finalité du double dans les romans.

1. Eclairage conceptuel et méthodologique

La compréhension des romans et de notre travail impose de définir le terme « thérianthropie », qui est la notion centrale autour de laquelle portera le contenu des analyses.

1.1. Qu'est-ce que la « thérianthropie » ?

La « thérianthropie » désigne la transformation d'un être humain en animal de façon complète ou partielle, aussi bien que la transformation inverse dans le cadre mythologique et spirituel.

En Europe, elle est plus connue sous le nom de lycanthropie ou sous la dénomination de loup-garou. Elle est la transformation de l'homme en loup. Il peut s'agir d'un humain partiellement ou totalement transformé en loup dans les légendes et le folklore. Plusieurs auteurs occidentaux en ont fait un personnage clé de leurs romans. C'est le cas de Georges R. R. Martin, célèbre pour ses tomes, *Games of thrones* ou *Le trône de fer*, adaptés au cinéma par la

---

[2] Dans *Mémoires de porc-épic*, l'histoire est racontée par un porc-épic qui confesse sa carrière tumultueuse de tueur en série à un grand baobab. Un soliloque interminable dont la seule ponctuation est la virgule, aucun point ni majuscule. Cette technique qui n'est pas sans rappeler la tradition orale, autre élément essentiel de la littérature africaine, nous amène à ne retenir que le Congo Brazzaville, bien qu'Alain Mabanckou soit franco-congolais.

chaîne américaine HBO. Mais c'est dans *Skin trade* (1988/2014), roman policier dans lequel il évoque la traque permanente d'un agent de recouvrement ainsi que d'un détective privé, des loups-garous coupables de crimes crapuleux dans une ville occidentale en ruine naguère centre du monde.

Le phénomène de la lycanthropie en Europe est semblable au dédoublement des personnes en animaux en Afrique subsaharienne. C'est pour cette raison que le terme de « thérianthropie » paraît plus approprié

Les fables et les légendes en Afrique font l'écho de ces transformations sous diverses formes. Au loup-garou qui sème la panique et la terreur dans les villes imaginaires d'Occident, se substituent des animaux très différents tels que le porc-épic, le crocodile, le rat, etc. Tous y jouent auprès de l'homme un rôle déterminant soit de fidèle collaborateur, de conseiller, c'est le double pacifique ; ou d'assassin, c'est le double nuisible. C'est vraisemblablement dans cette optique que peuvent s'inscrire les romans, *Elo, la fille du soleil* ainsi que *Mémoires de porc-épic* respectivement des écrivains gabonais Maurice Okoumba-Nkoghé et franco-congolais, Alain Mabanckou.

Chez le Camerounais, Inongo-vi-Makomè et son roman, *Akono y Belinga,* il n'est pas question de double pacifique ni de double nuisible mais d'une transformation de l'homme en gorille blanc et vice-versa. Une mutation non voulue, forcée au demeurant par un père en colère qui châtie l'ensemble des mauvaises actions d'un fils insolent et égoïste.

Après ce bref aperçu sur la notion de « thérianthropie », centrale dans ce travail, disons un mot sur les raisons d'une théorisation du double dans la fiction et plus généralement, dans la littérature.

1.2. Esquisse d'une théorie du double

Cette partie de notre étude se base sur les travaux de l'universitaire Pierre Ndemby Mamfoumby, auteur d'un ouvrage théorique important sur le double, *Le roman et son ombre : étude et caractérisation du récit chez Henry Bauchau et Nancy Huston. Essai sur la théorie du double dans les textes littéraires* (2017). Selon lui, il est difficile, voire impossible d'élaborer une méthodologie sur le double. Parce qu'à la lumière de ses lectures des œuvres critiques, *Principes d'une esthétique de la mort. Les modes de présence, les présences immédiates, le seuil de l'Au-delà* (1967) de Michel Guiomar ; *Visages du double. Un thème littéraire* (1996) de Pierre Jourde et Paolo Tortonese ; *Simplement double. Le personnage double, une obsession du roman au XXème siècle* (2012) de Cécile Kovacshazy, entre autres, le double est insaisissable et incontrôlable, il représente lui-même une méthode. Ce qui ne l'empêche pas pourtant d'esquisser une théorie du double dans la littérature en général et dans le roman en particulier, qu'il appelle « la doublexité » (Ndemby Mamfoumby, 2017 : 26). C'est tout ce qui exprime, explique et développe l'idée du double :

> La doublexité, comme je l'entends, embrasse tout ce qui exprime, explique et développe l'idée du double. Qu'on soit dans la « périphérie du texte » ou dans sa partie immergée, elle englobe tout le discours pouvant caractériser le texte littéraire comme lieu de sa fonctionnalisation, de sa manifestation et de sa construction. C'est une démarche qui inclue à la fois l'iconisation et l'abstraction pour comprendre le positionnement des personnages et la pertinence du discours.

Au-delà de la définition que Pierre Ndemby Mamfoumby (2017 : 26) esquisse, il donne aussi à voir dans son ouvrage la binarité comme principale caractéristique du double dans une fiction romanesque. Ainsi se côtoient souvent le constant et l'inconstant, le visible et l'invisible, l'ombre et la lumière, etc., dans la volonté d'établir la cohérence du double :

> Elle se conjugue à la fois dans ce qui constitue la binarité, introduit le doute, l'inconstance, la complémentarité chez les personnages à travers la recherche d'un équilibre potentiel. Elle organise le texte de façon à ce que la localisation du principe du jeu du double soit claire et rende sa démarche opérationnelle. Dans toutes ses formes, le constant et l'inconstant, le précis et l'imprécis, et mieux encore le visible et l'invisible, l'ombre et la lumière sont les marques qui accompagnent la doublexité. Elle est une forme totalisante qui assure la cohérence du double.

La doublexité qu'il élabore donne lieu à trois catégories d'analyse qu'il appelle autrement, « les tiroirs ». Il s'agit d'abord du personnage encore appelé « la doublexité du personnage », ensuite « la doublexité culturelle » et pour finir, « la doublexité textuelle ».

D'abord, la doublexité du personnage prend en compte la psychologie du personnage dans le roman. Elle examine les rapports du personnage avec lui-même et avec les autres. Ensuite la doublexité culturelle interroge la religion ainsi que les acquis culturels des écrivains. Enfin la doublexité textuelle analyse l'organisation et la construction du texte. C'est un questionnement du texte littéraire à la fois discours et corps :

> Le premier tiroir est dit du personnage. Au sens le plus large on parle de la doublexité du personnage. Cette notion tient compte du conflit intérieur et extérieur auquel se livre le personnage avec lui-même ou avec les autres ; elle pose aussi les questions d'appartenance et d'exclusion d'un sujet dans une société. Le deuxième tiroir est celui qui conduit à la culture, c'est la doublexité culturelle. Elle intègre la religion, la valeur sociale des personnages, les imaginaires et les acquis culturels des écrivains. Enfin le troisième volet qui vaille dans l'élucidation et la démarche de catégorisation du double, c'est la doublexité textuelle. Elle touche les questions d'organisation et de construction du texte. Le texte (à la fois discours et corps) étant le moyen de transfert et le lieu où se vit le double, il est intéressant de voir comment au niveau local (cohésion) et global (cohérence) le double se « figurativise ». Comme le double prend en compte deux visages (le visible et le non-visible), il faut partir de sa praxis énonciative qui le schématise pour établir une connexion avec le sujet qui le porte.

Soulignons pour terminer qu'au niveau de la fiction, c'est le courant romantique au XIXème siècle et le fantastique au XIXème et XXème siècles qui portent et impulsent le double comme fait littéraire. À la suite de ces courants littéraires, on peut relever quelques textes célèbres dans la construction de cette thématique comme : *Le Portrait de Dorian Gray* (1890) d'Oscar Wilde, *Le Horla* (1887) de Guy de Maupassant, *Le Rivage des syrtes* (1951) de Julien Gracq. *Chiens de foudre* (2013), ouvrage plus récent de Joseph Tonda, perpétue cette thématique dans la littérature gabonaise.

2. La problématique du double : le dédoublement de l'homme en animal ou en d'autres êtres et le double « double » ou le dédoublement redoublé

L'étude des romans met en lumière la « thérianthropie » c'est-à-dire la transformation de l'homme en animal. Elle prend deux formes différentes. Ici, elle est une transformation quasiment irréversible de l'homme en animal et là, elle est le fruit d'un dédoublement de l'homme en d'autres êtres aussi laids qu'effrayants. Mais tous ces doubles n'ont qu'une seule ambition, servir leur maître avec loyauté.

2.1. Le dédoublement de l'homme en animal ou en d'autres êtres

Dans les romans *Mémoires de porc-épic* d'Alain Mabanckou, *Akono et Belinga* d'Inongo-Vi-Makomè et *Elo, la fille du soleil* de Maurice Okoumba-Nkoghé, des pratiques de duplication se donnent à voir à des niveaux différents. Bien que les informations sur cette pratique soient plus détaillées chez l'écrivain franco-congolais, tous les trois s'accordent néanmoins à dire que le dédoublement à l'œuvre ici unit les humains et les animaux d'une part, les humains avec d'autres êtres étranges, d'autre part.

Dans le roman d'Alain Mabanckou, *Mémoires de porc-épic*, l'homme entretient une relation étroite avec les animaux de la forêt. Loin d'être l'égal de l'homme, l'animal représente plutôt un simple exécutant de la volonté de son maître. C'est une relation de dominant à dominé, du maître avec son élève, ou, pour rappeler la dialectique hégélienne, du maître et de l'esclave. De cette relation déséquilibrée, Papa Kibandi, son fils ou encore Nkouyou Matété, maîtres respectifs des doubles animaux, le rat, le porc-épic et le crocodile, vont tirer le plus grand profit. Le crocodile, double de Nkouyou Matété (Mabanckou, 2006 : 101) rappelle un autre, celui de l'époux d'une femme de Mayi morte par noyade dans le roman de Maurice Okoumba-Nkoghé, *Elo, la fille du soleil* (2013 : 59).

Chez Inongo-Vi-Makomè, Belinga l'un des personnages éponymes de l'œuvre, est transformé en gorille blanc avec qui il ne fait désormais qu'un seul et même être. Les deux êtres effrayants font corps selon la terminologie de Pierre Ndemby Mamfoumby (2017 : 33). Hormis Akono, le frère de l'étrange créature qu'est devenu Belinga, personne ne supporte sa vue, même pas les animaux de la forêt (Inongo-Vi-Makomè, 2003 : 12-14). C'est également Akono qui se charge de chercher la nourriture et de l'apporter au couple homme/animal dans la cabane qu'il lui a construite sur ses terres (Inongo-Vi-Makomè, 2003 : 14). Mais, lorsque le couple châtié s'envole pour l'Europe, c'est l'animal alors Copito de Nieve, qui nourrit aussi bien son hôte que lui-même (Inongo-Vi-Makomè, 2003 : 46).

Mais comment parvient-on à sceller l'union entre un homme d'une part, et un animal ou un autre être, d'autre part ?

Si Maurice Okoumba-Nkoghé n'explique pas comment le crocodile est devenu le double du vieil homme de Mayi dans *Elo, la fille du soleil*, Alain Mabanckou, en revanche, donne de précieuses explications dans *Mémoires de porc-épic*, à cet effet. Selon l'auteur franco-congolais, le dédoublement s'hérite. Papa Kibandi l'a reçu en héritage de son père et lui, à son tour, l'a transmis à son fils. Devant la joie de papa Kibandi, satisfait d'avoir perpétué à son tour une vieille tradition familiale, « ce n'est pas une illusion, mon petit, maintenant tu es un homme, je suis heureux, tu vas poursuivre ce que j'ai moi-même reçu de mon père et ce que mon père a reçu de son père » (Mabanckou, 2006 : 83), son épouse, maman Kibandi est rongée par la tristesse et le chagrin de voir son fils unique devenir un meurtrier : « elle rappela à mon maître de ne pas lui désobéir, de ne pas suivre le chemin du défunt Papa Kibandi au risque de finir un jour comme lui, et le jeune homme fit la promesse, jura trois fois au nom des ancêtres, le mensonge était gros » (Mabanckou, 2006 : 125-126). Plus loin, on retrouve cette autre précision : « il se revoyait à Mossaka, à l'âge de dix ans, en pleine nuit, une nuit peuplée d'effraies, de chauves-souris, cette nuit où Papa Kibandi l'avait réveillé à l'insu de sa mère pour l'entraîner de force dans la forêt » (Mabanckou, 2006 : 79). Une mixture appelée le mayamvumbi, ingurgitée en petites quantités venait parachever cette opération mystique :

> L'enfant découvrit une gourde et un gobelet en aluminium, Papa Kibandi secoua d'abord la gourde à plusieurs reprises avant de verser le mayamvumbi dans le gobelet, il avala lui-même une lampée, fit claquer sa langue, tendit ensuite la timbale à son fils qui recula de deux pas, « mais qu'est-ce que tu fais, hein, c'est pour ton bien, bois, bois donc » (Mabanckou, 2006 : 82)

C'est probablement de cette manière que Papa Kibandi a hérité de son père son double, le rat ; son fils de celui du porc-épic appelé aussi Ngoumba, Nkouyou Matété de celui d'un crocodile tout comme du vieil homme de Mayi dans le roman *Elo, la fille du soleil.*

Mais pour Inongo-Vi-Makomè, avoir son double parmi les animaux ne s'hérite pas. Pas plus qu'il ne saurait faire l'objet d'une quelconque sollicitation. Bien au contraire, c'est le châtiment d'un père aimant envers un fils insolent, arrogant, menteur et désobéissant. En effet, lorsque tat Ole tombe gravement malade, il réunit ses deux fils, Akono et Belinga. Pendant qu'il agonisait, il les fit promettre de veiller toujours l'un sur l'autre et de préserver par tous les moyens l'unité familiale. De ses deux fils, seul Akono va tenir son engagement. Quant à Belinga, à peine le paternel avait rendu l'âme qu'il commençait à nourrir mépris et haine envers Akono, son frère. Aussi, souhaitait-il l'éliminer physiquement afin de s'accaparer de toutes les richesses léguées par le défunt. Avec ruse et malice, Belinga convie son frère à une partie de chasse dans l'intention subtile d'intenter à sa vie. Mais, au moment où il s'apprête à faire feu sur son frère, Akono, le spectre de son père, tat Ole lui apparaît :

> Belinga [...], has faltado a la palabra que me diste en mi lecho de muerte. El afán por poseer más riqueza te ha cegado y te ha llevado a la traicón, al odio y a la maldad que juraste no albergar. Has traído a tu hermano hasta aquí con engaño y con el propósito de matarle, a pesar de que te cede lo que le corresponde.[3] (Inongo-Vi-Makomè, 2003 : 11-12)

Après avoir condamné l'attitude de Belinga, le fantôme de son père le châtie. Il est animalisé puis condamné à une vie de paria. Désormais, Belinga va vivre dans la même enveloppe corporelle qu'un animal, le gorille blanc appelé encore Kopito de nieve par les visiteurs des zoos et parcs d'attraction barcelonais (Inongo-Vi-Makomè, 2003 : 12).

Le couple Belinga/Kopito de nieve correspond à l'un des concepts du double élaboré par Pierre Ndemby Mamfoumby, le « double unique restreint ». Selon le théoricien gabonais, un double est unique lorsqu'il admet des combinaisons. En revanche, il est appelé double unique et restreint lorsqu'un seul corps héberge les deux entités :

> C'est une catégorie qui admet les combinaisons possibles de double (homme/femme; homme/homme; femme/femme). [...] Le double unique est généralement pair ou impair et constitue le lieu de départ du double construit et composé. On note à la suite que le double unique est restreint lorsqu'il admet un corps (du personnage) comme porteur du double et incarne les deux entités du double. (Ndemby Mamfoumby, 2017 : 139-140)

---

[3] « Belinga [...], tu as failli à la parole que tu m'as donnée sur mon lit de mort. Le désir ardent d'amasser plus de richesse t'a rendu aveugle et t'a conduit à trahir, à la haine et à la méchanceté que tu as juré ne pas nourrir. Tu as conduit ton frère jusqu'ici avec ruse et dans le but de le tuer bien qu'il te cède la part qui te correspond ». (Nous traduisons)

Pour Anne-Lise Blanc (1997 : 276), il s'agit plutôt de doubles décadents de la fin du XIXème siècle qui prennent la figure de monstres de cirque ou de laboratoire, de masques sur du vide, ou encore d'androgynes qui témoignent du refus du monde.

Chez Mabanckou et Okoumba-Nkoghé, les doubles jouent auprès de leur maître, le rôle de fidèle lieutenant ou d'exécutant de toutes les tâches. Par ailleurs, le maître et son double animal sont indissociables : « je respirais le souffle qui lui revenait, j'étais lui, il était moi » (Mabanckou, 2006 : 60). Mais le double n'avait pas le droit de contredire son maître :

> le problème avec Youla c'est qu'il devait de l'argent à mon maître, c'est sans doute l'un des épisodes qui me fend le plus le cœur jusqu'à présent parce que, à bien voir, c'est ce qui a causé de loin la disparition de Kibandi, [...] j'étais mal à l'aise après avoir accompli cette mission, je revoyais sans cesse le visage de la victime, son innocence, je trouvais que Kibandi était allé un peu trop loin cette fois-ci, avais-je le droit de lui exprimer mes sentiments, hein, un double n'a pas à juger ni à discuter, encore moins à se laisser aller aux remords au point de paralyser le déroulement des choses (Mabanckou, 2006 : 175)

Pierre Ndemby Mamfoumby (2017 : 140) l'appelle double unique large. Selon lui, « le double unique est large quand il est constitué de deux éléments différents (Derek/Lin), mais garde les mêmes principes de fonctionnement comme le double unique restreint ».

2.2. Le double « double » ou le dédoublement redoublé

Outre la relation entretenue entre le maître et son double animal, nuisible ou malfaisant dans *Mémoires de porc-épic* et *Elo, la fille du soleil,* on constate par ailleurs que le maître peut davantage se dédoubler afin de vaquer à toutes ses nombreuses occupations. Tel est le constat fait par le jeune Kibandi au moment où son père ainsi que son double le rat lui transmettent cette science occulte : « [Kibandi] constata en effet que son père était à la fois couché près de sa mère et debout à ses côtés, il y avait aussi deux papas Kibandi dans la maison, les deux se ressemblaient comme deux gouttes d'eau, l'un était immobile, couché dans le lit, l'autre était debout, en mouvement » (Mabanckou, 2006 : 79). Anthony Mangeon (2014 : 60) parle alors d'un « dédoublement redoublé » ou du « double double », allusion faite à une expression utilisée dans le basket-ball pour définir une performance individuelle d'un joueur. Le dédoublement redoublé est très effrayant. Ngoumba, le porc-épic narrateur du roman d'Alain Mabanckou évoque le double double de Kibandi, son maître, comme une créature monstrueuse, insatiable, dépourvu de bouche, d'oreilles et même de nez :

> Nous avions commencé à manger les gens pour un oui ou pour un non, parce qu'il fallait bien nourrir l'autre lui-même de mon maître, et quand cette créature sans bouche, sans oreilles et sans nez était rassasié, elle ne quittait plus la dernière natte tressée par Mama Kibandi, se grattait, pétait, jamais un être normal n'avait eu autant faim que lui, et le regardant étendu sur la natte, je pouvais deviner qu'il avait faim (Mabanckou, 2006 : 190-191)

Dans *Akono y Belinga,* le double de Belinga n'est pas dépourvu de bouche, mais il est affreux et horrible :

> Los hombres son hombres, no animales [...], pero en vista de que tú has dejado de ser hombre para actúar como un animal, te convertirás en uno de ellos : serás un gorila de color blanco y no encontrarás en esta selva otro que quiera hacerte compañía. Todos huirán de ti o te perseguirán porque te considerarán extranjero y desconocido, que es lo que en realidad eres respecto a las costumbres de nuestro pueblo.[4] (Inongo-Vi-Makomè, 2003 : 12)

Dans les deux autres romans, aussi bien le double de Kibandi, le porc-épic qui prête par ailleurs son nom au titre du roman, *Mémoires de porc-épic*, que le double du vieil homme, le crocodile dans *Elo, la fille du soleil*, accomplissent pour leurs maîtres des meurtres aux mobiles aussi capricieux les uns que les autres méritant bien, au passage leur nom de double nuisible ou malfaisant.

Dans le roman gabonais, la mort tragique d'une femme de l'un des quartiers populaires de Mayi, au bord d'une rivière marécageuse d'où la jeune Kono rapporte les faits à Elo ainsi qu'à leur hôte, Priska, une sud-africaine, est mystérieuse : « Au

---

[4] « Les hommes sont des hommes, non des animaux [...], mais en voyant que tu as cessé d'être un homme pour agir comme un animal, tu te transformeras en l'un d'eux : tu seras un gorille au pelage blanc et tu ne trouveras personne dans cette forêt qui veuille te tenir compagnie. Tous te fuiront ou te pourchasseront parce qu'ils te trouveront étranger et inconnu, ce que tu es en réalité par rapport aux coutumes de notre village ». (Nous traduisons)

débarcadère des pêcheurs, un crocodile venait d'emporter une femme, son chien et son bidon d'eau » (Okoumba-Nkoghé, 2013 : 59). Si les trois témoins oculaires affirment n'avoir eu que le temps d'entendre les cris de la victime, des aboiements et un grand plongeon, aucun d'eux n'évoque la présence de son époux sur les lieux de ce drame. Alors que les enquêteurs s'orientent vraisemblablement vers la thèse de l'accident mortel par noyade provoqué par le reptile, la famille de la disparue accourue sur les lieux accuse son époux d'être le responsable de cette mort. Des accusations très graves que la famille de la disparue ne peut malheureusement corroborer par des preuves irréfutables. Cependant, elle soutient que l'accusé a en sa possession « quelque chose », manière imagée par laquelle on désigne dans *Mémoires de porc-épic* tous ceux qui possèdent un double. Le vieux de Mayi dans *Elo, la fille du soleil*, en possède un nuisible, le crocodile. C'est lui qui aurait mis fin aux jours de leur fille. Une thèse que l'officier de police de Mayi réfute. Il met aux arrêts les pêcheurs étrangers :

> Des balivernes, hurla l'officier de police aux pêcheurs, qui nous dit que ce n'est pas vous qui avez noyé cette femme et son chien ? [...] On les prit, les pauvres, on les jeta sans ménagement dans le minibus noir et blanc des grandes rafles. C'étaient des pêcheurs étrangers, venus de l'ouest et du nord du pays, boucs émissaires de tous les crimes de Mayi. (Okoumba-Nkoghé, 2013 : 60)

En dépit de l'intervention de l'officier de police, la famille de la victime ne décolère pas. Elle menace non seulement son gendre, mais nourrit en plus des soupçons sur l'existence des pratiques occultes dans son sillage. Il s'agit qu'une série d'assassinats tantôt sans raisons, parfois pour des motifs aussi fallacieux les uns que les autres :

> - Ce n'est pas un crocodile, c'est toi qui t'es dédoublé. On reconnaît là tes œuvres. Tu as commencé par manger tous les enfants, maintenant c'est le tour de leur mère. Cette fois cela ne se passera pas sans représailles. Trouve la bête et sa proie, sinon tant pis pour toi. [...] De force, on lui tendit un fusil de chasse, des cartouches et une pagaie. - Ramène-nous le monstre mort, ou alors disparais derrière notre fille ! (Okoumba-Nkoghé, 2013 : 60)

C'est un bilan des plus effroyables que Ngoumba, double nuisible de Kibandi, dresse lui aussi dans *Mémoires de porc-épic* :

> Nous avions mangé Moufoundiri parce qu'il était de ceux qui voulaient qu'un féticheur vienne purifier ce village, le débarrasser de tous les détenteurs de doubles nuisibles, il se prenait donc pour qui, hein, surtout que mon maître ne voulait pas finir comme son père, il se souvenait du féticheur Tembé-Essouka qui avait été à l'origine de la mort de Papa Kibandi, nous avions mangé Louvounou qui avouait avoir aperçu un animal bizarre qui ressemblait à un porc-épic derrière la case de mon maître, il disait des choses du genre « d'un côté c'était comme un porc-épic, je vous dis, et de l'autre, c'est bizarre, c'était même pas comme un porc-épic, je veux dire, c'était un animal étrange, il m'a regardé comme un homme pourrait regarder un autre homme, et il m'a montré son derrière avant de disparaître dans l'atelier du charpentier [...], nous avions mangé Ekonda Sakadé parce qu'il avait vu mon maître me parler dans un buisson près de la tombe de mama Kibandi, lui aussi était allé rapporter la scène auprès du chef du village, nous avions mangé le sage et vieil Otchombé parce qu'il s'était opposé à la candidature de Kibandi au conseil du village au motif que mon maître était et resterait un étranger [...], nous avions mangé l'épicier Komayayo Botobatanga parce qu'il avait refusé de nous vendre à crédit une lampe-tempête et deux boîtes de sardines à l'huile fabriquées au Maroc [...] (Mabanckou, 2006 : 189-190)

L'usage du verbe « manger » que Maurice Okoumba-Nkoghé et Alain Mabanckou emploient respectivement dans *Elo, la fille du soleil* et *Mémoires de porc-épic*, renvoie à une même réalité, en l'occurrence « tuer de manière mystique ». Dans sa confession au Baobab au pied duquel Ngoumba, le narrateur du roman du franco-congolais, s'est réfugié après avoir échappé de justesse à la mort, il s'agit de l'élimination d'une personne par des moyens peu conventionnels, mystiques : « il faut comprendre, mon cher Baobab, qu'il s'agit de mettre fin aux jours d'un individu par des moyens imperceptibles pour ceux qui nient l'existence d'un monde parallèle, en particulier ces incrédules d'humains » (Mabanckou, 2006 : 93).

Dès lors, il s'avère difficile, voire impossible dans les deux romans que les familles ainsi que toutes les personnes qui accusent Papa Kibandi ou son fils Kibandi à Mossaka, Séképembé ou Lekana ; ou encore le vieil homme à Mayi, propriétaire de doubles nuisibles et capable de se dédoubler, de fournir la moindre preuve de leurs graves accusations. Aussi peut-on comprendre désormais le rejet d'un tel héritage par Mama Kibandi. La perte de Kibandi ainsi que du vieil homme de Mayi serait aussi brutale et tragique que l'ensemble de leurs œuvres diaboliques.

Les menaces proférées par la belle-famille à l'endroit du gendre, dans *Elo, la fille du soleil* de Maurice Okoumba-Nkoghé, l'effraient au point que peu de temps après la mort de son épouse ainsi que de son chien par noyade, il s'est résolu à tuer le saurien qu'il avait brandi comme un trophée, jusqu'au débarcadère où la veille, il avait fait l'objet de graves accusations de la part de sa belle-famille :

> Les uns disaient que l'animal était un vampire, d'autres parlaient de l'âme même du diable. Il était très vieux et, chose curieuse, un bracelet à sa patte était fixé. En tout cas, qu'il fut tout ce qu'il pouvait être, c'était une bête à ne pas consommer. On lui ouvrit le ventre. Les bouchers frémirent et reculèrent de deux pas. Ils venaient de découvrir les deux squelettes, ceux du chien et de sa maîtresse. Ainsi que le bidon. Sur cette berge d'apocalypse, les parents qui avaient accusé le mari d'avoir avalé leur enfant virent l'origine du désastre (Okoumba-Nkoghé, 2013 : 73)

Mais, si comme le rappellent Ngoumba dans *Mémoires de porc-épic* ainsi que la foule de curieux qui a pris à nouveau le débarcadère d'assaut à l'annonce de la mort du reptile dans *Elo, la fille du soleil*, que nul ne survit à la disparition de son double :

> J'aurai dû mourir avant-hier, avec Kibandi, c'était la panique, la surprise, nous avions été pris de cours, et puisqu'un double meurt le même jour que son maître, je me disais que je n'étais qu'un fantôme, et quand j'ai vu Kibandi hoqueter, puis rendre l'âme, j'ai été aussitôt saisi d'affolement, je ne savais plus quoi faire, où aller, je tournais en rond (Mabanckou, 2006 : 29)

Même analyse du côté de Pierre Ndemby Mamfoumby qui théorise le double (2017 : 23-24),

> … le sujet [celui qui peut à la fois prédiquer et s'affirmer comme être physique] est indéniablement inscrit dans une cohabitation symbolique et obligatoire, vu que l'un ne peut aller sans l'autre, la décadence ou la disparition de l'un entraîne irréversiblement la chute de l'autre. Car il s'instaure une relation de vie sans faille et une soumission partagée et infinie du personnage (dans sa double configuration).

Il n'en demeure pas moins qu'Alain Mabanckou et Maurice Okoumba-Nkoghé réservent, sur cet aspect, des destins bien différents à leurs héros maléfiques. Dans le roman d'Alain Mabanckou, Kibandi trouve la mort lorsqu'il décide de s'en prendre, gratuitement comme très souvent, à d'autres doubles, les jumeaux, Koté et Koty. Disparitions qui auraient représenté la centième et cent-unième victimes de Kibandi et de son double, Ngoumba : « il ne voulait surtout pas que je regagne la forêt avant cette mission à laquelle il tenait plus que les quatre-vingt-dix-neuf précédentes, cette mission qui serait le centième succès, pardon, le cent unième puisque nous ferions d'une pierre deux coups » (Mabanckou, 2006 : 206). Bien qu'opposé à cette idée, Ngoumba s'exécute. Au terme d'un âpre combat, il est vaincu ainsi que son maître. Alors que Kibandi perd la vie dans d'atroces souffrances, en revanche, celle de son double, le porc-épic, est épargnée par les jumeaux devenus pour la circonstance les justiciers de Mossaka, Lekana, Séképembe, etc., lieux où le couple maléfique, Kibandi/Ngoumba avait apporté la mort et les pleurs :

> il me fusillait de plus en plus du regard, l'air de dire que j'étais fini comme mon maître qui gisait près de la porte, alors j'ai commencé à m'agiter de plus en plus, et puis, par surprise, le nourrisson a détourné son regard, je me suis dit qu'il ne souhaitait pas s'attaquer lui-même à moi, qu'il allait donner l'ordre aux jumeaux de me réserver le même châtiment que mon maître, eh bien, non, tout au plus, quand il a regardé de nouveau vers moi, il m'a fait signe de la tête, il me demandait de m'enfuir, je n'y croyais pas, je ne me suis pas fait prier deux fois (Mabanckou, 2006 : 209-210).

Dans *Elo, la fille du soleil* de Maurice Okoumba-Nkoghé (2013 : 74), en revanche, le vieil homme responsable de la mort de son épouse ainsi que de son chien, ne survit pas à la disparition de son double, le crocodile :

> Quelques jours après, les journaux rapportèrent que le mari vengeur avait été retrouvé mort dans son lit. À cette mort on donna des interprétations diverses : l'effort de guerre contre le monstre l'avait épuisé ; le crocodile tué sous la pression de la belle-famille était son double, et personne ne pouvait survivre à la mort de son double.

3. Discussion

Dans cette dernière partie, nous nous interrogeons sur la finalité du double. Pour Pierre Ndemby Mamfoumbi (2017 : 25), il s'agit d'une recherche axée sur trois éléments fondamentaux, d'abord la quête pour assouvir un désir, ensuite la volonté de retrouver une identité perdue et enfin, le désir de dévoiler une face de soi que l'on veut cacher : « le double est une recherche permanente d'assouvir un désir, de retrouver une identité perdue, et plus encore, une volonté de dévoiler une face cachée ».

Dans chacun des romans à l'étude, on peut se demander laquelle des trois finalités est atteinte. La première, la deuxième, la troisième peut-être ou toutes les trois à la fois. Dans les romans étudiés, la figure du double révèle la vraie nature humaine. Elle est fluctuante. Elle peut incarner à la fois, la générosité et la lâcheté ; le travail et la paresse ; le bonheur et le malheur ; etc. Dans *Elo, la fille du soleil* de Maurice Okoumba-Nkoghé, le vieil homme de Mayi, incarne à la perfection cette dualité de l'espèce humaine. Il a une famille, une femme travailleuse, des enfants mais il est aussi propriétaire d'un double nuisible, le crocodile qu'il va éliminer lui-même ainsi que tous les autres membres de sa famille. Par son acte de destruction, il remet en question son humanité.

Dans *Akono y Belinga* d'Inongo-Vi-Makomè et *Mémoires de porc-épic* d'Alain Mabanckou, le double ne révèle pas seulement l'inhumanité ainsi que la méchanceté de l'homme envers son prochain, mais il est aussi et surtout à l'origine de la cruauté de l'espèce humaine envers les animaux. En effet, en choisissant un porc-épic comme instance narrative, Mabanckou prend la défense de ces autres êtres de la planète dépourvus de parole dont certains sont en voie de disparition. Au-delà de la défense des animaux ainsi que la forêt leur habitat, l'auteur ironique condamne le cynisme ainsi que la condescendance des hommes envers l'espèce animale, un aliment de base pour plusieurs groupes, un serviteur fidèle et loyal pour d'autres :

> donc je ne suis qu'un animal, un animal de rien du tout, les hommes diraient une bête sauvage comme si on ne comptait pas de plus bêtes et de plus sauvages que nous dans leur espèce […] à vrai dire, je n'ai rien à envier aux hommes, je me moque de leur prétendue intelligence (Mabanckou, 2017 : 11).

Comme Alain Mabanckou, Inongo-Vi-Makomè donne la parole à Belinga, redevenu humain après avoir ingéré la potion du sorcier. Depuis que le fantôme de son père, tat Ole l'a châtié en le transformant en animal, en gorille blanc, Belinga recouvre pour la première fois sa condition humaine. Au-delà de la joie et l'émotion suscitées par les retrouvailles des frères orphelins, le dialogue des protagonistes est marqué surtout par la confession de Belinga, au moment où l'effet de la potion commence à se dissiper et qu'il entame une nouvelle fois sa transformation en gorille. S'il regrette amèrement d'avoir déçu son défunt père, tat Ole c'est vers son frère, Akono qu'il se tourne pour transmettre un message d'amour et d'humanisme entre les hommes d'une part, et les autres « habitants de la planète » en l'occurrence les animaux, d'autre part. Il exhorte les hommes à plus d'empathie, de respect et de considération pour l'espèce animale. Parce que, comme les hommes, leur bourreau, les animaux ressentent la douleur, redoutent la captivité et le chagrin son corollaire et aspirent au bonheur :

> A su privación de libertad sin motivo alguno, había que añadir los innumerables pinchazos diarios que recibía de todos los especialistas del mundo, quienes, sin importarles el daño que le causaban, le extraían sangre y otros líquidos del organismo con el fin, decían, de determinar su origen y conseguir como fuese un descendiente suyo parecido a él. Nunca antes sintió tanto dolor ante tales vejaciones y ante la falta de escrúpulos de los hombres blancos como en ese momento en que le observaba su propio hermano.[5] (Inongo-Vi-Makomè, 2003 : 40)

Plus loin, il rassure son frère et formule ce vœu :

> - No te preocupes, hermano - le calmó - te he dicho que mi espíritu estará siempre en Sama. Agradezco todo lo que has hecho por mí y te pido perdón por lo malo que fui contigo. Sé que tat también me ha perdonado ; es él quien ha hecho que me encuentres y que obtenga este corto espacio de tiempo para ser hombre y poder hablar contigo. Belinga había observado que se iba retransformando en gorila, empezando por la parte inferior de su cuerpo. [...] - No llores, Akono - le contestó viendo su desesperación -, no es bueno el encierro, ya lo sé, pero es el destino que me aguarda... No dejes nunca de inculcar a tus hijos lo que tat nos enseñó. [...] - Diles que una ambición desmesurada lleva a la locura. Sobre todo, hermano, aconseja a su hijo que lleva mi nombre para que intente, por todos los medios, hacer

---

[5] « À sa privation de liberté sans aucune raison, il fallait ajouter les innombrables piqûres quotidiennes qu'il recevait de tous les spécialistes du monde qui, sans se préoccuper du mal qu'ils lui infligeaient, lui prélevaient du sang et d'autres liquides de l'organisme dans le but, disaient-ils de déterminer son origine et de trouver comme il se doit un de ses descendants qui lui ressemble. Jamais auparavant il n'a eu autant de mal face à de telles humiliations et face au manque de scrupules des hommes blancs comme en ce moment où son propre frère l'observait ». (Nous traduisons)

> llegar su voz a todos los rincones del mundo, gritando que los animales sienten tambièn dolor y aborrecen el cautiverio tanto como los hombres.[6] (Inongo-Vi-Makomè, 2003 : 43-44)

En somme, l'expression du double chez Okoumba-Nkoghé, Mabanckou et Inongo-Vi-Makomè dévoile la nature ambivalente de l'espèce humaine. Elle est l'incarnation à la fois du bien mais aussi du mal que l'on cherche désespérément à dissimuler.

Conclusion

La présente étude a fait ressortir deux aspects du double, d'abord la « thérianthropie » entendue comme la transformation de l'homme en animal, ensuite la duplication de l'homme en d'autres êtres dans les romans d'Afrique centrale, *Elo, la fille du soleil*, *Mémoires de porc-épic* et *Akono y Belinga* respectivement des auteurs gabonais, Maurice Okoumba-Nkoghé, franco-congolais, Alain Mabanckou et camerounais, Inongo-Vi-Makomè. Des trois romans, deux appartiennent à la littérature d'expression française et l'autre, le troisième à la littérature hispanique. Les romans donnent à voir le dédoublement de l'homme en animal comme le rat, le porc-épic, le crocodile ou encore en d'autres êtres. On dit dans ce cas, qu'on « possède quelque chose ». Avoir un double nuisible ou malfaisant est l'œuvre de la sorcellerie, de la magie. Comme son nom l'indique, il nuit et détruit l'action de l'homme dans sa quête de la liberté et de son épanouissement par une ambition aveugle du pouvoir qui conduit à un écrasement de son prochain dans tous les domaines. C'est cette ambivalence de la nature humaine que le double reflète et révèle.

---

[6] « Ne t'en fais pas, frère -le calma-t-il, je t'ai dit que mon esprit sera toujours à Sama. Je suis reconnaissant de tout ce que tu as fait pour moi et je te demande pardon pour ma méchanceté envers toi. Je sais que tat aussi m'a pardonné ; c'est lui qui a fait que tu me retrouves et que tu obtiennes ce petit moment pour devenir un homme et de pouvoir parler avec toi. Belinga avait remarqué qu'il se transformait à nouveau en gorille, en commençant par la partie inférieure de son corps. […] -Ne pleure pas, Akono - lui a-t-il répondu en voyant son désespoir-, l'enfermement n'est pas une bonne chose, je le sais déjà, mais c'est le destin qui m'attend…Ne cesse jamais d'inculquer à tes enfants ce que tat nous a enseigné […] - Dis leur qu'une ambition démesurée conduit à la folie. Surtout, frère, conseille à ton fils qui porte mon nom pour qu'il essaie par tous les moyens de faire entendre sa voix dans tous les coins du monde en criant que les animaux aussi ressentent la douleur et, comme les hommes ils ont horreur de la captivité ». (Nous traduisons)

Au-delà de la manifestation du double dans les romans, ce travail inscrit le double comme un fait social et culturel bien connu dans la sous-région : Gabon, Congo Brazzaville et Cameroun.

Bibliographie

BEKALE, J. (2013), *50 figures de la littérature gabonaise de 1960 à 2010*, Paris, Éditions Dagan.

BISANSWA K., J. (2011), « Petites sociologies de la déviance et des « gradins sociaux » chez Alain Mabanckou », *Revue de l'Université de Moncton*, n°42 (1-2), pp. 19-49.

BLANC, A.-L. (1997), « Pierre Jourde et Paolo Tortonese, Visages du double, un thème littéraire », *Littératures*, n°37, pp. 275-279,

BOLEKIA BOLEKÁ, J. (2005), *La francofonía. El nuevo rostro del colonialismo en África*, Salamanca, Signum S.G.E.

CHEVREL, Y. (1989), *La littérature comparée*, Paris, PUF, coll. « Que sais-je ».

DEVESA, J-M. (2012), « L'Afrique a l'identité sans passé d'Alain Mabanckou. D'un continent fantôme l'autre », *Afrique contemporaine*, n° 241, pp. 93-110.

ENRIQUEZ ARANDA, M. M. (2005), « La literatura comparada en proceso de renovación. Algunas notas sobre su relación con la recepción del texto literario y la traducción », *Interlingüística*, n°16 (1), pp. 363-370.

INONGO-VI-MAKOMÈ (2003). *Akono y Belinga (el muchacho negro que se transformó en gorila negro)*, Barcelona, Ediciones Carena.

MABANCKOU, A. (2006), *Mémoires de porc-épic*, Paris, Seuil.

MANGEON, A. (2014), « La construction du lien social dans les romans d'Alain Mabanckou », *Erudit, Revue de l'Université de Moncton*, n° 42 (1-2), pp. 51-64.

MATAILLET, D. (2009), « Le phénomène Mabanckou », *Jeune Afrique*, n° 2504, [En ligne] : https://www.jeuneafrique.com/205264/culture/le-ph-nom-ne-mabanckou/, consulté le 16 octobre 2020.

NDEMBY MAMFOUMBY, P. (2017). *Le roman et son ombre. Étude et caractérisation du récit chez Henry Bauchau et Nancy Huston. Essai sur la théorie du double dans les textes littéraires*, Paris, Editions Bergame.

OKOUMBA-NKOGHE, M. (2013 [2008]), *Elo, la fille du soleil*, Yaoundé, Clé.

REUTER, Y., (2005 [1991]), *Introduction à l'analyse du roman*, Paris, Armand Colin.

Photo : Okoumba-Nkoghé lisant *La courbe du soleil*.
(Archives de l'écrivain)

QUESTIONS POÉTIQUES

Maurice Okoumba-Nkoghé
Les béquilles de Tambi
Nouvelles
ÉDITIONS

OKOUMBA-NKOGHÉ ET LA NOUVELLE : LECTURE DE *LES BÉQUILLES DE TAMBI*

Didier TABA ODOUNGA
Université Omar Bongo
odjouani@yahoo.fr

Résumé : Plus connu pour ses récits romanesques, Maurice Okoumba-Nkoghé est aussi un auteur de Nouvelles. L'objectif de cet article est d'examiner à partir de trois récits comment l'écrivain articule sa dynamique d'écritures du genre à travers les catégories esthétiques inhérentes à la structure même de la nouvelle. Il apparaît clairement que le nouvelliste s'appuie à la fois sur des ressources esthétiques déjà perçues dans son imaginaire romanesque mais développe par ailleurs, des innovations scripturales en matière discursive donnant ainsi une dimension singulière aux récits concernés. Aussi, à travers l'exploration analytique des personnages, des configurations spatio-temporelles et de l'hybridité scripturale, il s'agit de voir comment s'organise la matière narrative du nouvelliste.
Mots-clés : Personnage – Hybridité scripturale – Nouvelle gabonaise – Temps – Espace

Abstract : Well known for his novels, Maurice Okoumba-Nkoghe is also the author of short stories. The objective of this article is to examine in three narratives how the dynamics of the author's writing is articulated around inherent aesthetic categories that make up a short story. It clearly appears that the writer relies not only on aesthetic resources already perceived in the imagery of his novels. But scriptural innovations in his discourse give as well a particular dimension to his short stories. Through the analytical exploration of characters, spatio-temporal configurations, and scriptural hybridity, this paper deals with the organization of the narrative material of a short story.
Keywords : Character – Scriptural hybridity – Gabonese novels – Time – Space

Introduction

Cela fait quarante ans que Maurice Okoumba-Nkoghé habite et féconde le paysage littéraire gabonais. Depuis ses premiers textes publiés jusqu'à nos jours, son œuvre n'a cessé de susciter chez les critiques et théoriciens de la littérature, controverses et débats d'écoles. Qu'on songe à des critiques comme Auguste Moussirou Mouyama (1992), Fortunat Obiang Essono (2006), Georice Berthin Madébé (2007) et plus récemment, Steeve R. Renombo et Didier Taba Odounga (2019), l'œuvre de l'écrivain fait l'objet de plusieurs herméneutiques et par conséquent, est un paradigme fécond quant à sa pertinence et sa lisibilité.

Cependant, le constat est celui de la marginalité des études portant sur la poésie et la nouvelle chez cet écrivain prolifique et dense du point de vue des thèmes abordés par son œuvre. On peut raisonnablement être surpris par le peu d'appétence des critiques à l'endroit de ses nouvelles parues en 2014 aux Editions Clé de Yaoundé au Cameroun. Certains lecteurs pourront arguer que quantitativement, les nouvelles sont moins nombreuses que les romans et autres récits et que de ce fait, on peut comprendre le manque d'engouement critique de la part des spécialistes locaux. Dans l'absolu, ils n'ont nécessairement pas tort mais pour notre part, l'argument statistique ne doit pas être un frein à la rencontre critique et théorique d'une œuvre nouvelliste loin d'avoir donné la pleine mesure de sa sémantique.

Aussi, c'est en partant de cette situation – la carence critique sur ces récits de nouvelles – que nous nous proposons d'examiner l'ensemble des nouvelles regroupé dans le recueil intitulé *Les Béquilles de Tambi* (2014). Composé de trois nouvelles : « Tambi », « Mourime » et « Eloni »[1], le recueil plonge le lecteur dans les trajectoires narratives des personnages aux prises avec les oxymores des sociétés textuelles dans lesquelles ils évoluent : Tambi est une jeune adolescente dont le parcours narratif est structuré par un nombre considérable de difficultés liées à son être. Mourime, grand chasseur, doit rendre compte devant la nature, de son manque d'empathie vis-à-vis de celle-ci et enfin, Eloni, jeune épouse et déterminée, fait face à l'absurde d'une situation dont seuls les espaces postcoloniaux africains saisissent les ressorts.

Notre hypothèse de départ est que les trois nouvelles examinées réverbèrent les dichotomies inhérentes à des espaces narratifs à travers lesquels les personnages sont soumis à des épreuves qui, soit leur permettent de se transcender, soit les enserrent dans une impasse. Vu ainsi, les questions sont celles de savoir comment évoluent narrativement ces personnages ? De quel agir sont-ils capables ? Par ailleurs, quels sont les enjeux narratifs et idéologiques que posent les nouvelles de ce recueil ? A partir d'une perspective

---

[1] Dans la suite du texte, la référence à ces nouvelles sera marquée par Tambi, Mourime ou Eloni, entre parenthèses, suivi du numéro de la page.

narrative et sociohistorique, nous tenterons de répondre à ces questions.

1. Les personnages : statuts et axiologies

Chez Okoumba-Nkoghé, de manière générale, les figures du récit participent activement à la dramatisation de l'histoire en ce qu'elles représentent à la fois des valeurs négatives et positives. Aussi, celles-ci, se déploient factuellement en dyade : Bon / Mauvais ou encore Ombre/ Lumière (Renombo et Taba Odounga, 2019 : 65).

1.1. « Tambi »

« Être de papier » pour les uns (Barthes, 1977 : 40), le personnage reste l'une des notions les plus emblématiques en critiques et théories littéraires. Pour Yves Reuter (1996 : 51), « les personnages ont un rôle essentiel dans l'organisation des histoires. Ils déterminent les actions, les subissent, les relient et leur donnent du sens ». On ne peut donc faire l'économie de ce signe dans le récit. Déterminés par leur *faire* et leur *dire*, les personnages des nouvelles chez Maurice Okoumba-Nkoghé ne s'éloignent guère foncièrement de leur contenu figuratif. En effet, la première nouvelle « Tambi », médiatise la trajectoire narrative du personnage éponyme. L'*incipit* qui amorce le récit pose simultanément le cadre et la voix à partir desquels le lecteur suivra l'itinéraire diégétique du personnage axial.

> Tambi regarda ses deux jambes invalides et sourit. Elle empoigna ses béquilles et sortit dans la cour. Depuis qu'elle avait treize ans, Tambi, dont le nom signifiait « bonheur » dans la langue de son père, aimait bien à rire de son sort. Elle était née infirme. Alors, pourquoi lui avoir donné un tel patronyme ? (Tambi : 7)

Dès l'aperture du texte, le narrateur plonge le lecteur dans l'intimité du personnage dont la posture narrative est faite d'oxymores dans la mesure où se côtoient Handicaps rédhibitoires et félicité spirituelle. La condition physique du personnage : « deux jambes invalides » « béquilles », « était née infirme » ne correspondent en rien à un état d'esprit qui se rit du sort du destin.

On retrouve donc dans ce segment narratif une contradiction principielle. Le personnage porte un patronyme qui ne renvoie nullement à son statut psychique et moral. Et pourtant en général,

« le nom est (…) un désignateur fondamental du personnage (…). Comme dans la vie réelle, il fonde son identité. Par la même, il contribue à produire un effet de réel. (…) Il identifie le personnage et le distingue des autres » (Reuter, 2007 : 67).

Pour Maurice Okoumba-Nkoghé, le nom n'est pas fortuit et renvoie nécessairement à un signifié : « comme je l'ai dit ailleurs, un nom porte une réalité sociale évidente. Nos parents ont un sens aigu des choses et des êtres, ils ne nomment pas au hasard. Au propre comme au figuré, le nom désigne un caractère, une attitude. Le nom est un résumé » (Ipemboussou, 2013 : 147). Vu ainsi, Tambi est donc un personnage prédestiné au bonheur, nonobstant son infirmité. Son patronyme contrebalance sa nature physique. Au fond, Tambi est un personnage solaire ; en elle et autour d'elle, rayonne la lumière des valeurs positives. Sa conversion au christianisme, le don d'une voiture par la première dame et surtout sa prise en charge morale et spirituelle par Iriri son enseignante, prouvent suffisamment que ce personnage possède tous les atouts culturels et sémiotiques qui font de lui un « effet de réel » (Barthes, 1982 : 81).

Dans cette nouvelle, l'intervention du personnage Franque qui est la mère de l'héroïne apparaît comme un élément perturbateur dans la flexibilité de la trajectoire narrative de Tambi. Si on s'en tient au rôle actantiel de Franque, on peut le qualifier d'opposant au bonheur de Tambi et de son père Mombo dont le narrateur nous dit qu'elle est l'origine de ses difficultés professionnelles. En admettant le principe selon lequel la quête de Tambi s'articule autour de l'objet bonheur, on n'aura pas de mal à saisir la position de Franque dans le rôle thématique de la femme vénale. En revenant dans l'existence de Mombo et Tambi après les avoir abandonnés quelques années plus tôt, elle joue le rôle narratif de la mère indigne, incapable d'assumer socialement et moralement ses engagements. Ce rôle thématique qui « permet de véhiculer du sens et des valeurs » (Jouve, 1997 : 83), indexe clairement la dimension négative de la mère de Tambi dont les ressorts psychologiques obéissent à la cupidité et au goût du lucre. Idéologiquement, elle est marquée et stigmatisée par le narrateur comme un sujet déterminé à aller au bout de ses entreprises funestes.

> Mombo **avait perdu** son emploi à cause du **sort** que lui **avait jeté** sa femme. Puisée depuis le fœtus, **l'énergie de Tambi** alimentait **la communauté des vampires**. Persuadée que désormais **il n'y avait** plus rien **à retirer** d'eux, Franque **les**

> avait alors **abandonnés**, comme on abandonne **une vieille plantation** qui ne produit plus. Mais voici que sa fille, parce que **très positive, émergeait de la gangue. Son étoile saccagée** s'était remise **à luire**. Cela ne plut pas à la mère, qui tenta de **la foudroyer à distance. Ayant échoué**, elle revenait pour une nouvelle action. (Tambi : 28-29)

On retrouve dans ce segment narratif toute la quintessence de l'imaginaire postcolonial de l'écrivain gabonais dans sa mise en texte de l'univers social et idéologique africain (Mbondobari, 2008 : 101-113). Dans cet espace saturé par le principe des notions de bien et mal, des forces positives et négatives, les protagonistes remplissent thématiquement leur rôle. La nouvelle nous dépeint un espace diégétique où des forces dichotomiques s'opposent, où la lumière est en contradiction avec les ténèbres, etc. L'usage itératif du plus-que parfait et de l'imparfait du mode indicatif, l'emploi des verbes « perdre », « alimenter », « retirer », « abandonner », « émerger », « luire », « foudroyer », « échouer », « puiser » ; les sèmes tels que « vampires », « énergie », « gangue », « étoile » et l'adjectif « positive », viennent éclairer les rapports conflictuels à l'œuvre dans l'espace textuel entre les personnages solaires et les personnages « nocturnes ». Chez Maurice Okoumba-Nkoghé, la volonté de puissance des personnages « d'ombre » conduit toujours à des postures narratives excessives (Boukandou, 2011 : 47-69) ou alors à l'obsession de l'emprise totale sur l'autre afin de mieux le posséder (Taba Odounga, 2015 : 161-171). Tout le processus de délitement social, physique et spirituel orchestré par Franque est en définitive réduit à néant par le contrepoids de la prière chrétienne de Tambi et de son père.

Okoumba-Nkoghé oppose aux forces du mal, les forces du bien représentées par le christianisme occidental. Ces dernières, dans une certaine mesure, avalisent chez le narrateur, l'idée d'une éthique qui serait consubstantielle à l'être positif comme l'est Tambi.

1.2. « Eloni »

Au contraire de Tambi qui porte un nom-programme dédié au bonheur malgré son handicap, Eloni personnage principal de la nouvelle éponyme, ne fait guère l'objet de détails descriptifs de la part du narrateur. C'est par des indices linguistiques épars que le lecteur rentre dans la trajectoire narrative de « la belle Eloni » (P.61) qui est une « jeune femme » (P.62). Cette prosographie elliptique réfère au symbolisme du combat qu'elle doit mener vis-à-vis du pouvoir qui a emprisonné et tué son époux dont la présence narrative est complètement neutralisée par le parcours d'Eloni. Epouse d'un enseignant épris de justice et de liberté, Eloni est aussi la mère de Ndili bébé de quelques mois et doit faire face au délitement de son univers :

> Eloni s'écroula sur le sol, (…) depuis quelques années, vivre au pays était devenu un malheur et elle avait demandé à son mari de traverser la frontière, parce que là-bas on lisait encore Mao et Bakounine sur les places publiques. Eloni était ardente comme toutes les filles de mai 68 (Eloni : 63).

Le segment narratif donne des informations sur l'atmosphère idéologique dans lequel évolue Eloni et son époux. En déclinant les noms de personnages référentiels tel que Mao et Bakounine, le narrateur en usant de sa fonction explicative montre que l'idéal communiste est considéré par les personnages comme le principe fondamental de toute liberté. De plus, en la décrivant comme « ardente comme toutes les filles de Mai 68 », le narrateur replonge le lecteur dans les grands bouleversements sociopolitiques occidentaux de la seconde moitié du XXème siècle notamment la période de Mai 1968 en France où le mouvement étudiant exigeait plus de liberté de la société patriarcale qui avait montré ses limites.

La quête du personnage pour retrouver son mari même si cela semble vain, fait d'Eloni une héroïne parce qu'elle porte en elle des valeurs positives dans un univers dégradé par l'injustice et le totalitarisme à l'œuvre dans la société textuelle. Par son action, son faire et finalement son être, Eloni est « un personnage (…) vraisemblable, c'est-à-dire conforme à une représentation possible du réel, laquelle est relative à des stéréotypes culturels, religieux, moraux, idéologiques etc., qui doivent être connu du lecteur » (Erman, 2006 :17). Dans l'univers référentiel qu'est l'Afrique, un individu doit avoir une sépulture et le rôle de son conjoint est de lui en fournir une afin que sa dignité soit préservée. Eloni en allant chercher ce qui reste de son mari, remplit la fonction dévolue à une femme africaine qui est de pleurer son époux et de lui organiser des funérailles dignes. Le lamento de l'épouse face à la brutalité du pouvoir en fait *in fine*, une « femme-chant » qui tente, par le pleur, de trouver une recomposition de son être désarticulé par la violence ontologique de l'univers textuel.

2. Le spatiotemporel

Chez Maurice Okoumba-Nkoghé, le traitement du cadre-spatiotemporel obéit à un désir d'efficacité afin de conduire le lecteur vers l'objectif final en peu de temps. En procédant ainsi, il ne s'éloigne guère radicalement des théories du genre car : « il est évident que la nouvelle va à son but avec une célérité et une efficacité particulières. En un très petit nombre de pages, le lecteur est amené à entrer dans un univers, à comprendre les enjeux narratifs et à tirer plaisir du texte » (Goyet, 1993 : 61). Voyons donc comment cela est mis en œuvre dans les récits examinés.

2.1. Les configurations spatiales

Les espaces gravitent autour d'un toponyme exploitant magistralement la géographie urbaine, la topographie bucolique et l'aire sylvestre. A l'intérieur de ces macro-espaces, existe un ensemble de micro-espaces dans lesquels se déroulent les actions. Dans « Tambi », les lieux produisent « l'impression qu'ils reflètent le hors texte. » (Reuter, 2007 : 35). En effet, les protagonistes évoluent dans un espace urbain qui ressemble aux villes africaines postcoloniales avec leurs écarts en matière d'habitats « A Pomi, les belles maisons côtoyaient les cabanes. Et cela ne choquait personne ! » (Tambi : 7). Comme dans la plupart de ses récits, le nouvelliste situe son histoire dans cette ville de Pomi qui est un espace très souvent dichotomique sinon ambivalent. Dans la nouvelle, Pomi est une ville dans laquelle est née l'héroïne, le lieu où elle a été abandonnée par sa mère six ans après sa naissance. Par ailleurs, c'est aussi dans le même espace qu'elle va s'épanouir à travers sa réussite scolaire en obtenant son brevet, avec l'aide de la première dame par rapport à sa mobilité et qu'elle rencontre les chrétiens charismatiques qui vont lui permettre de s'émanciper de la tutelle diabolique de sa mère. Nous avons donc affaire à des micro-espaces distribués en positif vs négatif. Les espaces positifs sont ainsi le lycée dans lequel elle rencontre Iriri son professeur de français, l'hôpital dans lequel elle va être soignée après son accident et la bâtisse abritant la cellule de prière qui permet à l'héroïne d'être résiliente.

Au contraire, les lieux négatifs sont représentés par la route sur laquelle se produit son accident et la nouvelle maison offerte par la première dame à Tambi et son père. Il ne fait aucun doute que « l'acmé narrative » (Ozwald, 1996 : 138), c'est-à-dire le point culminant de cette œuvre est la présence dans la nouvelle maison de Franque, la mère de Tambi : « il n'était pas donc question que Franque mît les pieds dans la chambre de son père. En outre elle sentait de cette femme couler des ondes négatives. (…) Dès lors, un mauvais vent commença à souffler dans la maison » (Tambi : 23).

La maison se transforme ainsi en un espace de lutte spirituelle entre la mère et son enfant. Le drame se noue dans cet espace clos censé être le réceptacle de l'harmonie familiale. Celle-ci mise à mal par la force perturbatrice Franque, ne retrouve sa pleine mesure qu'avec son départ de Mayi après que toutes ses tentatives de déstabilisation aient été un échec.

Dans « Eloni », la mobilité spatiale gravite autour de la ville et du village. Entre ces deux lieux, disons qu'il existe des lieux de transition comme le sentier qui conduit Eloni dans sa belle-famille ou sa famille d'origine, la cascade, l'arbre à palabre (Eloni : 66), etc. Dans la diégèse, ces micro-espaces n'apportent que des informations nécessaires, par exemple Eloni sur le chemin qui mène dans les villages où vivent ses deux familles est comme connectée à toute la vie écologique (insectes, eau, animaux etc.) donnant ainsi l'idée d'une communion parfaite entre l'homme et la nature « sous le feuillage un perroquet à la voix rauque chanta » (Eloni : 67) ou encore « Rythmant la lamentation sourde de la belle, le vent se leva d'entre les arbres, et la nature trembla avec ses montagnes sa faune et sa flore » (Eloni : 73). Comme dans une attitude de solidarité vis-à-vis d'Eloni, l'ensemble de la nature accompagne le désespoir de l'héroïne.

Du point de vue de la dramatisation, la ville est quasiment neutralisée puisque l'arrestation et la mort de l'époux ne sont que mentionnées afin que le programme narratif d'Eloni s'actualise. L'espace déterminant où se médiatise réellement le drame est le village d'Eloni. En effet, c'est de son village qu'elle va fuguer avec son bébé vers l'espace sylvestre pour ne plus être retrouvée. C'est le lieu de la mort de son père et de sa mère abîmés par la perte de leur fille. Et, enfin, c'est du village que s'élance la révolte de la jeunesse écolière pour plus de justice et de liberté : « Ce jour-là, le ciel s'assombrit dès le matin. Tous les devins comprirent que se préparait l'ire des couches rurales » (Eloni : 79)

Dans « Mourime », le cadre spatial se scinde entre le village et la forêt. Mourime au contraire d'Eloni et Tambi est un personnage-chasseur dont l'appétence pour le porc-épic va le conduire à des péripéties narratives extraordinaires. Pris au piège dans une grotte par les porcs-épics qui jadis étaient des hommes eux-mêmes friands de cette chaire, le personnage va errer comme une âme en peine afin d'expier ses fautes vis-à-vis de la nature. La forêt dans cette nouvelle, est un espace ambivalent (euphorique/dysphorique) parce que l'actant-acteur cherche à joindre son épouse qu'il a laissé dans son village avec un bébé : « Tu es libre de repartir. Si tu retrouves la sortie, quand tu auras revu les tiens, tu ne pourras jouir longtemps de leur présence. C'est ce que tu mérites après ton acte barbare » (Mourime : 39).

Cette sentence est à l'origine des épreuves de Mourime dans le récit. Il va devoir marcher, courir et gravir monts et vallées afin de retrouver son village des « sept collines ». Cette errance dans l'univers sylvestre devient le prétexte à une hymnologie à la nature dont il perçoit clairement l'importance : « Partout la forêt multipliait son mystère. Des arbres, des montagnes, des plaines, des savanes et des pierres… Et ce bruit assourdissant ! Et ce sol tremblant ! (…) où était passée la rivière ? » (Mourime : 50). Cette randonnée pédestre dans un espace aussi immense est le signe patent pour le personnage que la nature doit être préservée. C'est sa cupidité qui l'a conduit dans ces entrelacs forestiers. La nature ici devient un actant qui permet au personnage Mourime de ne pas s'étioler et disparaître puisqu'elle met à disposition viatique et autres éléments nutritifs pour pérenniser la vie du personnage à travers la chasse et la cueillette. C'est pourquoi, « La translation homme-nature participe ainsi d'un cycle vital et d'une participation plus authentique au monde, qu'il faut rigoureusement se garder d'interrompre » (Renombo et Taba Odounga, 2019 : 195).

2.2. Le dispositif Temporel

C'est un truisme d'affirmer que dans tout récit « L'ordre du temps de la narration et celui du temps de l'histoire ne sont jamais parallèles » (Evrard, 1997 : 25). Dans les nouvelles d'Okoumba-Nkoghé, la temporalité fonctionne sous un mode réaliste en rapport avec le hors texte ou alors sous le mode allégorique. L'histoire de Mourime est racontée en vingt-six pages, alors qu'entre le moment où Mourime rentre en forêt et le moment où il en ressort « dix-sept mois s'étaient écoulés ! » (Mourime : 57).

Pendant son périple, le personnage n'a eu aucune notion du temps, il ne fait cette déduction du temps mis par lui dans l'errance que parce qu'il s'appuie sur les propos du petit garçon. La spécification temporelle n'est pas mise en exergue par le narrateur si ce n'est pas les adverbes de temps « aujourd'hui, les choses en allaient autrement » ; « Il devait être tard, voici assez longtemps qu'il était sorti » (Mourime : 37).

Dans cette nouvelle, le temps a une incidence négative sur la trajectoire narrative de Mourime parce qu'il participe aussi en tant qu'actant à l'expiation de la faute commise. Ce n'est pas un temps alternatif ou allégorique car son action sur les trois principaux protagonistes de l'histoire est dramatique. Sola son épouse ne le reconnaît plus à cause du temps qui a eu raison de son apparence physique ; son petit garçon ne le connaît pas non plus parce qu'il le croit perdu et mort dans la forêt, lui-même ne se reconnaît plus à cause de sa métamorphose : « Mourime dégringolait. Il pria qu'elle lui remît une glace. (…) Il se mira. Ce qu'il vit l'effraya. De la tête aux pieds, ce n'était pas lui » (Mourime : 58).

L'usage des verbes à l'imparfait et au passé simple, marque la relation de « deux temporalités à la fois complémentaires et parfaitement distinctes » (Ozwald, 1996 : 148). Cette situation est en effet le prélude à un étiolement moral et psychique de Mourime qui constate que « son monde s'effondre » (Achebe, 1966).

Dans « Eloni », la temporalité narrative n'est pas spécifiée hormis lorsque la mère de l'héroïne quitte son domicile pour se mettre à la recherche de sa fille « Vers 3h du matin… » (Eloni : 78) ou alors, lorsque le narrateur revient explicitement sur la durée de leur vie commune qui se métonymise à travers leur enfant Ndili. Pour le reste, le temps est imprécis, voire métaphorisé dans des périphrases « la lumière du jour pâlissait », « A la suite du soleil, la lune ajoutait l'ombre à l'ombre » (Eloni : 78). Nous n'avons pas un temps calendaire, stable, repérable. Ce temps est plutôt évanescent comme si la stabilité même de cette société fictive est problématique. Le temps, dans « Eloni » s'émancipe des codes ordinaires, il excède largement la vision utilitaire qu'on peut en avoir pour se projeter vers une dimension alternative. Ce sont les éléments de la nature qui lui donne le tempo. Le soleil et la lune sont deux astres au cœur de l'écriture de Maurice Okoumba-Nkoghé, deux temporalités : diurne et nocturne. Les enjeux narratifs de cette nouvelle sont à lire dans le déploiement de ces deux notions fondamentales. C'est la nuit que disparaît Eloni et sa fille Ndili, c'est aussi la nuit que meurt sa mère Ewawa. En revanche, c'est pendant la phase diurne que son père se suicide et que meurt le père de sa fille. Le jour et la nuit deviennent par cette dichotomie axiologique, deux temporalités aux services des forces oxymoriques.

Dans « Tambi », la temporalité narrative souvent calendaire est faite d'ellipses afin de rendre la narration beaucoup plus fluide. « Dans les ellipses, les épisodes de l'action relatée par l'auteur passe sous silence » (Amela, 2014 : 166). Lorsque s'amorce l'histoire, le lecteur à des informations sur le personnage central dont il connaît l'âge (13 ans) il sait que sa mère l'a abandonnée son père et elle six ans après sa naissance et qu'elle attend sa voiture depuis trois mois. Tous ces indices temporels ont pour finalité d'ancrer la fable dans le réel. En effet, contrairement aux deux autres nouvelles, le temps ici est saturé par des anachronies narratives renvoyant au hors texte. Le lecteur a même droit à une analepse diégétique chose rare dans une nouvelle où le nouvelliste n'a pas souvent l'occasion d'approfondir l'épaisseur des personnages :

> Et, il se souvint de ce séjour en Andalousie, à l'époque de son service militaire. (…) Lui Mombo, appartenait au troisième contingent. Deux années plus tard, il avait en poche son diplôme et dans le cœur cette Franque… comment avait-elle pu changer à ce point. (Tambi : 32-33)

Le souvenir de Mombo le transporte dans un passé désormais révolu puisque la mère de sa fille s'est complètement transformée. Cette analepse vient briser la linéarité de l'histoire dans la mesure où le récit cadre ou principal est suspendu l'espace de ce souvenir. Si le temps est spécifié dans ses grandes articulations, le plus souvent c'est à travers des indices adverbiaux ou locutions « pendant ce temps », « si peu de temps » (Tambi : 32). Même les épisodes calendaires renvoyant aux congés scolaires sont explicitement mentionnés pour arrimer la fable à la trajectoire de son personnage central « vers juin, le mois des examens scolaires à Mayi » (Tambi : 19), « les vacances étaient arrivées à leur fin. Le mois de septembre aux pluies diluviennes était à son début » (Tambi : 21). Les précisions calendaires développées par le texte à partir de cette masse importante d'informations factuelles font clairement percevoir « L'illusion référentielle » (Riffaterre, 1982 : 91).

3. L'hybridité scripturale

Le recueil de nouvelles *Les Béquilles de Tambi* à travers notamment « Mourime » et « Eloni » convoque dans son élaboration, ce que l'on peut pertinemment nommer une écriture hybride ou « une écriture intergénérique » (Sall, 2020 : 244). Le principe de l'hybridité scripturale repose sur l'axiome selon lequel le texte littéraire est susceptible d'absorber dans son fonctionnement plusieurs autres genres afin de marquer une certaine originalité formelle. Cette innovation esthétique est perceptible chez le nouvelliste à partir de l'insertion narrative de la chanson dans tous les deux récits que son « Mourime » et « Eloni ».

L'insertion du chant obéit à un dispositif textuel qui le rend substantiel pour la logique du récit : les deux nouvelles ont très peu de scènes dialoguées. La dimension discursive est prise en charge par les personnages anthropomorphisés : la nature personnifiée ou l'individu traditionnel ont recourt à la chanson lorsque la situation narrative l'exige. En termes statistiques, la chanson intervient quarante-neuf fois pour l'ensemble de ces deux récits. De plus, la nature et les hommes ne chantent pas pour les mêmes objectifs. Nous donnerons ici quelques exemples.

3.1. Une nature chantante

Dans « Mourime », le constat est celui de l'hostilité de la nature à l'égard du personnage central. Celui-ci est prisonnier et condamné à errer dans l'espace sylvestre afin de prendre conscience de l'urgence écologique de respecter et préserver la nature. Balloté par le manteau forestier qui est symboliquement doté d'une vitalité, la nature va s'ériger en objecteur de conscience de Mourime « il entendit ce chant qui semblait sortir de la roche même : Tu te croyais indomptable. /Tu te croyais redoutable. / Te voici lombric ! / Te voici chique ! » (Mourime : 40). Poursuivant son errance, Mourime se retrouve dans la même situation toujours désorienté « alors que la même voix se mit à chanter : Où est ta fierté de chasseur ? / (…) Te voici devenu brouteur ! /Te voici devenu cabri ! / La chenille rampe, la puce sautille/ Tu es chenille/ Tu es puce / » (Mourime : P.41). La nature chante son hostilité à Mourime qui pratique le braconnage à grande échelle. De ce qu'elle dit dans ses chansons, c'est qu'elle fait vivre au personnage un sentiment d'insécurité, la perspective de la mort est évidemment présente dans cette aire transmuée en topographie infernale par la nature. Et les phrases exclamatives « Fuis vite, la mort arrive ! / Elle est sur la falaise ! » (Mourime : 41) ou affirmatives « Tu vas bientôt mourir/ (…) Ni ta femme au beau sourire. / Ni ton fils aux longs cils, / Personne tu ne reverras ! / Tu as même vieilli ! » (Mourime : 43). La nature, comme irrité de ce que fait l'homme à son égard, adopte une attitude d'hostilité et de défiance parce qu'il en va de sa survie. Son instinct de conservation, elle le réalise à travers des chansons funestes. Même Eloni dans son itinérance à la recherche d'appui moral et psychologique, ne trouve dans la nature, que distance et indifférence : « Femme implorant l'ivresse des espaces, / Offre-toi aux abeilles de la crevasse/ (...) Ton mari a été choisi/ a l'approche de midi » (Eloni : 65). Plus loin, « Par-delà le feuillage de la verte colonie, on entendit : Femme marchant dans la rage, / Dont les pas annoncent l'orage / Brise ici ta fierté/ Tu dormiras/ Pour l'éternité/ » (Eloni : 66). Par le caractère problématique de son rapport à l'individu dans les récits, la nature psalmodie le désamour.

3.2. La complainte de l'homme

Au contraire de la nature, l'usage de la chanson chez Mourime et Eloni (dont les occurrences sont au nombre de vingt-cinq concernant la déclamation chantante) relève plus de la complainte, du lamento. Eloni chante plus qu'elle ne parle. La chanson est son moyen d'expression le plus usité. Comme dans la comédie musicale, le narrateur délègue la parole au personnage lorsqu'il s'agit de mettre en exergue la situation sociopolitique de l'espace textuel. « Eloni la vit (sa mère) et chanta : Comment alors trouver le sommeil/Quand la délation gouverne la cité/ Et noyés, les rayons de soleil ? / » (Eloni : 67). Ici, la chanson revient sur la gestion de la cité par un pouvoir qui fait perdre à l'individu sa liberté. Les lexèmes « sommeil », « délation » et le verbe « noyer » renvoient à un espace concentrationnaire qui met entre parenthèses les aspirations du peuple. Plus loin, Eloni dit sa détermination face à l'absurdité de cette réalité « pour conclure, elle chanta : Comment retrouver le calme et la paix d'hier / Quand le débat est l'otage d'un rivage ? / Je lancerai des éclats de rage/ Sur la tête épaisse de l'univers/ » (Eloni : 69). L'héroïne chante la révolte des opprimés. Sont mises en relief, la liberté d'expression, la liberté de pensé, la sérénité et la paix dans un univers de quiétude et d'équilibre.

Heureux par la perspective de retrouver Sola, Mourime quant à lui, chante l'idée même de ce retour d'équilibre psychosocial. « Mourime déroulait sa chorale sur l'herbe : Voici la fin de mon souci, et de mon exil ! / Et l'on chantera pendant des décennies:/ Bienheureux ce Mourime/ Qui revient vivant /Du précipice, / Béni soit-il ! » (Mourime : 57). L'insertion du chant par le narrateur sert à montrer que l'individu peut grâce à ce genre, trouver les ressources nécessaires à la réalisation de ses desseins.

Conclusion

Initiant cette étude sur *Les béquilles de Tambi* de Maurice Okoumba-Nkoghé, nous voulions examiner comment s'articulent les enjeux narratifs à partir des catégories esthétiques que sont les personnages, le spatiotemporel et le scriptural. A l'analyse, il ressort que nous avons des récits qui « sont fortement fonctionnels (…) et à l'opposé certains autres sont fortement indiciels » (Barthes, 1977 : 21). La première catégorie « Mourime », dépeint un actant-acteur dont le programme narratif se construit autour d'un rapport problématique avec une nature devenue ambivalente à cause de la désagrégation par l'homme de son biotope. Si narrativement, Mourime subit des épreuves qualifiantes afin de s'extraire de la gangue funeste mise en relief par l'entité sylvatique, idéologiquement, l'enjeu de cette errance du personnage réfère à la nécessité dans une sorte d'hypotypose de voir ce que la nature peut avoir à offrir à l'homme pour sa survie. Aussi, ce qui transparaît en toile de fond dans l'achèvement de l'histoire, c'est une manière d'apophtegme éthique militant pour une considération plus accrue de la nature.

Par ailleurs, dans la seconde catégorie à forte charge indicielle, Tambi et Eloni représentent des figures du récit dont les trajectoires narratives sont arrimées au fatum. Les narrateurs mettent en exergue des actants-acteurs dont la résilience dans un univers souvent parcouru par les idéologies de la destruction, du chaos et de la mort, permet de postuler leur survie mentale et spirituelle. Dans « Tambi », le discours littéraire est au service d'un optimisme humaniste qui met le Dieu chrétien au centre de toute chose. Ce recours à la divinité céleste est le signe d'une appétence d'harmonie, d'une nécessité pour le sujet africain postcolonial de retrouver un équilibre perdu par le matérialisme ordinaire. Eloni quant à elle, représente narrativement et idéologiquement le parangon du désir chez l'homme de vivre une liberté politique et textuelle qui ne soit pas entravée par un pouvoir toujours prompt à confisquer les libertés individuelles.

Bibliographie

ACHEBE, C. (1966), *Le monde s'effondre*, Paris, Présence africaine.

AMELA, D. (2014), *La Nouvelle en Afrique noire francophone, production, communication et réception*, Paris, L'Harmattan.

BARTHES, R. et *al* (1982), *Littérature et réalité*, Paris, Seuil.

BARTHES, R. et *al.*, (1977), *Poétique du Récit*, Paris, Seuil.

BOUKANDOU, A.P. (2011), « Quête du pouvoir et légitimation de la déviance dans *Elo la fille du soleil* et *Le Signe de la source* de Maurice Okoumba-Nkoghé », Mikala G.N et Manfoumbi-Mve, A. (dir.), *Les Ecritures gabonaises. Histoire, thèmes et langues*, Tome 2, Libreville, Odem, pp. 47-69.

ERMAN, M. (2006), *Poétique du personnage de roman*, Paris, Ellipses.

EVRARD, F. (1997), *La Nouvelle*, Paris, Seuil.

GOYET, F. (1993), *La Nouvelle 1870-1925*, Paris, PUF.

IPEMBOUSSOU, G. (2013), *Okoumba Nkoghé*, Libreville, Odem.

JOUVE, V. (2007), *Poétique du Roman*, Paris, Armand Colin.

MADEBE, G.B. (2007), « Discursivités et Modernité. Littératures gabonaises : Histoire, Imaginaires et Formes romanesques », Madébé, G.B. et Ovono Edzang, N. (dir.), *Figures du Gabon contemporain. Réflexions et perspectives*, Paris, Dianoia, pp. 183-222.

MBONDOBARI, S. (2008), « Ecriture de l'immédiateté : pouvoir politique et postcolonie dans *le Chemin de la Mémoire* d'Okoumba Nkoghé », *Néohelicon*. Acta comparationis. Littératurum universarum : Iomus xxxv, Budapest, Akademia Kiado, pp. 101-113.

MOUSSIROU MOUYAMA, A. (1992), « La littérature gabonaise écrite des années 80 : la tentation de l'histoire et les détours du langage. Esquisse pour une lecture sociolinguistique du fait littéraire francophone au Gabon », *Les Annales de l'université Omar Bongo*, n°7, Libreville, PUL, pp. 265-292.

OBIANG ESSONO, F. (2006), *Les Registres de la modernité dans la littérature gabonaise*, vol. 2, Paris, L'Harmattan.

OKOUMBA-NKOGHE, M. (2014), *Les Béquilles de Tambi*, Yaoundé, Clé.

OZWALD, T. (1996), *La Nouvelle*, Paris, Hachette.

RENOMBO, S.R et TABA ODOUNGA, D. (2019), *Les Ombres solaires, du réalisme au roman écologique dans l'œuvre de Maurice Okoumba-Nkoghé*, Libreville, Raponda Walker.

REUTER, Y. (1996), *Introduction à l'analyse du roman*, Paris, Dunod.

REUTER, Y. (2007), *L'analyse du récit*, Paris, Armand Colin.

SALL, M.M. (2020), *La problématique de l'immigration dans le roman francophone postcolonial*, Thèse de doctorat en Littérature, Université Gaston Berger de Saint Louis.

TABA ODOUNGA, D. (2015), « Le pouvoir sorcellaire et divin dans *Le destin de Doussala* de Maurice Okoumba-Nkoghé », Ndemby Mamfoumby, P/ Mikala, G.N. et Nkonéné Bénha, F. (dir.), *Pouvoir, Figures du pouvoir dans la littérature gabonaise*, Libreville, Odem, pp. 161-171.

LANGAGE ET NARRATION DANS *LE CHEMIN DE LA MÉMOIRE* DE MAURICE OKOUMBA-NKOGHÉ

Alan Brel MEBALE M'OBIANG[1]
Université Omar Bongo
obiangalan@gmail.com
****
Charles Edgar MOMBO
Université Omar Bongo
mombocharlesedgar@yahoo.fr

Résumé : « Il n'y a pas un auteur sans lecteurs – ni sans lectrices. Tout livre est un essai de collaboration entre un écrivain et son public » (D'Ormesson, 1985 : IV). Ce qui davantage composerait « une œuvre vraiment grande » est dans sa capacité à « saisir » le lecteur. Et la présente étude, dont l'objet est *Le Chemin de la mémoire*, s'en veut une éloquente résonnance. Ainsi importe-t-il d'analyser la « technique » (Barthes, 1964 : 25) que déploie le roman. Cette œuvre présente, pour ainsi dire, un usage singulatif de faits de langue et de narration. Si bien qu'ils embrassent aussi bien les champs de la linguistique, de l'intertextualité, et des théories de la réception. Une incursion dans « l'écosystème » du roman peut alors prendre les airs d'un jeu, parfois purement ludique, parfois clairement sérieux. Le texte s'éprouve lui-même en tant qu'objet de re-présentation ; et le lecteur se retrouve mêlé à l'expérience.
Mots-clés : Roman – Néologismes – Narration – Réalité – Lecteur

Abstract : "There is no author without readers. Every literary work is an attempt of collaboration between the writer and his readers" (D'Ormesso, 1985 : IV). What really defines "a great novel" is the capacity to "draw" a reader's attention. Our study based on the analysis of *Le Chemin de la mémoire*, gives an echoes to it, by taking into account the "technique" (Barthes, 1964 : 25) deployed in the novel. This work raises, what is called, a particular usage of language and narration facts. It has an incidence in the field of linguistics, on intertextuality and theories of reception. The incursion in the "ecosystem" of the novel can look like a game, at times ludic, at times not. The text is experienced itself as a subject of re-presentation, and the reader finds himself mixed up in this experience.
Keywords : Novel – Neologisms – Narrative – Fact – Reader

---

[1] Doctorant au LAIC (Littérature, Arts et Imaginaires Culturels).

Introduction

Il court deux principaux clichés sur le roman. Et les exégètes oscillent sans cesse, d'une image à l'autre. Soit il est le récit qui a un fondement documentaire, greffant dans sa matière des savoirs déjà constitués qu'il contribue à vulgariser (Dufour, 1998 : 209) ; soit il opère sur eux un travail de re-construction (Vachon, 1995 : 209). Ces oscillations, mettent en lumière ce qui caractérise le genre en étude : « [il] s'affiche par excellence comme le genre indéfinissable et cette caractéristique semble paradoxalement être celle qui le définit le mieux » (Ollier-Pochart, 2012 : 57).

Dresser les contours heuristiques de ce genre littéraire, s'avère donc scabreux. Au XIème siècle, il se définit comme « en langue populaire (ou naturelle) », par opposition à « en latin ». Et par métonymie, il désigne le récit en vers romans qui assure la relation des aventures merveilleuses. Au XVIème siècle, il devient une « œuvre imaginaire en prose, assez longue » (Ollier-Pochart, 2012 : 58). Un siècle après, se révèlent le roman précieux et le roman réaliste. Au XIXème siècle, le terme prend tout son essor. Et la prolifération des mouvements et courants romanesques occasionnent ce que Piégay-Gros (2005 : 20) observe comme « une tension interne ». Dignes légataires, les XXème et XXIème siècles sont pour autant parvenus à un consensus : « chaque roman est un genre pour soi » (Todorov, 1981 : 132). Ainsi, seule importe sa réception.

Quoi qu'il en soit, il est indéniable que l'œuvre romanesque centralise toute l'attention des lecteurs. D'abord le fait du vieux continent, de l'Asie, puis du Nouveau-Monde, il a fini par gagner des faveurs au sein du Berceau de l'humanité. Et Renombo, sous ce biais, s'interroge sur les « nouvelles morphologies dans le roman africain » (2012 : 158).

Certes – pour revenir à notre propos liminaire –, la première image tient son fondement. Mais s'agissant du roman *Le Chemin de la mémoire* (2013) de Okoumba-Nkoghé, ce n'est pas dans cette espèce de « déjà su » (Dufour, 1998 : 209), qu'est à rechercher la *vérité* de l'ouvrage. D'où l'intérêt porté sur un fait de son écriture fort remarquable : la diversité des jeux langagiers et narratifs, qui s'accumulent et en font un texte fort saisissant, et bien plus complexe qu'il n'y paraît.

Pepo, le héros, vit à Pomi la capitale de Mayi. Le départ pour l'Europe, de sa compagne Lana, l'a complètement fait basculer dans l'alcoolisme. Un jour, il rencontre Barbadji, un personnage féminin, qui est originaire de Matumba et résidant à Pomi. Mais depuis que son compagnon Francesco Comeni a rejoint la Corse, c'est le vide qui l'envahit. Deux personnages, deux trajectoires quasiment identiques, pour un destin différent. Le texte livre bien une peinture poignante des destins d'un homme et d'une femme, de la misère, de la réussite mais encore de la décadence sociale. Et le présent travail entend surtout interroger la dynamique de son esthétique.

Le fil conducteur des prochaines analyses se résume, pour ce faire, aux questions principales suivantes : quels sont les procédés linguistiques et narratifs autour desquels se construisent les jeux ? Comment se donnent-ils à lire ? Et quels rapports induisent-ils avec le lecteur ?

1. Les inventions lexicales : néologismes toponymiques et sobriquets

Une bonne diversité de jeux langagiers se donne à lire dans *Le Chemin de la mémoire*[2]. Force est de souligner que ce fait n'est pas inédit dans la création romanesque en langue française[3]. Les romans français et francophone, depuis, enrichissent leurs matières d'un certain nombre de manipulations langagières.

Dans « Balzac invente le vrai », Dufour (1998 : 209-225) s'interroge sur l'écriture de cet écrivain, à travers *Les Chouans*, *Ursule Mirouët* et *La comédie humaine*. Suivant son étude, il est clair que « la vérité balzacienne du langage est ailleurs ». Au sein de *Frontières et rêveries des origines dans l'œuvre d'Henri Troyat*, Telechova (2002) observe que les romans de Troyat, écrits en français – pourtant –, s'illustrent par une intrusion de termes issus du russe. Cécile Pajona relève quant à elle chez Vian, un fort usage des néologismes et « différents types de jeux » langagiers (2019 : 123). Ainsi fait Gadbois des années avant, en remarquant que « 70 % des néologismes étaient

---

[2] Tout au long de l'étude, le roman sera désormais référencé (*LCDLM*), suivi de la page citée.

[3] Ou d'ailleurs « création littéraire » en langue française, afin de contourner les apories que présentent les études sur le plan linguistique à propos de l'espace francophone. D. Combe s'interrogeait déjà, sur comment comparer « la situation linguistique à Genève, Bruxelles, Montréal et à Bamako, Casablanca, Port-au-Prince ? que signifie, au juste, parler français ? et qui parle français ? » (2010 : 7). Au regard donc de la diversité des situations linguistiques à l'œuvre dans cet espace, beaucoup n'hésitent pas à parler de francophonies (au pluriel).

des substantifs et des mots qui servent à décrire un univers et qui servent à décrire des objets dans cet univers » (1977 : 457).

En Afrique francophone, des auteurs comme Kourouma et Mabanckou adaptent la langue d'écriture à leurs propres besoins d'expression, éventuellement au prix d'importants bouleversements. Dans son étude sur l'œuvre de Kourouma, Mwatha Ngalasso observe « une déstructuration/restructuration de la langue portant autant sur le lexique et la sémantique que sur la syntaxe » (2003 : 14). Et une incursion dans l'espace textuel de Mabanckou amène à davantage s'intéresser au fonctionnement de la langue au sein des romans. Ainsi peut-on le lire à l'aune des analyses de Papa Samba Diop, pour qui elle se caractérise par des « apports sociolinguistiques entretenus par le français (langue et culture) avec les autres langues et cultures usitées en [Afrique] » (1998 : 129).

De ce rappel fort succinct, il ressort l'ambition d'entrapercevoir l'appellation « jeux langagiers » sur une échelle bien plus englobante. Elle permet, en effet, de prendre en compte un plus grand nombre de faits linguistiques[4]. Pour autant, cette partie se donne comme objectif de ne s'attacher qu'aux manipulations porteuses des jeux sur la structure (particulièrement les inventions lexicales). *Le Chemin de la mémoire* apparaît comme un texte au sein duquel les néologismes trouvent une place de choix. D'abord en tant que toponymes, puis comme sobriquets.

Commençons à titre d'exemple, notre lecture, par un extrait de l'incipit :

> La jeune fille posa ses deux mains à plat contre l'aine arrondie, attentive à cette douleur lancinante qui la pliait en deux depuis quelques temps. […]. Elle noua une serviette autour de la taille et, en titubant, sortit dans la cour où sa belle-sœur faisait la lessive. Cette femme au teint d'ardoise avait déjà donné deux fils à Doukaga. Elle menait, parallèlement à son devoir d'épouse, des études de géographie à l'université de Pomi. Barbadji la salua. Courbée sur la fontaine, elle rinça la bouche et les yeux. (*LCDLM* : 5)

---

[4] La dénomination de « jeu » permet d'ailleurs d'allier visée ludique et aisance à se mouvoir dans l'espace langagier. À la faveur de la richesse sémantique du lexème, elle renvoie aussi bien au caractère ludique du procédé, qu'à l'utilisation mouvante pouvant être faite des mots.

Le récit s'ouvre sur cette séquence, et sitôt ce sont deux marqueurs spatiaux que dévoile le roman : la « Corse » et « Pomi ». Il va de soi, que l'espace est un constituant fondamental de toute œuvre littéraire. Il est intimement lié au déroulement de la trame dans l'œuvre, à l'image des actions, des personnages et du temps : « [il] est le lieu qui fonde le récit, parce que l'évènement a besoin d'un *ubi* autant que d'un *quid* ou d'un *quando* » (Mitterrand, 1986 : 37). Aussi, dépourvu de toute description, son nom seul pourrait œuvrer à sa lisibilité. Le toponyme aide ainsi à la reconnaissabilité d'un lieu donné, et à le situer. Or, si la Corse[5] est bel et bien situable sur une carte, c'est tout l'opposé de Pomi. Ainsi bascule-t-on du côté des inventions lexicales.

Les travaux de Pruvost et Sablayrolles ont permis de mettre en lumière un embarras sous-jacent à l'entreprise définitoire du terme néologisme[6]. Il existe en effet généralement une distinction entre le néologisme (invention lexicale visant un ancrage dans la langue, du fait de sa répétition) et l'hapax (invention lexicale à emploi unique). Mais les deux critiques sont dans cette optique parvenus à en démontrer les limites : « On a parfois nié à l'hapax […] le statut de néologisme […]. Le plus expédient est donc de considérer qu'il y a néologisme dès le surgissement d'une nouvelle unité lexicale, quel que soit son sort ultérieur » (2016 : 57).

Toute création lexicale est donc à envisager comme un néologisme. Le nom « Pomi » en est un, puisqu'il est propre à la création romanesque d'Okoumba-Nkoghé[7]. Ce toponyme entièrement créé désigne la ville dans laquelle se déroule l'histoire. On peut encore noter pêle-mêle la présence d'autres néologismes liés à la toponymie. C'est le fait de « Mayi », par exemple :

> La rentrée se fit selon l'usage à **Mayi**, et Barbadji était contente. Un beau matin, on vint la chercher au milieu du cours de grammaire anglaise. Le proviseur voulait la voir. Elle entra. Mains croisées sur la poitrine, elle était tendue et inquiète. De

---

[5] La Corse est en effet une île territoriale de France (*Cf. Dictionnaire encyclopédique Auzou*, 2014 : 1295).

[6] C. Pajona (2019 : 124) souligne même ceci : « Le néologisme se définit comme la création d'un mot nouveau, mais derrière cette simplicité définitoire, on se heurte à des difficultés de différenciation entre nouveau terme et néologisme ».

[7] On note par ailleurs que Pomi et Mayi sont des toponymes que l'on retrouve bien avant dans *Le Signe de la source* (2007).

l'autre côté de la table, Rouget tournait en rond. On fit venir Pepo.
(*LCDLM* : 11)

Mayi est le nom du pays dans lequel se situerait Pomi. Aussi trouve-t-on mentionnés « Matumba » (*LCDLM* : 8), « Nzéla » (*LCDLM* : 31), « Massia » (*LCDLM* : 44 ; 49), « Olossa » (*LCDLM* : 51), « Lamba » (*LCDLM* : 154), « Aloé » (*LCDLM* : 160) des localités provinciales et « la pointe Miranda » (*LCDLM* : 12 et 20), un territoire appartenant à Mayi, séparé de Pomi par la mer. Ce sont bien là, des inventions lexicales pour désigner les lieux de mouvance des personnages du récit.

Comme on peut le remarquer au travers de ce répertoire – pourtant – concis, les néologismes toponymiques sont un phénomène si ponctuel dans *Le Chemin de la mémoire*, qu'ils contribuent à structurer le texte. Ils en donnent la teneur. Pruvost et Sablayrolles soulignent à cet effet que « le néologisme littéraire participe pleinement du style de l'auteur, il relève de la production individuelle dans des circonstances données, et donc de l'énonciation choisie » (2016 : 18). Il se présente au texte comme un ancrage de fictionnalisation[8]. Seulement, il est également fait mention (outre la Corse) de marqueurs spatiaux dont les noms sont fidèlement repris par le narrateur.

Ainsi fait-il de l'Italie et de la France, par exemple, dans ce passage qui relate la hauteur des peuples descendants de l'illustre personnage Oba :

> Les villages traversés avaient pour ancêtre Oba, de race mbédé. Oba, un homme humble et fier, qui préféra s'ouvrir le ventre avec ses ongles plutôt que de subir la poignée de fer de Boulamatari, ce Blanc de **France** issu d'**Italie**. Héritiers de cette même fierté, les hommes et les femmes de cette contrée avaient refusé d'en sortir, comme le leur avait imposé le gouvernement. (*LCDLM* : 51)

On retrouve bien plus tôt désignés « la Weser »[9] et « Brême »[10] (*LCDLM* : 40). Puis l'« Algérie » (*LCDLM* : 80), « Marseille »

---

[8] C'est d'ailleurs l'objet de l'étude de C. Pajona, que d'entrevoir les jeux langagiers comme « un outil efficace de la fictionnalisation » (2019 : 119).

[9] Fleuve allemand, formé par la réunion de la Werra et de la Fulda. Il passe bien à Brême, tel qu'on peut le lire dans *Le chemin de la mémoire*.

(*LCDLM* : 112), « Lüneburg »[11] (*LCDLM* : 133) ; la « Haute Guinée » (*LCDLM* : 134), « Tananarive »[12] (*LCDLM* : 141), l'« Europe » (*LCDLM* : 161, 181), « L'Espagne » (*LCDLM* : 181) viennent compléter une liste manifestement riche en références toponymiques.

Tantôt le narrateur use d'un nom complètement créé, vraisemblablement de son propre cru, pour désigner un lieu ; tantôt pour le faire, il opte pour des appellations bien connues et fort bien vérifiables. De ce balancement, ce qui ressort de l'analyse c'est que le jeu langagier ne peut être étudié hors contexte : « on ne peut le définir que par l'intentionnalité du locuteur ou par sa réception » (Pajona, 2019 : 121). Les mentions, entre autres, de la « Weser » ou de « Marseille » et « la Haute Guinée », ne sont donc pas anodines. Elles permettent au narrateur de créer une espèce de familiarité avec le lecteur. Ainsi son histoire se déroulerait dans un monde que peut reconnaître le lecteur. Quoique dans son ouvrage sur la défamiliarisation, Sorlin (2010 : 16) expose clairement le lien entre le renouveau linguistique et la naissance de la fiction, en ces termes : « ces langues fantastiques[13] "déplacent" le lecteur de sa position habituelle. Pour se familiariser avec cette langue étrange, ce dernier doit en effet suivre des chemins interprétatifs nouveaux ». De ce fait, si le narrateur use de néologismes, c'est peut-être pour renommer une réalité connue. Il changerait volontiers les mots existants pour renouveler du connu.

Les néologismes permettraient en effet la création d'un univers autre, qui ressemble à l'univers de référence du lecteur. Il est vrai que d'apparence, les noms de « Mayi » ou « Pomi » ne renvoient à aucune réalité connue. Il appartient au lecteur de déchiffrer l'énigme qui se dresse sous ses yeux. Dans *Le Chemin de la mémoire*, les néologismes déclenchent cette « indétermination » (Iser, 1970 : 52)

---

[10] Ou Bremen (en allemand), c'est une ville allemande et capitale du Land de Brême.

[11] Une ville allemande.

[12] Ou Antananarivo (ville et capitale de Madagascar).

[13] Le terme fantastique est employé pour désigner le langage des œuvres représentant « une mise à l'essai, une recontextualisation de la rationalisation du langage, une mise en scène de "l'inconscient" du langage » (Sorlin, 2010 : 16). Elle considère dans son ouvrage des romans tels que *A Clockwork Orange* de Burgess (1962) ou *Nineteen Eighty-Four* d'Orwell (1949). Selon elle, ces œuvres sont représentatives d'une transformation telle de la langue qu'elles entraînent un sentiment d'inconnu.

qui entraine lors de la lecture, l'indispensable interaction entre le texte et l'entité lectrice. Le narrateur rebaptise ainsi des objets en chargeant la nouvelle nomination d'un surplus interprétatif.

Prenons par exemple le toponyme Mayi. On retrouve dans la prononciation du nom, la conjugaison du verbe fang *Eyi* (une langue d'Afrique centrale), qui évoque le sanglot. Le mot serait une habile combinaison du pronom personnel *ma* (première personne du singulier) et de ce qui reste du radical *Eyi*. Le tout se traduit : « je pleure ». On soulignera peut-être une forme d'élision, puisque l'on note la suppression du « e » initial de « eyi » dans l'orthographe « Mayi » (et donc pas « Maeyi »)[14]. Par sa proximité phonétique avec le verbe fang, la création toponymique prend en charge l'entremêlement des deux signifiés (le pays et le verbe).

Il faut par ailleurs, s'en remette au portrait de ce pays que dresse le narrateur. Cela passe par :

> - les habitations, faites de « tôles mal jointes et les vieilles planches qui tenaient lieu de murs » (*LCDLM* : 5) ;
> - les suspicions populaires : « les femmes se méfiaient toujours des hommes seuls. C'était signe de mauvaise moralité » (*LCDLM* : 6) ;
> - l'état délabré des chaussées : « la Land Cruiser dansait sur le macadam aux nids de poule mal refermés » (*LCDLM* : 9) ;
> - la décrépitude scolaire : « Il y a un doute dans le dossier de la demoiselle. Nous nous sommes rapprochés de son établissement d'origine : elle triple la 4ème ! » (*LCDLM* : 11) ;
> - le paysage : « Vingt kilomètres […] de buttes au sommet desquels fourmillaient des forêts d'Okoumé. Un paysage sans pareil, certainement l'un des plus beaux de Mayi » (*LCDLM* : 50) ;
> - le désintérêt général envers tout ce qui est culturel : « A Mayi […], s'occuper des choses de la pensée est un choix tragique, pour les intellectuels, mais aussi pour les artistes » (*LCDLM* : 181).

Le référent « Okoumé » restreint les possibilités interprétatives. Mayi ne renverrait uniquement qu'à un pays d'Afrique équatoriale. Par sa peinture (fortement imagée), le narrateur met en lumière la pauvreté, la fuite de la moralité puis souligne la problématique des

---

[14] Il est important de noter que la prononciation, et donc l'orthographe de ce verbe varient selon le « type » de fang (on en dénombre une bonne variété, du Ntumu, en passant par le Bulu, le Beti, etc.). Dans le Nord du Gabon, on entend clairement les infinitifs « Eyi » ou « Ayi ». En revanche, dans certaines transcriptions, on peut lire tout simplement « Yi ». C'est d'ailleurs ce qu'on peut lire du *Dictionnaire fang-français et français-fang* (Galley, 1964 : 377) édité chez Henri Messeiller.

routes et de la scolarité. Le toponyme Mayi, de ce fait, porte la critique caricaturale et présente ainsi l'Afrique équatoriale comme un lieu qui suscite ou inspire la tristesse.

Le style de l'auteur est méthodique : « Aimer les mots, c'est aussi vouloir en créer de nouveaux, que cela corresponde à un besoin (baptiser choses et idées nouvelles, cerner de plus près des réalités déjà existantes) ou à l'exercice d'une imagination agile » (Boyer, 1968 : 23). Ainsi procède-t-il également avec les sobriquets. C'est un moyen autre par lequel le narrateur renomme. Outre les toponymes, d'autres constituants du personnel romanesque se voient aussi désignés autrement. On peut relever çà et là, à travers le texte, des sobriquets comme : « Les Marins Perdus » (*LCDLM* : 43), « Officier » (*LCDLM* : 45) ou « Ève noire » (*LCDLM* : 75) et « petite rivale » (*LCDLM* : 171).

Examinons, dans l'optique d'une meilleure compréhension, l'extrait suivant :

> Quand elle avait pris l'initiative de remettre ensemble ces anciens condisciples, Mekina ne songeait à rien de précis [...]. Elle savait ce que Kayina avait été pour Pepo [...]. Aujourd'hui, la-Belle-des-nuits avait renoncé au « bonheur » qu'elle tirait des biens possédés, pour choisir le couvent, où tout était chaleur des actes et ravissement devant la Création. (*LCDLM* : 45)

Le jeu langagier qui nous intéresse ici apparaît dans la troisième phrase : il présente la spécificité de se construire dynamiquement grâce à l'interaction d'un jeu de mots. Le lecteur repère un premier signal dans l'usage de la locution « la Belle », qui désigne habituellement une femme, ou une fille. Apparaît dans la foulée l'autre locution « des nuits », qui projette un sens nouveau, fort du lien sylleptique établi alors entre les deux. « La-Belle-des-nuits » désignerait une femme ou une fille qu'on croiserait pour sûr toutes les nuits, c'est-à-dire une prostituée. Alors s'entend mieux l'unité rhématique : « avait renoncé au « bonheur » qu'elle tirait des biens possédés » (notons par ailleurs la mise en exergue du terme « bonheur », pour signifier vraisemblablement la nuance, dans l'optique peut-être de produire un effet ironique sur la réalité décrite).

C'est par un glissement périphrastique, que le sobriquet usité ici remplace (voire déplace) la réalité (la prostitution) à laquelle renonce finalement Mekina. Le surnom revêt également les propriétés d'un euphémisme (« Belle-des-nuits » résonne bien mieux qu'une « putain » ou « prostituée », par exemple). Pour autant il semble que sous ce biais, il porte en lui la velléité narrative de dévaluation (en procédant par l'ironie). Notons pour ainsi dire, qu'avec la périphrase, le texte joue sur l'implicite, un procédé propice à mettre les sens du lecteur en alerte. Il va donc sans dire, que dans « le jeu langagier, le lecteur doit reconstruire le lien entre ce nouveau sens et le contexte, comme lorsqu'on résout une énigme. Le décryptage fait partie intégrante du plaisir du jeu et crée une complicité/connivence entre lecteur et narrateur » (Pajona, 2019 : 121).

2. Ellipses, anisochronies et « récits intertextuels »

Un autre jeu est à envisager au niveau des procédés de narration. L'un des axes qu'aborde Baudin (1973), dans un chapitre de son étude sur l'humour chez Vian, touche par exemple à l'ellipse. Fait de syntaxe ou de style qui consiste à omettre un ou plusieurs éléments dans un texte, il marque une rupture dans la narration. Genette y accorde un fort intérêt dans un chapitre dédié de *Figure III*. Elle se rapporte au « temps d'histoire élidé » (Genette, 1972 : 139). Le théoricien en distingue deux typologies : les explicites, qui procèdent par indication (déterminée ou non) du laps de temps qu'elles élident (assimilables ainsi à des « sommaires très rapides du type : « quelques années passèrent » – *idem*) ; puis les implicites, « dont la présence même n'est pas déclarée dans le texte, et que le lecteur peut seulement inférer de quelque lacune chronologique ou solutions de continuité narrative » (*ibid* : 140).

Les ellipses permettent d'interroger la temporalité textuelle. Et il semble qu'on ne peut les dissocier des anisochronies – « effet de rythme » (*ibid* : 122). On peut naturellement en faire l'expérience avec *Le chemin de la mémoire*. Le lecteur se doit, à cet effet, d'exécuter un repérage – plus ou moins arbitraire – de quelques séquences textuelles considérées comme grandes articulations narratives. Il importe de souligner qu'elles ne coïncident nullement avec les divisions apparentes de l'œuvre en parties et chapitres numérotés[15].

---

[15] La « grande syntagmatique » narrative, suivant Metz (1968 : 122).

L'hypothèse sous-jacente à cette analyse se décline comme suit (les titres – entre guillemets –, purement indicatifs, sont l'œuvre de notre propre découpage) :

(1)   Fin du mois d'août : « Rencontre de Barbadji et Pepo » ; soit trois pages pour une journée entière (*LCDLM* : 5-7)

(2)   Après une rupture spatiale [ellipse implicite du passage de la cour du lycée au domicile de Doukaga] : « Visite inopinée chez Mekina » ; soit cinq pages pour une soirée (*LCDLM* : 18-22).

(3)   Après une rupture temporelle [ellipse d'un jour] : « Le Commerçant Wani » ; soit un paragraphe pour une journée entière (*LCDLM* : 25-26).

(4)   Après une rupture temporelle [ellipse implicite de plusieurs temps] : « Une nuit sur "les Marins Perdus" ; soit quatre pages pour une nuit (*LCDLM* : 43-46).

(5)   Après une rupture temporelle [ellipse implicite d'environ deux mois] : « l'arrivée de Barbadji chez Pepo » ; soit deux pages pour un mois (*LCDLM* : 47-48).

(6)   Après une rupture temporelle [ellipse d'un mois] : « Les funérailles de Wani » ; soit deux pages pour un mois (*LCDLM* : 85-86).

(7)   Après une rupture temporelle [ellipse d'un mois] : « Barbadji attend un heureux événement » ; soit un paragraphe pour un mois (*LCDLM* : 99].

(8)   Après une rupture temporelle [ellipse implicite] et une rupture spatiale [passage du domicile de Pepo à la villa Oblongue] : « La Visite inopinée de Lizeki, Miopi et Elongui » ; soit six pages pour une journée entière (*LCDLM* : 129-134)

(9)   Après un retour en arrière [analepse d'une quinzaine d'années] : « Le passé d'Ogoula » ; soit un paragraphe pour quinze ans (*LCDLM* : 142).

(10)   Dans l'après-midi, après une rupture spatiale [ellipse implicite du passage de Lamba à Pomi] : « La Décision de Pepo » ; soit trois pages pour une après-midi (*LCDLM* : 161-163).

De ce relevé – fort sommaire – on peut tirer quelques conclusions. D'abord, le constat est bien tel qu'on identifie un fort usage d'ellipses. Aussi, on peut se faire une idée d'ensemble des grands rythmes du récit d'Okoumba-Nkoghé. Comme le tempo narratif s'évalue par le rapport entre une mesure temporelle et une mesure spatiale (suivant le canevas que suggère Genette), la mesure temporelle s'est établie sous la forme des marqueurs périodiques (années, mois, jours, heures, etc.) identifiés dans le roman ; et la mesure spatiale, sous la forme de paragraphes ou pages du texte.

Ensuite, une amplitude des variations, qui va d'un (1) paragraphe pour quinze (15) années à six (6) pages pour une (1) journée. Et de cette fluctuation, le récit produit un schéma comme suit (par groupement binaire, selon l'amplitude des variations) :

$$(\text{Ryr})^{16} \begin{cases} (\mathbf{1}) > (6) \\ (\mathbf{2}) > (7) \\ (\mathbf{3}) < (8) \\ (\mathbf{4}) > (9) \\ (\mathbf{5}) < (10) \end{cases}$$

Ainsi, dans *Le chemin de la mémoire* la durée d'une journée (1) entière (censément douze [12] heures), par exemple, est supérieure à celle d'un mois (6) (soit sept cent quarante-quatre [744] heures) ; la durée d'une quinzaine d'années (9), bien inférieure à celle d'une nuit (4). Il est de ce fait probant que le roman, dans sa relation avec le réel, entretient avec les données esthétiques temporelles des rapports particuliers.

Les ellipses semblent évoquer la fuite du temps. Le narrateur lui-même reconnaît d'ailleurs : « Le temps passa très vite » (*LCDLM* : 7). Elles génèrent une espèce de familiarité à l'écoulement du temps. Encore que le texte, eu égard au schéma plus haut, ne fait que fournir des « modèles », illusions d'inscrire fidèlement dans une période ou une époque contemporaine au lecteur : « En effet, [...] le discours [...] se dissocie du temps qui passe, il oublie l'écoulement des jours, pour fournir des modèles dans le cadre « fictif » du temps qui passe » (De Certeau, 1975 : 122). La fiction inverse ainsi les polarités et propose une toute autre réalité : c'est le « monde des possibles »[17]. Le récit fournit un temps, qu'il monnaie[18] cependant à sa guise.

---

[16] « Rythme du récit ». L'oscillation des signes mathématiques « < » et « > », observable (dès la première inégalité (1) < (6) dans le schéma) peut témoigner d'une cadence de récit éminemment spasmodique. Ainsi le lecteur est-il convié à y lire les inégalités temporelles (il s'agit notamment des durées) des séquences textuelles repérées au préalable. Le schéma se veut surtout une synthèse des analyses effectuées : l'indication (1) renvoie à la séquence textuelle du même numéro, et il en va de même pour le reste (2), (3), (4), (5), (6), (7), (8), (9) et (10).

[17] Dans sa défense de la théorie du « réalisme modal » selon lequel il existe un nombre infini de monde possibles concrets et causalement isolés les uns des autres, le philosophe américain « Lewis dans *De la Pluralité des mondes* (1986 trad. Fr. 2007) aide à re-voir la bonne vieille opposition fiction ≠ réel, puisque sous ce biais, il est à

Le récit accélère, par des séquences rétrécies [(3), (7), (9)], ou semble ralentir, par de longues [(2), (4), (8)]. Ces configurations s'alternent, fusionnent, dialoguent, comme des notes de musique et créent un effet anisochronique propice à maintenir les sens du lecteur en éveil. Le rythme ne répond pas qu'à un souci d'harmonie : il sert aussi les intentions du narrateur, et par extension, de l'auteur, qui en jouant avec la longueur des séquences produit des effets précis.

Et l'ellipse peut, pour ainsi dire, servir à susciter un effet de dramatisation (elle convoquera l'ouverture d'esprit). Puisque souvent dépourvu d'informations, le lecteur s'en remet à son imagination pour combler les « vides » laissés (volontairement ou non) pêle-mêle. Le récit paraît en effet quelquefois discontinu, syncopé, marqué par des séquences séparées par des lacunes (revoir le relevé récapitulatif plus haut) comme si, dans sa relation, l'instance narrant convie le lecteur à un jeu interactif entre le texte et lui. Ce jeu est décidément à entendre au sens d'une « connivence possible entre le texte et le lecteur » (Iser, 1976 : 129).

Ce procédé fait écho à l'emploi de la métalepse permettant un « raccourci para-informatif » :

> Le détour qu'elle emprunte est de l'ordre de la para-informativité [...]. La métalepse vise à côté pour atteindre sa cible, ce faisant elle établit un lien entre deux signes, dont l'un n'est pas exprimé,

---

considérer que ce que dit un énoncé fictionnel n'est pas faux, mais simplement possible « dans un autre monde ». Une unité fictionnelle aurait ainsi un référent dans un monde possible. Pour Lewis d'ailleurs, la vérité fictionnelle est une vérité modale, possible. Selon lui, les mondes possibles sont aussi « réels » que le nôtre, et il en va de même pour les objets qui les composent. Quelques années avant, il déclarait déjà que « Notre monde actuel est seulement un monde parmi tant d'autres. Il est le seul que nous appelions actuel non parce qu'il diffère en espèce de tout le reste mais parce qu'il est le monde dans lequel nous habitons. Les habitants des autres mondes pourraient parfaitement appeler leurs propres mondes actuels, s'ils signifiaient par « actuel » la même chose que nous ; parce que la signification que nous donnons à « actuel » est telle qu'il réfère à tout monde i vers ce monde i lui-même » (1973 : 85).

[18] Le récit est une séquence doublement temporelle. Il y a en effet le temps de la chose-racontée et le temps du récit. Cette dualité rend non seulement possible les distorsions temporelles (relevées dans *Le Chemin de la mémoire*, à savoir la relation en cinq (5) pages d'une (1) soirée, contre celle en un (1) paragraphe d'un (1) mois), mais permet également de constater que « l'une des fonctions du récit est de monnayer un temps » (Metz, 1968 : 27). De ce fait les romans, ou plus largement les récits, donnent l'impression d'un « jeu avec le temps » (Genette, 1972 : 178).

> mais sollicité par l'apparition de l'autre, dans une vision
> dynamique. (Salvan, 2008 : 81)

Salvan ajoute, en ce sens, que « le mécanisme d'inférence nécessaire à l'interprétation de la métalepse la rapproche du trope implicitatif de Kerbrat-Orecchioni » (*Ibid.* : 83). Le narrateur de *Le Chemin de la mémoire*, déplace donc son regard, pour obliger le lecteur à combler les manques. Il invite ce dernier à participer davantage, dans une coopération qui se pare des atours du « jeu de la devinette ». Et le récit n'en est pas moins, alors, le produit d'une lecture, que d'une narration.

Le texte, sous cette optique, présente la spécificité de déterminer ses codes de réception. L'esthétique déployée dans l'œuvre d'Okoumba-Nkoghé procède elle-même à un profilage du type de lecteur. Outre l'ellipse, il s'avère qu'un autre fait de narration relevé dans le roman révèle, lui aussi, la propension plus que jamais prononcée du roman aux « jeux ». D'une importance considérable, le « récit intertextuel » (Biagioli, 2006 : 13) n'est pour autant pas ponctuel et n'apparait qu'en réseau.

Par « récit intertextuel », Biagioli désigne une catégorie de l'intertextualité. Cette dernière renvoie à la « relation de coprésences entre deux ou plusieurs textes, c'est-à-dire, eidétiquement, et le plus souvent [à] la présence effective d'un texte dans un autre » (Genette, 1982 : 8). Biagioli s'intéresse au discours rapporté du narrateur et des personnages, intégrant la « donnée » externe à la *diégèse*. Son approche effleure celle de Samoyault, pour qui la citation ne se réduit pas essentiellement à une forme marquée (contrairement donc à ce que Genette pouvait laisser entendre dans *Palimpsestes*). Il est possible que le cité apparaisse comme absorbé par le texte. La citation peut alors être confiée au narrateur et aux personnages. Et sa présence est « avérée par d'autres indices » (Samoyault, 2005 : 44), dévoilée par l'énonciateur ou « par la sagacité des exégètes » (*idem*).

Les acceptions qu'elles attribuent à l'acte de citer, en substance, mettent en lumière une parenté/complémentarité avec deux autres catégories intertextuelles : la référence (renvoi explicite, clair) et l'allusion (fait d'intertextualité discret, implicite). Mais, pour des raisons de concision, nous allons contourner tout éventuel embarras lié aux définitions. Nous regrouperons pour ce faire, sous deux appellations, l'ensemble des catégories mentionnées. Nous aurons donc d'une part le « récit intertextuel explicite », puis de l'autre le

« récit intertextuel implicite ». Cette distinction, peut-être restrictive, permet tout de même de regrouper (sans encombre et sans prétention à l'exhaustivité) quelques intertextes répartis dans la dizaine (14) de chapitres du *Chemin de la mémoire* :

- *Les récits intertextuels explicites*

   a. Pepo attendait nerveusement que commençât l'épopée, sujet principal de cette réunion sous les étoiles. Olendé était surtout un récit de style élevé, où le merveilleux se mêlait au vrai, la légende à l'histoire, pour faire bien. Le but était de célébrer un héros encore adolescent mais fier, qui allait d'un monde à l'autre éprouver la culture et l'art guerrier du peuple de son père, Ndjiami-a-ntsié, le patriarche mbédé. (*LCDLM* : 55)

Cet extrait constitue bien un condensé dynamique d'opérations intertextuelles précises. En effet, dans la mesure où les mentions clairement énoncées (« Olendé » et « Ndjiami-a-ntsié »), appartiennent à un tout autre système sémiotique. Et que le narrateur prend le soin de le désigner : « l'épopée » *Olendé* est effectivement un récit épique[19]. Le passage, comme un éclaircissement minimal du contenu du texte, tend à produire un effet de plus sur le lecteur. Celui-ci, devrait s'outiller pour entrer en dialogue avec le roman. *Le Chemin de la mémoire*, pour sûr, constituerait un objet idéal dans l'identification et l'exploitation de « l'impureté » du texte[20]. Son narrateur renvoie clairement le lecteur au savoir traditionnel. Et le roman se fait passerelle. Le lecteur, d'ailleurs n'en est qu'à sa première surprise. Le récit, progressivement va se parer, entre autres, d'un autre domaine de connaissance, à savoir l'Histoire. Pour autant, quoique ces renvois

---

[19] Dans *Guerre, histoire et mythologie africaine*, Jean-François Owaye (2012) s'intéresse et réaffirme à *Olendé* son authenticité dans la littérature orale d'Afrique centrale. L'épopée « olendique » serait une synthèse de l'extension hégémonique des Ambaama (peuple du sud-est du Gabon). Aussi se permet-il d'établir la pertinence historique du récit, à travers la reconstruction d'une longue migration dont les débuts remonteraient au XVIIIème siècle. Il s'intéresse, pour finir, à l'organisation traditionnelle martiale pratiquée par les protagonistes-antagonistes de l'épopée.

[20] C'est l'objet de *Comparer l'étranger. Enjeux du comparatisme en littérature*. Emilienne Baneth-Nouailhetas y expose clairement en ce sens « la chimère du texte pur » ; un texte charrie quasiment toujours des faits « émergents » (2006 : 19). Plus loin, dans l'optique de mieux se faire entendre, elle recourt aux mots de Brunel, dont la démarche consistait déjà à rechercher « l'apparition d'un mot étranger, d'une présence littéraire ou artistique, d'un élément mythologique » (Brunel, 1989 : 29).

soient du domaine de l'explicite, ils requièrent du lecteur d'identifier, par exemple comme dans l'extrait qui suit (b), « Mouvement Démocratique de la Révolution Malgache » comme une donnée historique avérée (puisque en effet, tout peut indiquer qu'il s'agit d'une invention du narrateur. Il s'est approprié le discours de l'historien) :

> b. Ogoula dit, puis inclina sa tête sur son assiette. On sentait dans cet homme simple, façonné par le tumulte de l'absence et par le mirage tragique de l'existence, un accablement pathétique. Attaché à une camarade de faculté dont il était amoureux, il avait quitté ses études de droit pour la suivre. C'était l'époque du Mouvement Démocratique de la Révolution Malgache (*LCDLM* : 143).

- *Les récits intertextuels implicites*

> c. Le lendemain, les trois hommes empruntèrent une pirogue à moteur ; et vers midi, ils arrivèrent aux baraquements des coupeurs d'okoumé. […] Wani demanda à Pepo de le suivre sur une butte. Là-bas, il y avait un arbre mort encore debout sur ses racines. Contre le végétal sans vie courait un lézard solitaire. L'Oncle-des-mères le captura et le présenta au jeune homme. […] Pour toute réponse, le rescapé d'Indochine ouvrit avec ses ongles le ventre de la bestiole encore frétillante (*LCDLM* : 29).

Aux marqueurs intertextuels explicites du narrateur, succèdent ceux dits implicites. Ce second procédé nécessite davantage du lecteur. Dans la donnée « rescapé d'Indochine » du passage (c), ce dernier devrait être à même d'identifier le sous-entendu à des conflits historiques[21]. Ainsi devra-t-il faire lorsqu'il lit les deux dernières phrases de l'extrait qui suit (d). Paroles rapportées du personnage Unamuno, la donnée « Au temps du fascisme » qu'il rapporte au toponyme « Espagne », peut s'avérer une habile allusion au régime franquiste des années 1939-1975[22] :

---

[21] Les guerres d'Indochine (1946-1975), sont des conflits qui ont eu lieu dans quatre territoires : le Viêt-Nam, le Laos, la Thaïlande et le Cambodge. Ils opposaient la France au Vietminh (1946-1954), puis les Etats-Unis [engagés aux côtés du Viêt-Nam du Sud] au Viêt-Nam du Nord (1954-1975),

[22] En fait, l'allusion est bien là. Le personnage Unamuno établit une analogie en se référant au fascisme, régime italien établit par Mussolini (1922-1945). La comparaison n'est pas hasardeuse, vu que Franco gouvernera avec un parti unique et organisera un Etat autoritaire (soit les fondements même d'un Etat fasciste).

> **d.** Sur ces mots de Lomingo, Unamuno bondit, avec entre les doigts une cigarette pointée vers le plafond, comme un signe de la mémoire :
> – Au temps du fascisme, nous avons été déchirés. L'Espagne a été obligée de reconstruire ses musées et ses salles de spectacle… (*LCDLM* : 181).

Loin d'être des renvois gratuits, ces récits intertextuels procèdent à un balisage. Le lecteur, pourrait ainsi aller vérifier ses sources, quand le narrateur désigne explicitement un savoir. Ou bien, ils invitent donc à un meilleur examen des compétences cognitives du lecteur, quand le narrateur semble voiler toute indication. Ce second procédé intertextuel nécessite bien plus d'effort, compte tenu de son caractère tacite. La tâche est loin d'être aussi simple. Implicites, ces « récits » nécessitent de l'instance lectrice ce qu'Umberto Eco dans *Lector in fabula* nomme « encyclopédie ».

Puisque narrativisés, ces « éléments étrangers » (Brunel, 1989 : 29) dissous dans la matière fictionnelle, explicitement ou de manière tacite, sont dépossédés de l'énonciateur d'origine. Dans le roman, on assiste alors à ce qui se rapproche d'une déstructuration/restructuration des savoirs. Il va sans dire, que « la perception est donc aléatoire, puisqu'elle nécessite un certain degré de culture des lectures préalables » (Riffaterre, 1981 : 5). Seul un lecteur averti, possédant des assises culturelles assez solides, dans cette optique saurait démêler le jeu. Ces intertextes, manifestement jouent un rôle capital dans la réception du texte.

Et ces balancements d'un texte à un autre auxquels le lecteur est convié, laissent une impression doublement ludique : le narrateur s'amuse à éprouver le lecteur. Tantôt il lui donne des indications précises, tantôt il le desserre. Puis ce dernier, lecture faisant, se prête au jeu. Il va alors sans dire que *Le Chemin de la mémoire*, de par le dynamisme de la « technique » (Barthes, 1964 : 25) – disons l'esthétique – qu'il déploie, dessine aussi bien son « horizon d'attente » (Jauss, 1990 : 49) que celui d'un éventuel lectorat.

Conclusion

La présente analyse a permis de réinvestir le langage et la narration romanesque, aussi bien dans la re-création (dans le sens de créer autrement) d'une réalité, que dans l'élaboration d'une relation avec le lecteur. Ce dernier est là, quelque part, dans la société. Et quoique *implicite* (Iser, 1972), *l'œuvre d'art littéraire* tend quelquefois à le nommer.

A l'aune de l'étude qui précède, on a pu voir qu'Okoumba-Nkoghé parvient à faire cohabiter les toponymes inventés et ceux réels. Ainsi la frontière entre le réel et la fiction est-elle rendue poreuse. De plus, il pousse son génie jusqu'à déposséder les énonciateurs originels de leurs mots, pour les attribuer à son narrateur. On pourrait dire presque, que l'auteur gabonais s'amuse. Et peut-être par magnanimité, il partage l'expérience au lecteur, sous le biais de son narrateur. Pourtant, cette apparente mansuétude peut être remise en question. Comme on l'a pu étudier *in fine*, quand la narration semble exiger davantage du lecteur, qu'elle ne révèle clairement.

Le chemin de la mémoire s'éprouve visiblement en tant qu'objet de représentation. Les néologismes, les ellipses et les récits intertextuels sont autant de procédés de « fictionnalisation »[23] (Ricœur, 1983 : 265) présents dans le texte. Pomi ou Mayi, par exemple, désignent une Afrique équatoriale re-créée. Le romancier use d'appellations nouvelles, en guise du regard nouveau qu'il porte sur une réalité (peut-être) devenue vétuste. Et le roman devient le lieu d'une identification métaphorique. La lecture du roman se pare ainsi des atours d'une devinette. C'est là, tout le jeu ; soit donc, le lecteur se confronte aux néologismes et aux énigmes qu'elles induisent. Soit, il doit [re]constituer des séquences de l'histoire escamotées par les ellipses. Et encore, il lui arrive de faire l'épreuve de son savoir, à l'aune des récits intertextuels.

Au travers de la dénomination de « jeu », il a ainsi été permis d'évoquer l'utilisation mouvante de l'espace langagier, et de mettre un certain accent sur le caractère ludique des procédés en étude. Il apparait indéniable, et surtout eu égard aux analyses, que le texte étudié ne manquerait pas de se frayer un *chemin* dans *la mémoire* de son lecteur.

---

[23] Désigne chez Ricœur la « mise en fiction » du réel ou le travail qu'opère la fiction sur ce dernier. Alors dérivée du substantif « fiction », qui lui provient des formes latines *fictio* et *fingere*, renvoyant à la représentation des arts, la « fictionnalisation » est pour ainsi dire le processus de mise en discours littéraire d'un objet.

Bibliographie

BANETH-NOUAILHETAS, É. et JOUBERT, C. (2006), *Comparer l'étranger. Enjeux du comparatisme en littérature*, Rennes, Presses Universitaires de Rennes.

BAUDIN, H. (1973), *Boris Vian, humoriste*, Grenoble, Presses Universitaires de Grenoble.

BIAGIOLI, N. (2006), « Narration et intertextualité, une tentative de (ré)conciliation », *Cahier de Narratologie* [en ligne], URL : https://doi.org/10.4000/narratologie.314.

DE CERTEAU, M. (1975), *L'écriture de l'histoire*, Paris, Gallimard.

DUFOUR, P. (1998), « Balzac invente le vrai », Coquio, C. et Salado, R. (dir), *Fiction et connaissance. Essais sur le savoir à l'œuvre et l'œuvre de fiction*, Paris, L'Harmattan, pp. 209-225.

GAUDIN-BORDES, L. et SALVAN G. (2008), « Le sens en marche : le cas de l'hypallage », *L'Information grammaticale*, n°116, pp. 15-19.

GENETTE, G. (1972), *Figure III*, Paris, Seuil.

GENETTE, G. (1982), *Palimpsestes : La Littérature au second degré*, Paris, Seuil.

ISER, W. (1970), *L'appel du texte. L'indétermination comme condition d'effet esthétique de la prose littéraire*, trad. de l'allemand par V. Platini (2012), Paris, Ed. Allia.

ISER, W. (1976), *L'acte de lecture. Théorie de l'effet esthétique*, trad. de l'allemand par E. Sznycer (1985), Bruxelles, P. Mardaga.

JAUSS, H. R. (1990), *Pour une esthétique de la réception*, Paris, Gallimard.

OKOUMBA-NKOGHE, M. (2013), *Le Chemin de la mémoire*, Yaoundé, Editions Clé.

PAJONA, C. (2019), *Les procédés de fictionnalisation dans l'œuvre romanesque de Boris Vian*, Thèse de doctorat en Linguistique, Nice, Université Côte d'Azur.

RIFFATERRE, M. (1981), « L'intertexte inconnu », *Littérature*, n°41, pp. 4-7.

SORLIN, S. (2010), *La Défamiliarisation linguistique dans le roman anglais contemporain*, Montpellier, Presses Universitaires de la Méditerranée.

Photo : Présentation de *Ma Lydia* par Okoumba-Nkoghé
(Archives de l'écrivain, 2019).

IRRUPTION SATIRIQUE ET DÉFECTION DU GARANT DANS *LE SOLEIL ELARGIT LA MISÈRE* DE MAURICE OKOUMBA-NKOGHÉ

Ivan Lionel NGNIEHAWHE TAMBAH[1]
Université Omar Bongo
ivantambah@gmail.com
****
Gyno Noël MIKALA
Université Omar Bongo
gynokawabata@gmail.com

Résumé : Si l'objectif de notre article est de montrer que Maurice Okoumba-Nkoghé est sans conteste un auteur satirique, il existe aussi un désir de montrer que la satire, devenue mode, ne peut plus à elle seule servir de grille de lecture. Mais aidée de la sémiologie des indices et/ou l'analyse du discours, peut encore fournir une explication des textes littéraires. Nous essayons donc de montrer comment la satire surgit de sentiments antagoniques et comment l'ethos qui se dégage du texte permet la lecture d'un monde éthique particulier. Ce monde éthique, nous le pensons, est marqué par une satire humaniste aidée des valeurs du christianisme afin de corriger la société en dénonçant les vices des hommes.
Mots-clés : Satire – Ethos – Garant – Incorporation – Humanisme

Abstract : If the objective of our article is to show that Maurice Okoumba-Nkoghe is undoubtedly a satirical author, there is also a desire to prove that in his work satire alone cannot serve as the only interpretative framework. The semiology of indices and discourse analysis can as well lead to new interpretations. Thus, we intend to show how satire arises from contradictory feelings, and how the ethos allows the reading of a particular ethical world supposedly marked by a humanistic satire based on Christian values. By denouncing human vices, these values are aimed at improving society.
Keyswords: Satire – Ethos – Guarantor – Incorporation – Humanism

---

[1] Doctorant au LAIC (Littérature, Arts et Imaginaires Culturels).

Introduction

Tout lecteur de littérature francophone a, à un moment ou à un autre, dû se rendre compte que le soleil d'Afrique est infernal. Qu'il s'agisse de celui qui annonce les indépendances chez Ahmadou Kourouma, brûle comme chez Calixthe Beyala, ou tue l'amour comme chez Mongo Beti, les douleurs qu'il inflige sont légion. Le poète des années 1980 entend lui aussi dresser dans son recueil de poèmes une liste, bien que non exhaustive, des maux que les mots peuvent à peine traduire. L'unique soleil qui écrase toute l'Afrique est une belle métaphore pour désigner l'ère des partis uniques qui engendre des drames un peu partout sur le continent. C'est bien avant le multipartisme que le jeune Okoumba-Nkoghé quitte son pays pour poursuivre ses études en France. Là-bas, il rencontrera les muses qui jadis inspiraient Juvénal. Il se laisse posséder de temps à autre et choisit de mettre par écrit les mouvements de son jardin intérieur : les bouleversements, les troubles et les doutes qui l'assaillent. Il écrira d'abord *Paroles vives écorchées* (1979) puis *Rhône-Ogooué* (1980) avant *Le Soleil élargit la misère* (1980). Nous ne voulons pas explorer toute sa production poétique, juste rendre compte du mouvement de sa pensée lorsque dans ces années 1980, il écrivait *Le soleil élargit la misère*[2].

Il serait hasardeux d'affirmer d'emblée l'existence d'une dimension satirique dans le recueil d'Okoumba-Nkoghé. Seulement, les renversements qui sont fréquents tout au long du texte, nous conduisent inexorablement à cette conclusion. Il est connu depuis *Le roman de renart* (Chauveau, 1924), que quiconque entreprend un voyage en revient pire, même ceux qui sont les meilleurs à l'aller. C'est du moins ce qu'affirme le roi devant l'assemblée au sujet de renart. Dans *Les Identités meurtrières* (1998), Amin Maalouf atteste que le voyage altère l'identité du voyageur. Il n'est plus ce qu'il était avant son départ encore moins ce qu'il prétend être en assimilant la culture étrangère, mais la somme de cet avant, pendant et après voyage. Il devient le dialogue permanent de ces identités en lui. Or il s'avère que le dialogue et le voyage sont des modalités de lecture du mode satirique. *Les Voyages de Gulliver* de Jonathan Swift ou *Candide* de Voltaire en sont des exemples. Contrairement au roman

---

[2] Les références à ce recueil de poèmes seront désormais marquées par *SEM*, suivies du numéro de la page.

où le « Je » narrant n'est pas forcément assimilable à l'auteur, autant dire qu'il est clairement question d'un personnage fictif, la poésie, de son côté, renvoie presque toujours ce *Je* à une expression de l'auteur. A partir de ce constat, il est donc assez normal d'attribuer les mouvements du texte à son auteur. Et dès le premier poème, par le souvenir et l'évocation du pays lointain, l'auteur laisse suggérer un changement d'espace, un déplacement. Un dialogue est perceptible dès l'entame du texte, cependant, reprenant entre guillemets les propos d'une autre, il s'agit en réalité d'un monologue entrecoupé de souvenirs, servant à mettre en avant la rupture qui permet le surgissement satirique. C'est cette mécanique de la satire de nature inventive et parasitaire que nous voulons observer. Cette manière qu'il a, loin du pays natal, par le souvenir de se le reconstruire et ce dialogue toujours interrompu qui fait naître une pensée autre, méritent à notre avis, qu'on y porte une attention particulière. Nous présenterons d'abord comment la satire surgit au sein des poèmes du recueil, ensuite comment à travers un ensemble de déterminations se donne à lire l'éthos effectif du texte et enfin le changement de position qu'effectue le garant.

1. Irruption satirique : le jeu de la rupture

Le recueil tout entier est sous le prisme de la rupture. C'est du moins ce qu'atteste le choix du titre. Les bienfaits du soleil sur l'écosystème ne sont pas à énumérer ici mais par cet aphorisme, le lecteur est obligé de rompre avec le sens premier de l'énoncé et de chercher par la lecture le sens second qui, comme pour une allégorie, recèle un message plus profond. Le sens que l'on puisse donner à ce titre ne surgit évidement qu'après lecture. « L'artiste au cœur de pierre » (*SEM* : 7-11) qui est le premier poème du recueil présente assez bien cette scénographie de la rupture. Le poète énonce d'abord son souhait d'avoir près de lui la femme étrangère :

> Tes yeux bruns,
> c'est le pathétique des météores
> menacés d'éclatement
> menacés de disparition.
> Pose-les à l'ombre de nous…
> voilà, comme ça
> couchés contre nous…

La seconde personne du pluriel « nous » sert à montrer la communion entre le poète et la femme étrangère. Cette osmose cesse lorsqu'il se remémore les paroles de la femme à son égard : « Fils des pays torrides / as-tu vu ma robe à fleurs de myrtille ? / Je l'ai mise expressément pour toi ! ». Devant ces vers qui suggèrent un désir de séduction, il se montre incapable de l'aimer « j'ai voulu être le berger de tes yeux ! / Je suis corps démantelé / qui se montre dans son usure ». Il évoque alors les charmes vains de la femme qui veut séduire et dont tout effort est réduit à néant, ce que la conjonction de coordination *Mais* traduit assez clairement :

> Et voici féminine, incessante naissance
> que tu te mets à sourire !
> Mais ce sourire est credo dans le vent
> sur ton Albarine sortie du lit,
> mais ce sourire est aile d'un rêve,
> il est sillage d'un poignard en chair

Les deux derniers vers traduisent le malaise que produit les paroles de la femme étrangère, chez le poète. S'il succombe à ses charmes, il devra renoncer à autre chose ou à quelqu'un, c'est pourquoi il dit : « Je suis corps démantelé ». S'il doit renoncer à quelqu'un ou à quelque chose, c'est la voix de la femme surgissant toujours par remémoration qui nous en donne l'information : « Alors oublie-moi, / garçon des bois, / et ouvre tes bras / vers les femmes de ton pays en flammes ! ». Ces vers sont d'une importance capitale pour le poète et nous donnent trois informations permettant la compréhension de l'irruption satirique.

D'abord les vers de la femme étrangère nous disent qu'il est partagé entre rester avec elle et rentrer auprès de *celles qui attendent*. Ensuite qu'elle méprise sa terre d'origine : « Fils des pays torrides », « vers les femmes de ton pays en flammes ! », « C'est que ta contrée est pauvre / pauvre et en feu ! ». Et enfin qu'elle veut mettre un terme à leur relation « Alors oublie-moi ». Voici présenté la blessure narcissique à l'origine de l'irruption satirique. Ce sont le mépris et le désir de rompre qui irritent le poète « Tu t'es installée peu à peu / dans ma quiète existence / où le temps se détend / dans une bienheureuse indifférence, / et tu veux que je t'oublie ! ». Sa réponse est la preuve de son indignation. L'exclamation traduit son étonnement et sa gêne. Il va donc diriger vers elle l'arme de la satire.

> Aube non encore violentée,
> fille en devenir d'être vieille
> tu lis trop de marques !
> A lire trop de marques
> on n'apprend rien sur l'amour.

La rhétorique du rabaissement « C'est vrai que tu manques / de consistance / et de concentration / et de volonté » ; et de la dévalorisation « C'est vrai qu'ils ont fait de ta tête une toiture d'énervement / [...] de ta cervelle blanchâtre / une malle éventrée aux diamants / déversés en gravats » qu'il met en place, s'appuie sur les figures de transformation non-identique, principalement les morphosyntaxiques. Anaphore, épiphore, énumération, gradation négative et même polysyndète sont au service de sa verve. « Jarres brisées et tables bousculées / braises éteintes et soie déchirée », elle est « prisonnière vouée au culte sans avenir du périssable », superficielle « sans consistance ». La femme étrangère est à ses yeux maudite, victime de ses propres enchantements, c'est pourquoi il achève son poème en disant :

> La beauté ne se mange.
> Mais jusqu'où mèneront tes pas !
> Puisses-tu trouver sur la voie
> mille millions d'encombrements !
> Va ! Je ne peux te haïr
> Tu es toi-même ta propre haine
> Tu es toi-même la vipère de ta morsure.

Ce mécanisme d'attraction « poses-les à l'ombre de nous », répulsion « Va ! Je ne peux te haïr » ne figure pas que dans ce poème, il peut être aussi observé dans le second poème du recueil titré « Monia » (*SEM* : 12-16) où par le souvenir, il reconstruit l'univers de l'enfance. « Commune terraquée / la squameuse terre d'Oyem » est le lieu où il rencontre Monia. Elle le séduit aussi et contrairement à la femme étrangère, elle ne méprise pas la terre du poète. C'est parce qu'elle ne le choisit pas comme amant qu'il oriente vers elle l'arme qu'est la satire.

> Mais qu'avez-vous donc mes sœurs
> à favoriser des sapeurs-pompiers
> [...]
> C'est vrai qu'ils ont opté
> par surprise et perfidie
> de vous poser ici et là

baraques masures boutiques
aux persiennes à scandales étouffés !

Ce qu'il y a d'intéressant à ce niveau, c'est cette impossibilité de l'artiste : il ne peut la haïr. Bien qu'au fondement de tout discours satirique il existe une haine sacrée, ces vers prouvent que ce n'est pas à la femme qui rompt qu'il en veut mais à la rupture, en ce sens qu'elle cristallise un ensemble de douleurs. Le texte de « Monia » fait écho à son premier recueil où il évoquait aussi cette femme de l'enfance qu'il espère jusqu'au bout. *Rhône-Ogooué* est :

> Un seul poème en plusieurs tableaux. Il retrace une promenade solitaire dans Lyon, au cours de laquelle le poète cherche Lilly restée au pays. Un amour de jeunesse, depuis le lycée ! Le prince charmant cherche en vain. Beaucoup d'eau a coulé sous le pont. Le poète, miné, ne retrouve rien entre « Rhône » (Lyon) et « Ogooué » (Gabon). Lilly est tombée entre les mains d'un autre amant ; elle a trahi le premier amour… où est donc Lilly ? Ce qui justifierait le sous-titre du recueil : A la recherche de Lilly. (Mukonda Mbuluku, 2012 : 31)

La satire fait irruption dans le ressentiment du poète qui subit une blessure narcissique. L'image de la femme qui rompt, il continue à la décrire dans « Kiyedi » (*SEM* : 30-38) :

> Okageni la mousmé bien moulée
> S'est laissé enfourcher par la perversion.
> [...]
> C'est elle que l'on voit le soir
> Derrière la prime en son derrière
> [...]
> C'est elle que l'on voit
> Les nuits toutes aux dancings
> C'est elle que l'on voit
> Tronquer sa peau contre une argile cuite.
> Elle a gommé ses sourcils nombreux.
> Elle a gommé son poil à la jambe.
> Elle a brûlé la broussaille de ses cheveux.

Femme superficielle, irrésolue dans ses voies, adepte des chemins sinueux, elle rompt avec l'image qu'il suggère de la femme vertueuse. L'énumération chez l'auteur sonne comme une volonté de vouloir coller le plus fidèlement au réel. « Elle a gommé ses sourcils », « gommé son poil à la jambe », « brûlé la broussaille de ses cheveux », ce souci de la description et du détail relève d'une véritable radiographie des organismes vicieux (Duval, 2000 : 197). Elle participe d'une esthétique de la dévaluation des modèles féminins de son temps. Il décrit et démembre le corps pour en montrer la consistance : « Rien ». Elle, sujet du premier poème du recueil, socle du tissu social, elle qui « fut princesse de son clan » est aujourd'hui celle qui « a trahi son clan et mon amour ». Il donne à lire assez clairement la différence qui existe entre la femme actuelle et celle d'avant. La perte des valeurs, le changement brusque et la rupture qu'il donne à lire, permet au lecteur de se construire un ethos du satiriste.

2. Ethos effectif : le visage du poète satirique

L'utilisation du concept d'ethos s'origine aussi loin que nous puissions remonter à Aristote. L'éthos désigne chez lui l'image de crédibilité que donne à lire l'orateur de lui-même dans son discours. S'il est d'abord une notion de la pratique oratoire, l'ethos va évoluer pour devenir une notion importante du discours oral et écrit. Anne-Marie Houdebine, préfaçant l'œuvre de Colotte (2015 : 9), écrit « qu'on définit aujourd'hui *ethos* de façon moins psychologisante. La référence au « caractère » laisse place à « l'image » que le locuteur donne de lui par son discours ». Dominique Maingueneau (2004) dans ses travaux développe une conception de l'ethos en partant des travaux d'Aristote. Il parle donc d'ethos effectif. L'ethos effectif est essentiellement le produit du lecteur, il est la résultante de l'acte de lecture. Maingueneau (2004 : 206) sans aller à l'encontre de Houdebine en parle comme étant ce qui

> résulte d'une interaction entre divers facteurs : éthos prédiscursif, ethos discursif (ethos montré), mais aussi les fragments du texte où l'énonciateur évoque sa propre énonciation (ethos dit) [...]. L'ethos effectif, celui que construit tel ou tel destinataire, résulte de l'interaction de ces diverses instances dont le poids respectif varie selon les genres de discours.

L'ethos prédiscursif désigne l'image que le lecteur se fait du locuteur avant qu'il ne prenne la parole. Ainsi, lorsque paraissait le recueil de poèmes en 1980, il était difficile pour le lecteur d'avoir accès à un éthos prédiscursif de l'auteur si ce n'est en accédant à la quatrième de couverture. Aujourd'hui par contre, figure de l'espace littéraire et universitaire gabonais, il est assez facile de se le construire. Cependant, on perd au change puisque les stéréotypes liés au monde éthique de cet espace-temps limitent désormais notre compréhension. C'est donc en grande partie par l'ethos discursif que nous pouvons construire l'ethos effectif de ce recueil.

Nous pouvons d'ores et déjà émettre l'hypothèse, s'agissant de l'ethos prédiscursif, que l'auteur était un jeune homme parti poursuivre ses études en Occident et que c'est aussi le lieu à partir duquel se déploie l'énonciation. Afin de mieux saisir la valeur de l'ethos prédiscursif, il faut imaginer ce que peut signifier le statut d'étudiant à vingt ans seulement des indépendances. L'auteur laisse présager dans « Monia » le cheminent qui est le sien :

> Je suis parti
> emportant ma grande boxe
> de l'océan en moi
> [...]
> J'arrive ! et si j'arrive
> c'est riche de fidélité enhardie
> c'est riche de mots nouveaux
> de phrases assez vastes
> pour dire
> grande ignitions

Nous l'avons dit, le voyage est une des modalités de lecture du mode satirique. Le motif qu'expose l'auteur à travers ce schème est assez intéressant. D'abord, il présente l'étudiant dans une posture assez simple, celle du mal aimé, ne possédant rien, pas même l'amour de *Monia* qui elle préfère un sapeur-pompier. Puis, il introduit le voyage qu'il exploite comme outil de transformation. Et enfin, le retour qu'il prend la peine d'annoncer avec éclat : « J'arrive ! ». L'annonce du retour est telle qu'elle modifie complètement le rythme du poème. Chaque vers est scandé. La richesse qu'il annonce par les mots est amplifiée par l'anaphore « c'est riche de » et exagérée par d'autres figures de répétition comme l'assonance « orage ! / tonnerres ! / foudre ! » ; L'allitération « foudre / fleuve / feu / feuille » pour suggérer le fracas de toute entrée en scène bouleversante mais tout aussi naturelle. C'est pourquoi il se sert de l'anadiplose dans « feuilles ondoyantes / ondoyantes ainsi le sang ! »pour faire entendre que cela va de soi. La dernière allitération de la strophe et la plus longue, puisque jouant six fois sur la sonorité consonantique générée par la lettre « L », marque exactement la nature de sa richesse : « roulis frénétique au lit de l'œil / au courant lent de la langue ! ». S'il est riche de mots nouveaux, c'est parce qu'il revient investi du pouvoir de la langue. Et le dernier vers « Si tu pouvais savoir ! » traduit l'ignorance de *Monia* et sert à insinuer l'écart qui existe entre celui qui jadis prenait les routes du ciel et celui qui au moment de l'écriture prépare son retour.

La place accordée au voyage dans le recueil fait passer le satiriste pour un *pícaro*, sujet de rang social très bas qui aspire à l'amélioration de sa condition de vie. Le voyage devient donc un processus transfigurant. Cependant, celui que schématise Okoumba-Nkoghé laisse croire qu'il préfigure encore plus. Habituellement en satire, le personnage est amené à quitter son confort, descendre dans les limbes et par un principe égalisateur, en ressortir transformé. Or le jeune poète, lui, choisit l'ascension. Ce qui nous laisse supposer l'introduction d'un principe autre, marqué par l'appartenance religieuse. Nous y reviendrons.

Toute la puissance et la symbolique de ce que représente l'étudiant, se trouvent subsumées en démiurge lorsque dans « Souvenir ébranchés » (*SEM* : 17-20), par sa verve satirique, il s'arroge le droit de juger et condamner au ridicule tous ceux qui, comme *Lipopo*, étaient pouilleux, teigneux, et par le miracle d'une veste sur les épaules, sont aujourd'hui autres. Il écrit sans emphase :

> A quoi te sert de t'habiller de ces airs
> rayonnant d'une royale noblesse !
> Tous ici savent
> que tu es d'abord cet arbre à ulcères
> [...]
> glorieux et vain
> habité d'une royale ignorance.
> [...]
> Laisse-nous rire un peu de toi Lipopo.

Par le contraste et la mise en résonnance des vers « rayonnant d'une royale noblesse ! » et « habité d'une royale ignorance », l'auteur montre le ridicule dont se couvre *Lipopo* puisqu'il ne trompe personne. Il faut ajouter qu'il y a dans ce parallélisme un jeu subtil de la mesure qui atteste que *Lipopo* est plus ignorant que noble. Il est celui qui chante, naïf vers l'avancement de sa fin. Il poursuit son entreprise de dévaluation en ajoutant : « tu as tout le soleil pour toi ! / Mais collé à cette glu de lumière / [...] / tu crois, niaisement, vivre / Mais tu t'emplis d'une joie / qui n'a ni poids ni durée / Tu pousses en avant un traîneau / là où nul effort ». Cette cible du satiriste est retrouvée plus tard dans un roman de l'auteur en la personne de M'poyo dans *La mouche et la glu* :

> Dans une telle configuration diégétique, le personnage de M'poyo est l'archétype de l'individu brutal, cynique et foncièrement misanthrope qu'on peut rencontrer dans les sociétés africaines postcoloniales des années 1970 et 1980. Par sa stature et son rayonnement socio-économique, M'poyo est le stéréotype de la classe moyenne ayant réussi à gravir l'échelle sociale de manière douteuse et non méritoire. (Renombo et Taba Odounga, 2019 : 112)

La construction de l'éthos du destinateur se poursuit toujours dans une sorte d'élévation et de rayonnement atypique. Il passe de l'étudiant fier avec un soupçon d'orgueil à un observateur extérieur indigné devant le spectacle des masses grouillantes sous ses yeux. L'irruption satirique présentée en amont confère naturellement au satiriste une vision kaléidoscopique avec laquelle il observe la société dans son poème « A l'ombre de l'Afrique » (*SEM* : 21-23). Le poème compte six strophes et il semble que chacune d'elles représente une catégorie sociale. C'est du moins ce qui nous semble le plus évident. A y regarder de plus près, il s'agit plus, en tant que satiriste, d'énumérer les vices qui accablent l'Afrique que de typiciser les populations. Puisque nous ne pouvons reprendre les strophes entièrement, nous relèverons juste deux vers pour chacune d'elles. Il suggère alors qu'il y a, à l'ombre de l'Afrique, ceux qui sont englués dans la luxure : « l'on conduit des autos de luxe / l'on fume du tabac de Havane » ; ceux qui sont immodérés, cupides qui : « Cherchant à établir les conditions / d'une riche vie/ […] / explore les étapes essentielles / qui lient l'individu à Lucifer ». A la troisième strophe, il est assez facile de reconnaître la gourmandise de celui qui veut avoir le privilège « de gober les provisions / appartenant à la nation ». Saisie d'une irrépressible envie, « les Mackaya se meuvent ainsi / nécessairement dans une direction / qui les domine » à la strophe quatre. La cinquième strophe, quant à elle, parle de ceux qui « paupières mouillées / […] / après avoir hurlé / toute leur scolarité / d'un hurlement populaire » pris d'un sursaut d'orgueil « deviennent à leur tour / architectes de la destruction ». La dernière strophe est simplement un clin d'œil à la colère qui pousse les hommes à « l'extermination / par le fusil ou par la prison ». La luxure, la cupidité, la gourmandise, l'envie, l'orgueil et la colère, voici énuméré six des sept péchés capitaux. Il est clair que pour l'auteur, l'Afrique est tout entière écrasée par le poids des sept péchés capitaux.

Et même si nous n'en avons énumérés que six correspondant aux six strophes, le poème compte bien les sept péchés. Mais pour admettre une telle hypothèse, il nous faut revenir sur ce soupçon de chrétienté qui structure la norme du satirique dans le recueil. Une nouvelle strate de signification est envisageable si nous portons notre attention sur une figure de répétition. L'épanalepse « A l'ombre de l'Afrique » qui couronne chaque strophe fonctionne comme un refrain et porte elle aussi un message. Le décodage de ce message passe par la prise en compte du titre du recueil *Le soleil élargit la misère*. Si dans un cas, nous considérons l'ombre comme une obscurité causée par un corps interceptant la lumière, elle acquiert un aspect négatif devenant absence ou privation de lumière. Et donc à l'ombre de l'Afrique, les habitants seraient peu ou mal éclairés, pire engloutis dans les ténèbres. Or si nous envisageons par la dichotomie de la journée que nous avons le jour pour le travail et la nuit pour le repos, l'ombre acquiert un caractère positif et symbolise le lieu du repos. Maintenant, si nous mettons côte à côte les idées suivantes : le poème est une création artistique, le poème compte six strophes, l'épanalepse fonctionne comme un refrain et que l'ombre fait allusion au lieu du repos, ajouté à cela le soupçon de chrétienté, affirmer qu'il existe un lien avec la genèse de la création est une idée plus que recevable. Dieu créé le monde en six jours et se repose le septième ; en Afrique, on est à l'ombre six jours sur sept. Si *Les ombres solaires* (2019) sont un lieu de repos, on comprend mieux pourquoi *Le soleil élargit la misère* puisqu'à l'ombre de l'Afrique la paresse est reine des maux.

L'information qui se dégage de l'ethos discursif suggère une importance des principes chrétiens chez le satiriste. La norme que suppose toute irruption satirique est en partie construite à partir d'eux. Il juge et critique la société d'un droit divin. Ce qui est souvent le cas, nous fait remarquer Bakhtine (1970 : 20), lorsqu'il reconnaît chez le satiriste moderne, cette mise à l'écart du monde qu'il opère presque toujours, lorsqu'il prend sa société pour cible :

> Notons une importante particularité du rire de la fête populaire :
> il est braqué sur les rieurs eux-mêmes. […] L'auteur satirique qui
> ne connaît que le rire négatif se place à l'extérieur de l'objet de sa
> raillerie, il s'oppose à celui-ci ; ce qui a pour effet de détruire

l'intégrité de l'aspect comique du monde, alors le risible (négatif) devient un phénomène particulier.

Ce phénomène particulier est donc cette vue du dessus, ce retrait par l'élévation du satiriste. Cette élévation du satiriste atteint chez Okoumba-Nkoghé un seuil critique lorsque dans « KIYEDI » (*SEM* : 30-38), il passe de la sanction par le rire au don de la mort : « C'est bien pour cette raison-là / ô mère que je l'ai jugée et tuée. / [...] / Oui je l'ai gommée de la vie / et j'en suis fier ! ». Le vocabulaire qu'il utilise n'est plus celui du censeur public mais de *l'homme perdu*, happé par la vision crépusculaire. Gyno Mikala (2014 : 70) affirme que : « cette vision, on ne le dit pas assez, peut arriver au seuil de la dégradation nihiliste et mortifère qui anime les écrivains africains contemporains. ». Et ce n'est sans doute pas un hasard qu'il prenne Okoumba-Nkoghé comme exemple avec son roman *La mouche et la glu*. Pour Duval et Martinez (2000 : 207), « la confusion et la dégradation poussées à leur extrême s'incarnent dans ce que Frye nomme l'« imagerie démonique » : elle représente un « monde que le désir refuse dans sa totalité ». Ce refus, le poème le construit sous un mode graduel. D'abord, en s'arrogeant le droit à la parole, il se défait de l'autorité paternelle : « A moi la parole, père ! ». Ensuite par l'aveu, l'arrogance et l'absence de regret, c'est à l'incapacité des hommes à le juger qu'il s'en prend : « Non, pas assassin, mère ! / Ecraseur, broyeur de la puante herbe / je suis le tambour de la juste justice. / Et c'est en justicier libéré de l'entrave / que j'ai violenté Liléngori l'épouse ». Et enfin, il rejette tout ce qui représente le monde actuel, il se fait prophète des valeurs anciennes. Il estime que les hommes de son temps se sont laissés corrompre et ne sont plus dignes de régner, ni *Ndoye* le père ni personne d'autre : « je te récuse, vénérable Ndoye ! / Tu ne règnes que sur une confrérie / de dormeurs doublés de rêveurs. ». Ce qui, au départ était un dialogue, se change soudain en monologue fait d'injures, de calomnies « Je ne vois qu'un tas de cendre / Ndoye / un tas de cendre fumant / au soleil de corruption / [...] / tu n'es pas un chef ! / Tu as perdu ce titre / depuis que tu t'es mis / au lit du danser et du dormir ». Notons que dans ce poème, il existe un champ lexical du repos qui renvoie à la paresse que nous avons identifiée comme le mal premier de l'Afrique. Il s'appuie sur des termes comme : « bercent », « nuit », « soir », « sommeil », « dormir », « troupeau au repos » et même « mort » et « vieillard accroupis » viennent renforcer cette image qu'il donne des habitants à l'ombre de l'Afrique. Cet esprit vindicatif qui se déploie de façon exponentielle, allant de la simple critique au désir d'anéantissement pur et simple, nous amène à imaginer une défection du garant de l'œuvre.

3. De la défection du garant

Selon Dominique Maingueneau, il n'est pas possible d'envisager un texte écrit qui ne possède de garant. La conception incarnée de l'éthos qu'il postule « recouvre non seulement la dimension verbale, mais aussi l'ensemble des déterminations physiques et psychiques attachées au « garant » par les représentations collectives » (Maingueneau, 2004 : 207). Envisagé par nous, une défection du garant, ce n'est pas trahir ses positions mais que par un excès de zèle, il ait fini par se persuader lui-même du bien-fondé de sa thèse : c'est-à-dire détruire pour reconstruire. Il se trouve donc désormais être une cible puisqu'il est maintenant guidé par l'acrimonie.

Le texte est soutenu par deux satiristes qui représentent deux mondes éthiques distincts. D'une part, la jeune génération, celle d'après les indépendances qui se regroupe autour de la figure de l'étudiant. Et d'autre part, tous ceux qui représentent les indépendances « au soleil de corruption ». La femme étrangère qui veut le garder à l'étranger, l'empêcher de rentrer dans son pays ; la femme de son enfance qui a troqué l'amour pour les biens éphémères ; ces hommes et femmes vils, lâches et sans consistance, qui sont allés au rendez-vous du donner sans jamais rien recevoir ; toutes ces cibles, sont utilisées pour garantir le monde éthique auquel fait face la parole virile de l'homme au franc parlé. Et il y a ces dirigeants dont la figure principale est le père à qui il lance ses vers comme un archer bandant son arc et décochant une flèche : « Pas d'hôpital pas de route pas d'école / et tout l'équipage de tes fils / lessivé nettoyé liquidé / Rien... plus rien... / Rien que ta dernière femme / qui mourra demain de sommeil / et toi-même avec dans ta souquenille / flottante dans le vent de l'emmerdement » (*SEM* : 30-38). Face à l'agressivité du fils, la parole du père apparaît timide, feutrée proche de celle de la mère. Il dépossède le père d'abord en arrachant son droit à la parole, puis en lui retirant son titre de chef et en ridiculisant toute sa « confrérie de dormeurs ». Il met à nu et démembre en même temps le corps social dont la figure du père (le chef) se révèle être celle de la mère travestie. L'homme au franc parlé qu'est le satiriste, s'oppose à l'homme corrompu, travesti dans le but de le démasquer pour le bien commun. Si le père s'avère être une femme, c'est qu'en réalité le père est absent.

Cette absence de la figure paternelle est évoquée par Renombo et Taba Odounga dans *Les Ombres solaires* (2019). Prenant le cas du roman *Le Signe de la source* (2007) et *Elo, la fille du soleil* (2008), ils parlent de l'irresponsabilité de la figure paternelle, de son comportement normalement répréhensible, et surtout guidés par une lecture psychanalytique, de l'impact de son absence sur les personnages. Malemba par exemple « nourrit une haine viscérale pour les hommes. Cette pulsion destructrice la conduit à rechercher un nouvel équilibre psychique en s'affirmant socialement. Mais pour cela il faut tuer le père » (Renombo et Taba Odounga, 2019 : 131). Si le discours romanesque l'évoque, c'est par ailleurs dans la poésie, principalement dans *Paroles vives écorchées* qu'il expose cette absence et évoque la mère se travestissant pour faire exister le père. Dans son livre *Lire Okoumba-Nkoghé*, Munkonda Mbuluku Mikiele (2012 : 30) résume le recueil en ces termes :

> Il regroupe des poésies choquantes, bruyantes, crues, nues… ce sont des paroles de vie, de fougue. Pour en savoir plus, on se rapportera à « Un voile de terre à la frontière », ou à « Ebarlare ». Là, il préfère sa mère à son père, qui l'a abandonné sur la couche maternelle ; ici, il revoit son enfance malheureuse à Masuku, Franceville aujourd'hui. La forme de ces deux textes zigzagués interpelle. Est-ce l'expression d'une vie brisée, vie de misère, d'abandon ?

L'absence de la figure paternelle peut être au cœur de la blessure du satiriste qui refuse toutes formes de rupture. Cette recherche du père par le travestissement raté de la mère rend le satiriste excessif dans ses prises de position. Il cesse donc de garantir un monde éthique où tradition et respect cohabitent. Rappelons que la défection du garant n'implique pas nécessairement la trahison. Il ne renonce pas vraiment à ses principes axés sur les valeurs du christianisme, mais pense dans un excès de colère que le ridicule ne suffit pas, nous le savons, le tenant de Voltaire, les œuvres satiriques ne corrigent personne. Il faut donc guerroyer afin de briser « le signe du mauvais sang ». Par l'usage de l'hyperbole, il veut aller au-delà des mots. S'il ne peut persuader par le discours satirique qui fait irruption dans le texte, ce que le lecteur est bien obligé de croire à ce niveau, il faut convaincre par l'action et l'engagement. Le changement de bord permet d'élargir la catégorie du garant. Il n'est plus qu'étudiant fier avec une haine viscérale pour le père, mais garant d'un caractère et d'une corporalité immense : ceux des diasporas africaines à l'étranger.

Si l'incorporation du lecteur est souvent difficile à cause du blocage produit par la reconstruction du monde (éthique), la répétition de l'histoire fournit par endroit des informations sur l'univers auquel le garant donne accès. Il s'agit d'un monde fait de revendications qui vont du simple mot d'esprit à l'injure, pire à l'appel au meurtre. La dernière strophe du poème « Le père mibalet » (*SEM* : 39-42) traduit assez clairement cette révolte :

> J'arrive lentement avec ma haine
> montrez au Noir ce frère
> roulant sur des patins à roulettes
> faits de mes os
> qu'il est dans la faute.
> J'arrive lentement avec ma haine
> armé de lames de couteaux
> prendre possession de ma possession
> prendre possession de ma signifiance.
> Noir frère roulant
> sur des patins à roulettes
> fait de mes os
> tu peux trembler !

Dans cet extrait, c'est le tumulte des années 1980 qui y est inscrit, c'est la naissance d'une génération qui ne se reconnaît pas entièrement dans ce qui reste de la négritude et encore moins dans la marche frénétique du monde et du grand développement plus abstrait que le verbe qui le chante. Ce recueil sonne l'arrivée des années 1980 à grand coup de folie et de rage, de demandes et revendications, ce que traduit le dernier poème « Les enfants du monde » (*SEM* : 48-57) : « Que n'ai-je demandé aux grands ! / J'ai demandé des immeubles à construire. / J'ai demandé des taudis à démolir. / J'ai voulu des routes à tracer. / J'ai voulu des écoles à ouvrir. / [...] / Mais vous savez / j'ai exigé en vain ! / [...] / C'est déjà l'an 80 / et je n'ai toujours pas grandi ».

Conclusion

Cette analyse à travers l'irruption satirique et la défection du garant passe nécessairement par une compréhension de l'éthos qui se déploie au moment de l'énonciation. L'incorporation ne peut être qu'incomplète puisqu'à mi-chemin dans notre compréhension du monde éthique auquel donne accès le garant. Mais, s'il est une chose certaine, c'est la verve satirique dont fait montre Okoumba-Nkoghé. Son intérêt pour la description et son sens du détail que nous n'avons pas ici développés, se trouvent inscrits dans les œuvres que nous citons et apportent encore plus d'éclairage sur la dichotomie fondamentale que fait l'auteur dans la partition bien/mal. Le passage d'un camp à un autre atteste d'une recherche toujours interrompue de la norme qui soutiendrait la possible naissance d'un monde autre, débarrassé des sept péchés capitaux qui écrasent l'Homme. Il s'agit peut-être d'un idéaliste un peu vieux jeu qui s'oppose farouchement à la marche du monde ou d'un de ces êtres piégés dans un conflit psychique malheureusement installé par l'absence du père. L'ethos effectif ne nous révèle pas tout cela. Juste un soupçon d'humanisme, toujours orienté vers les masses grouillantes, piétinées, écrasées par un système paternaliste qu'il rêve de renverser.

Bibliographie

BAKHTINE, M. (2016 [1982]), *L'Œuvre de François Rabelais et la culture populaire au Moyen-âge et sous la Renaissance*, Paris, Gallimard.

COLOTTE, F. et RINCIOG, D. (2015), *Ethos/pathos/Logos. Le Sens et la place de la persuasion dans le discours linguistique et littéraire*, Paris, L'Harmattan.

DUVAL, S. et MARTINEZ, M. (2000), *La Satire*, Paris, Armand Colin.

MAINGUENEAU, D. (2012 [2004]), *Le Discours littéraire. Paratopie et scène d'énonciation*, Paris, Armand Colin.

MIKALA, G. N. (2014), *Poétique de la satire dans le roman francophone, théorie et pratique*, Libreville, Amaya.

MUKONDA MBULUKU, M. et MIZELE N'SANSI, A. (2012), *Lire Okoumba-Nkoghé*, Yaoundé, Clé.

OKOUMBA-NKOGHE, M. (1980), *Le Soleil élargit la misère*, Paris, Arcam.

OKOUMBA-NKOGHE, M. (1979), *Paroles vives écorchées*, Paris, Arcam.

OKOUMBA-NKOGHE, M. (1980), *Rhône-Ogooué. Poèmes en plusieurs chants*, Paris, Arcam.

OKOUMBA-NKOGHE, M. (1984), *La Mouche et la glu*, Paris, Présence Africaine.

OKOUMBA-NKOGHE, M. (2007), *Le Signe de la source*, Yaoundé, Clé.

OKOUMBA-NKOGHE, M. (2008), *Elo la fille du soleil*, Paris, L'Harmattan, coll. « Lettres d'or ».

RENOMBO, S.R. et TABA ODOUNGA, D. (2019), *Les Ombres solaires. Du Réalisme au roman écologique dans l'œuvre de Maurice Okoumba-Nkoghé*, Libreville, Raponda-Walker.

Okoumba-Nkoghé
Le signe
de la source
Roman
EDITIONS CLÉ

L'ÉCOLOGIE SONORE DANS *LE SIGNE DE LA SOURCE* DE MAURICE OKOUMBA-NKOGHÉ

Régis Carl MONZEO[1]
Université Omar Bongo
regiscarlmo@gmail.com
****
Gyno Noël MIKALA
Université Omar Bongo
gynokawabata@gmail.com

Résumé : Cet article se donne pour ambition, de mettre en évidence, par le biais de l'écologie sonore, les différents procédés d'esthétisation (paysage, langage, son, signe…) présentant *Le Signe de la source*, œuvre de Maurice Okoumba-Nkoghé, comme étant un texte à paysage sonore. Dans ce roman, l'environnement romanesque est perçu, selon toute vraisemblance, comme « une vaste composition musicale ». Cette nouvelle perception de l'écologie, mise en évidence par le théoricien et pédagogue canadien Raymond Murray Schafer, vise à présenter, dans le texte que nous analysons, la relation qui existe entre l'homme et son environnement acoustique.
Mots-clés : Ecologie sonore – Paysage sonore – Environnement acoustique – Littérature – Homme

Abstract: The ambition of this article is to highlight, through sound ecology, the different anesthetization processes (landscape, language, sound, sign…) presenting Maurice Okoumba-Nkoghé's *Le Signe de la source* as a text with a sound landscape. His novel is perceived as "a vast musical composition". This new perception of ecology, developed by the Canadian theorist and educator Raymond Murray Schafer, is aimed at presenting in the text submitted to our analysis, the relationship that exists between man and his acoustic environment.
Keywords: Sound ecology – Soundscape – Acoustic environment – Literature – Man

Introduction

Développée par Raymond Murray Schafer dans son ouvrage phare *Le paysage sonore* (1977), l'écologie sonore est « l'étude des sons dans leurs rapports avec la vie et la société. [...] Elle ne se conçoit que par l'observation sur le terrain

---

[1] Doctorant au LAIC (Littérature, Arts et Imaginaires Culturels).

de l'influence de leur environnement acoustique sur les êtres vivants » (Schafer, 2010 : 293). Cette science humaine n'est plus mise en pratique de manière *ex nihilo*. Elle se juxtapose à d'autres sciences à l'instar de la géographie, la zoologie, la musique, l'acoustique, la sociologie, la littérature, etc. A cet effet, des auteurs tels que Hésiode (*Les travaux et les jours*, 1964.), Virgile (*Première Bucolique*, 1970), Hermann Hess (*Le Jeu des perles de verre*, 1972), Marcel Proust (*A la recherche du temps perdu*, 1913) développent par le biais de leurs textes, les notions en rapport avec les sciences humaines (la société, la nature, l'être vivant, la pollution, etc.). C'est, sans nul doute, dans ce sillage que Matthieu Crocq (2009) voit en l'écologie sonore « une discipline à la croisée de multiples champs ».

Etant alors une science pluridisciplinaire, l'écologie sonore, dans le roman de Maurice Okoumba-Nkoghé, *Le Signe de la source* (2007), se donne à lire comme un paysage sonore. Les multiples sonorités (le bruit des véhicules, des êtres humains, les grandes pluies, les sons des oiseaux) qui jalonnent et orientent l'intrigue du roman, font de ce texte une œuvre à environnement acoustique. C'est donc dans cette optique que Murray Schafer (2010 : 28) affirme que « je suis depuis longtemps persuadé qu'un environnement acoustique reflète, lui aussi, les conditions qui le produisent et fournit de nombreuses informations sur le développement et les orientations d'une société ». Certes, il est juste de noter que l'environnement acoustique présente des informations liées au développement d'une société, mais, il n'en demeure pas moins que celui-ci peut, à un certain moment, dévoiler le côté disharmonieux d'un espace de vie, étant donné qu'on y trouve, dans certaines sociétés, des lieux dont la sensibilité sonore est infernale.

Dès lors, les sons développés dans un environnement urbain et rural participent-ils encore d'un hédonisme ou cataclysme sociétal ? Autrement dit, quel rapport l'homme entretient-il avec son environnement acoustique ?

Cet article vise à montrer que *Le Signe de la source* est un roman écologique sonore. A cet effet, deux axes de lectures participent à l'élaboration de ce travail : le paysage sonore et les voix du vent, destructeur de l'homme.

1. Le paysage sonore

Le paysage sonore dans *Le Signe de la source* de Maurice Okoumba-Nkoghé se lit à travers les bruits méphistophéliques que produisent les hommes : klaxon des véhicules et musique. Le voyage d'Iyanghi pour la ville de Pomi, capitale de Mayi, est caractérisé par le klaxon hargneux de l'un des véhicules au niveau d'une colline. Phénomène tout à fait bouleversant qui, malheureusement, trouble la vie des êtres humains :

> Les souvenirs de la jeune femme furent brusquement interrompus par un klaxon rageur. Un gros camion, transportant des grumes et descendant la colline comme un bolide, venait de contraindre le chauffeur de l'autocar à coller sa vieille machine contre la paroi rocheuse. Des cris s'élevèrent, des injures fusèrent. (Okoumba-Nkoghé, 2007 : 8)

Il est certes vrai que le klaxon participe à la nuisance sonore de l'homme et de son environnement, néanmoins par moment, il concourt à sauver des vies. Le bruit inattendu du klaxon fait par le chauffeur de l'autocar n'est plus, en effet, signe d'une nuisance sonore voulue mais il se perçoit plutôt comme un avertissement, un conseil qui fait en sorte que le chauffeur de l'autre véhicule se concentre sur son travail.

En outre, il faudrait ajouter derechef que le klaxon de l'autocar n'est pas réglé comme certaines voitures de luxe à l'exemple de Cadillac et Lincoln Continental, à en croire Murray Schafer dans *Le paysage sonore* (2010 : 348). Le bruit en extrême dissonance qui raisonne inéluctablement dans les oreilles des voyageurs cause le trouble et la panique. Le geste que pose le gros camion pendant ce voyage est très dangereux. C'est donc la raison pour laquelle les passagers se permettent de balancer, de manière inopinée, des cris et des injures dans le véhicule afin de matérialiser leur mécontentement. Cet acte révèle, pour ainsi dire, la caractéristique toute faite d'un mal être existentiel, signe d'une destruction de « l'idiosyncrasie du paysage sonore ». On se croirait, à cet effet, dans les textes de Gulliver intitulé *L'univers Gulliver I* et *II*. Dans ces œuvres, l'auteur peint par moment, le bruit lancinant qui domine les villes de Paris, Athènes, etc. Les passages suivants donnent alors corps et visibilité à ce qui vient d'être énoncé : « Ah, Paris ! Son monoxyde de carbone ! Ses bruits de klaxon ! La folie » (Gulliver,

1990 : 116) ; « Mais à Athènes, le ciel est gris, les maisons sont grises de vieillesse et de pollution, et dans la rue, ça gronde et ça klaxonne » (Gulliver, 1991 : 20).

Les bruits de klaxon, dans les villes de Paris et Athènes tout comme dans celle de Pomi dans *Le Signe de la source*, participent à l'anéantissement de l'audition. Sous ce biais, Murray Schafer affirme que : « La ville réduit les possibilités d'audition (et de vision), opérant ainsi l'une des modifications les plus importantes de l'histoire de la perception » (Murray Schafer, 2010 : 77). Une telle vision est parfaitement visible dans un autre texte de Maurice Okoumba-Nkoghé. La mort d'Opagha, tué par un véhicule militaire, dans La *Mouche et la glu* par exemple, vient en effet légitimer l'hypothèse selon laquelle la « ville réduit la possibilité d'audition » :

> Le bruit que faisaient ces camions était assourdissant comme le bruit du sol sous un troupeau d'éléphants chassés par un incendie de brousse. Opagha avait vu les camions arriver, mais deux pas le séparaient encore de la bille qui sûrement était tombée des mains d'un enfant de riche. « Plus que deux pas ! » pensa-t-il, tout pâle. Tout pâle était le visage d'Opagha. Cependant, au bas de visage inquiétant, où les narines mobiles aspiraient l'inconnu et l'impossible, où les yeux étaient rouges de nuits sans sommeil véritable et scintillaient vaguement de mystère, éclatait avec gravité le sourire inexprimable d'une bouche aux dents cariées. Il fit encore un pas vers la bille.- Attention, petit papa, attention ! cria Nyota. Les camions arrivaient, lancés à une allure militaire. L'enfant fit encore un pas vers la bille, le dernier. Du trottoir déjà s'élevaient des cris et des gémissements. L'enfant se courba calmement. Sa main se posa sur la petite boule aux mille reflets. Ce geste fut le dernier geste de sa vie. (Okoumba-Nkoghé, 1984 : 223)

Les bruits des véhicules, en littérature, et plus spécifiquement dans les textes de Maurice Okoumba-Nkoghé, se révèlent être une thématique itérative. Ils sont utilisés pour montrer le côté disharmonieux qui existe entre l'homme et son environnement acoustique. La mort du jeune Opagha, à cet effet, est donc la conséquence négative du bruit qui jalonne cette ville. Cette action tragique bouleverse l'attitude comportementale des membres de la famille. C'est donc la raison pour laquelle leurs cris de détresse et leurs gémissements se perçoivent, semble-t-il, comme une manière particulière de « déli[er] leurs langues, [de] dénonc[er] toutes les injustices qui les tourmentent » (Mikala, 2014 : 25).

Il en va de même de la notion de paysage sonore dans les espaces urbains de l'œuvre d'Okoumba-Nkoghé, qui se matérialise par un désordre sonore (bruits de klaxon), une déstabilisation de l'environnement urbain acoustique. Cette frayeur environnementale pourrait alors s'apparenter à ce que Dominique Bourg et Philippe Roch nomment « crise écologique, crise des valeurs » (2010). Ou alors, on parlerait d'un non-respect de l'éthique environnemental en ce sens où il est indispensable d'« affirmer que la nature – les animaux, les espèces, les zones naturelles, etc. – possède une valeur intrinsèque, c'est-à-dire une valeur propre, indépendante des intérêts, des besoins ou désirs humains » (Routley, 2019 : 17).

Le second cas pouvant légitimer la présence du bruit dans le paysage sonore urbain est celui de la musique. En effet, dans *Le Signe de la source*, la musique a une portée mystique. Elle se chante lors de l'initiation des femmes à la pratique de l'homosexualité. Le narrateur homodiégétique du texte précise opportunément :

> Dans le silence de la nuit commençaient à tinter des notes de guitare, qui, progressivement, s'organisaient bientôt en une intensité montante. « C'est Atongowanga, pensa-t-elle, les choses sérieuses vont débuter. » Elle se tourna vers Iyanghi : -Bon, frotte-moi des pieds à la tête. Les doigts délicats entamèrent une longue danse sur le corps offert. Des soupirs de plaisir inondèrent la chambre entière. [...] Retenant son souffle, elle dit à Iyanghi : -Viens sur le lit. Celle-ci, subjuguée, ne put refuser. Elle subit avec ravissement le contact de l'onguent et celui des grosses mains. Elle connut à son tour le tourment de sens quand tous ses pores sonnèrent comme des clochettes dans le soir.- C'est un véritable émerveillement ! [...] Les notes de guitare s'égrenaient dans la cour. [...] Des gémissements jaillissaient ici et là. Dix minutes plus tard, ces voix de joie s'éteignirent une à une : les derniers murmures s'accrochaient à l'air mouillé, aux sons de la guitare ; ils s'affaiblissaient de minute en minute ; bientôt, Iyanghi ne les entendit plus qu'à travers ses pores ouverts. Un sentiment agréable jamais connu venait de prendre tout son être et le labourait de fond en comble. C'est alors que la guitare changea de mélodie. A demi inconsciente, Iyanghi vit surgir de la boue des profondeurs de petites tortues. Elles aussi se mirent à flotter à la surface de l'eau, et bientôt une sonore gaieté emplit tout le monde. (Okoumba-Nkoghé, 2007 : 40-43)

Après lecture de cet extrait, il en ressort que la sonorité de la guitare devient le leitmotiv de cette pratique mystique. Celle-ci, il faut le dire d'emblée, entraîne les deux sœurs dans une extase émotionnelle et sensuelle. L'espace initiatique se détermine, dans ce sillage, par une apparence sensorielle singulière, destinée à mobiliser le corps de l'initiée (Iyanghi) et à lui faire ressentir le plaisir sexuel qui existe entre deux personnes de sexe identique. Les gémissements qui jaillissent ici et là dans le texte, après et pendant l'acte initiatique, prouve à suffisance que la musique participe, dans le silence de la nuit, à orienter les initiées dans un monde ésotérique hallucinant. C'est sans nul doute ce qui fait dire au narrateur qu'Iyangui, « à demi inconsciente, […] vit surgir de la boue des profondeurs de petites tortues. Elles aussi se mirent à flotter à la surface de l'eau, et bientôt une sonore gaieté emplit tout le monde ». L'initiation d'Iyangui à la science de Malemba et son maître spirituel Assoke serait donc perçue comme une sorte de reconnaissance sur « l'influence de l'aspect culturel et social » (Piché, 2009). Le spectacle que donne alors les éléments de la nature (les hommes et les tortues) pour paraphraser Murray Schafer (2010 : 25) « sont sources de joies inépuisables ».

Fort de ce qui précède, il est indéniable de percevoir dans la sonorité de la guitare, un jeu émouvant de l'homme à vouloir faire plaisir aux autres. La guitare jouée par Atongowanga pendant l'initiation d'Iyangui serait similaire à la lyre, instrument d'Apollon ou à l'Aulos, instrument de fête de Dionysos. Car, la musique, exécutée par l'instrumentaliste Atongowanga vient de son for intérieur ; une musique mélodieuse qui, bien évidemment, se perçoit comme un acte harmonieux, présentant la corrélation entre l'homme et l'univers. Les propos de Murray Schaffer (2010 : 27), sur cet aspect, l'explique fort aisément : « Dans le mythe dionysiaque, la musique vient de l'intérieur, elle jaillit de la poitrine de l'homme ; dans le mythe apollinien, elle lui est extérieure, envoyée par Dieu pour lui rappeler l'harmonie de l'univers ».

Le paysage sonore dans la résidence prisée de Malemba à Pomi a donc une double ambiance : elle permet de régulariser l'acte sexuel dans un premier temps et, dans un second, elle concourt à une sorte de sonorisation de ses pores, source d'émerveillement et de jouissance corporelle. L'extrait suivant est significatif en ce sens : « Elle connut à son tour le tourment de sens quand tous ses pores sonnèrent comme des clochettes dans le soir.- C'est un véritable émerveillement ! » La sonorité qui retentit alors à l'intérieur de cet espace, témoigne des « empreintes sonores identifiables et remarquables » (Dominique, 2013 : 29). La guitare devient donc un instrument sacré qui montre la voie d'élévation spirituelle et de plaisir. Ce qui laisse alors croire qu'elle a « un autre rapport au monde et au sacré, [...] une autre manière de s'inscrire dans le temps et dans l'espace » (Corbin, 1994 : 13).

Le Signe de la source, à travers cette sonorité musicale, montre le caractère grotesque de la femme, Malemba qui, malheureusement use de pratiques mystico-cultuelles pour renverser l'ordre naturel des choses. L'homosexualité qu'elle pratique, devient pour elle le moyen par lequel elle accède aux fonctions les plus élevées de l'Etat. Après que Malemba et sa sœur Iyanghi eurent terminé leurs ébats sexuels, Assoke, comme une prophétesse, avoue à toutes les femmes initiées qu'elles feront leur entrée au gouvernement. La prise de parole d'Assoke dans cet extrait l'illustre convenablement : « Nous sommes ici pour célébrer cette journée, dit Assoke. Nous irons au gouvernement, je le sens. Oui, nous irons au gouvernement, répétaient les autres dans un bruit de mains battues » (Okoumba-Nkoghé, 2007 : 42). Les acclamations de ces femmes témoignent de leur gratitude envers ce maître spirituel. Les pratiques mystiques et homosexuelles qui se font dans ce lieu sont perçues comme un bien-être physique et social. Or, disons-le, ces pratiques ésotériques, à certains moments, sont à l'origine de plusieurs maladies et décès. La paralysie de Malemba à la fin du texte en est une parfaite illustration. Véronique Tadjo dans *En compagnie des hommes* (2017), à travers le personnage homodiégétique Ebola, à qui elle prête sa voix, réprimande le comportement grotesque de l'homme. Pour lui, « Les hommes s'apitoient sur leur sort, mais ils ne sont pas meilleurs que moi. Ils n'ont de leçon à donner à personne. Ils doivent regarder en face le mal délibéré qu'ils s'infligent et qu'ils continuent à s'infliger depuis qu'ils existent » (Tadjo, 2017 : 144-145). Un peu plus loin, dans ce même texte, il rajoute des arguments probants qui, bien heureusement, s'illustrent à travers la chanson de l'auteur Congolais, Zao :

> Ils s'entretuent sans pitié, inventant chaque jour des façons un peu plus cruelles de faire souffrir et de tuer. De nouvelles raisons de faire la guerre. Tu sais qu'elle est ma chanson préférée, Baobab ? C'est « Ancien combattant » [sic] de ZAO. Elle illustre, mieux que tout discours, le grotesque des hommes et leur incurable maladie de destruction. Le musicien fait dans l'absurde, il a tout compris. Je peux te réciter les paroles de mémoire : Marquer le pas, un, deux
> Ancien combattant
> Mundasukiri

Marquer les pas, un, deux
Ancien combattant
Mundasukiri
La guerre mondiaux
Ce n'est pas propre, ce n'est pas beau
La guerre mondiaux
Ce n'est pas propre, ce n'est pas beau
Quand viendra la guerre mondiaux
Tout le monde cadavéré
Quand viendra la guerre mondiaux
Tout le monde cadavéré
Quand la balle siffle, il n'y a pas de choisir
Si tu ne fais pas vite changui, mon chéri, ho !
Cadavéré
Avec le coup de matraque
Tout à coup, patatras, cadavéré
Ta femme cadavéré […]
Mundasukiri [sic] (Tadjo, 2017 : 145-146-147)

Les paroles de la chanson de Zao viennent confirmer la méchanceté de l'homme. Le mal qu'il inflige à son prochain se retourne sans doute contre lui et contre tout le monde. Il est, d'emblée, perçu comme un être en guerre ; un être qui trouble l'humanité. Cette chanson vient, a n'en point douter, reconvertir l'homme de son attitude grotesque. La musique, pour cela, se révèle être un art sensibilisateur, une prise de conscience, une « […] force agissante » (Grand-Clément, 2015 : 98).

Suivant ce même ordre d'idée, il est donc nécessaire de penser que le registre acoustique, que nous soyons dans *En compagnie des hommes* de Véronique Tadjo ou dans *Le Signe de la Source* de Maurice Okoumba-Nkoghé, « instaure une situation de communication et de partage, de par sa faculté à pénétrer à l'intérieur des individus. » (Stoller, 1989 : 112). Le paysage sonore en littérature et dans les sciences humaines « n'a donc rien d'une donnée brute, mais relève de la représentation mentale et implique l'existence d'un filtre culturel qui conditionne le processus de perception de la réalité sensible » (Grand-Clément, 2015 : 115). Eu égard à ce point de vue, Corbin vient renchérir en disant : « un paysage est fondamentalement une lecture, une manière de poser le regard ou de se disposer à l'écoute » (Corbin, 1994 : 284).

2. Le vent : destructeur de l'homme et de son environnement

Le vent est une notion récurrente en littérature. Il est mis en exergue dans plusieurs textes fictionnels. *La Théogonie* d'Hésiode par exemple, le présente comme une créature monstrueuse ayant cent têtes de dragon. Dénommé Typhon, il possède en lui, des variations vocales horribles qui troublent l'entendement humain et ceux des dieux. Pour s'en convaincre, il est mieux de lire l'extrait suivant : « des voix s'élevaient de toutes ces têtes terribles, faisant entendre mille accents d'une indicible horreur. Tantôt c'étaient des sons que les dieux seuls comprennent ; tantôt la voix d'un taureau mugissant, bête altière, à la fougue indomptable » (Hésiode, vers 829-835). Cette vision du vent, est plus développée dans la mythologie gréco-romaine.

Cependant, de l'époque médiévale (Le *Roman de la rose*) en passant par le siècle des Lumières (*Candide*), à nos jours (*La Forêt des 29*), cette notion devient ambivalente. Elle s'affuble, par moment, d'une puissance agressive et dramatique, signe d'une malversation de l'écosystème ou d'un accident climatique.

Marie-France Gueusquin dans ce sillage affirme que le vent a « une force qui stimule les corps. […] il devient violent lors des accidents climatiques que sont les tempêtes. Ses effets sont ambivalents : excessif ou modéré, il apporte, dans la nature, destruction et renouveau, et suscite, chez l'homme, nervosité ou ivresse » (Gueusquin, 2006 : 121). C'est donc dans cette optique que s'inscrit *Le Signe de la source* de Maurice Okoumba-Nkoghé. Le romancier dépeint par le truchement du vent, les effets disharmonieux et troublants qui se matérialisent dans la ville de Pomi et ses espaces environnants. En effet, le vent, vecteur de la propagation des flammes, joue donc, avec aisance, sa partition désastreuse lors de l'incendie qui ravage durant la nuit, les deux magasins de Malemba et Iyanghi, au port d'Ayeme :

> Malgré l'heure tardive, l'importance du sinistre avait attiré sur le petit port, voisins et passants. Le vent qui soufflait du large redoutait de violence. Fouettées par ce souffle qui leur plaquait sur le visage l'âcre fumée, Malemba et Iyanghi reculèrent sur plusieurs mètres. – rentrons gamine, il n'y a plus rien avoir ici. Des bouillonnements de fumée emplissaient l'air, l'incendie s'étirait. Et une profonde vibration ébranla bientôt l'assise des bâtiments. L'accablement avait meurtri Malemba. Dans l'éclairage tour à tour et blanchâtre de la terrible fournaise, son visage

prenait l'aspect d'un masque de cérémonie rituelle. (Okoumba-Nkoghé, 2007 : 87)

Le vent dans cet extrait a un rôle catastrophique. Il concourt à l'avancée des flammes dans le port d'Ayeme. L'union de ces deux entités sonores à caractère nuisible « possède un nombre infini de vibrations vocales » (Murray Schafer, 2010 : 48) qui, probablement, entraine selon toute vraisemblance, la ruine des magasins, la perturbation du sommeil des voisins et le trouble de bon nombre de passagers. L'attitude de Malemba et d'Iyangui à cet effet, manifeste la colère, la rage et la nervosité. La phrase injonctive, exprimant l'ordre, employée par Malemba à sa sœur cadette, vient une fois de plus expliciter ce trouble, ce mécontentement : « Rentrons gamine, il n'y a plus rien avoir ici ».

Jean-Pierre Leguay a montré l'ambivalence du soufflement des vents : « Le "soufflement de divers vents" est le maître de l'énergie nécessaire aux humains, principe divin et spirituel qui anime l'humanité, bon (propice) ou monstrueux (déchaîné), dévastateur jusqu' […] au point de perturber les humeurs du corps. » (Leguay, 2011 : 99). Cette perturbation corporelle se perçoit lors de la métamorphose négative du visage de Malemba. Prise d'angoisse et de colère, son corps meurtri par la chaleur des flammes, particulièrement son visage, devient comparable à « un masque de cérémonie rituelle ».

La situation douloureuse qu'endurent ces deux personnages traduirait la fin du pouvoir politique et économique de Malemba. Les écrits d'Okoumba-Nkoghé, dans ce sillage, ont donc une portée sociale et écologique. Le champ de la souffrance humaine et de l'agir déployé dans la société du texte, peut présenter cet auteur comme un écrivain pluridisciplinaire. Le critique littéraire gabonais, Fortunat Obiang Essono (2006 : 16), dans cette optique ne dit-il pas qu'« il y a ainsi chez Okoumba, une ambition voisine de celle du sociologue ». Et Pierre-Claver Mongui (2019 : 21), dans la préface qu'il consacre au texte *Les Ombres solaires*, en vient au même constat : le roman d'Okoumba-Nkoghé « place l'écrivain en « ethno-sociologue ». Dans l'esprit de ce même roman à caractère pluridisciplinaire, Steeve Renombo et Didier Taba Odounga (2019 : 208) affirment que l'œuvre littéraire de Maurice Okoumba-Nkoghé participe « de la poétique de la relation écologique ». Ainsi, les voix du vent et celles des flammes dans l'environnement urbain du texte sont l'un des nouveaux paradigmes écologiques qui participent à l'esthétisation de l'écologie sonore.

En revanche, dans l'espace rural, le vent n'est plus perçu comme vecteur de lisibilité de l'expansion des flammes. Mais, devient l'élément sonore qui concourt à l'arrivée de la pluie. Celle-ci joue un rôle angoissant et craintif dans la forêt de Boulembo. Iyanghi, après qu'elle a été informée par Atongowanga du comportement dangereux et mystique de sa grande sœur, une pluie immense accompagnée de vents et des tonnerres surgit subitement :

> Tout d'un coup, Iyanghi eut un étrange sentiment ; elle avait l'impression qu'une calamité encore inconnue était sur le point d'arriver. Car des vérités trop fortes n'étaient jamais bon signe. Comme pour faire écho à cela, un grondement de tonnerre roula dans le lointain, les arbres des environs plièrent dans le vent qui se levait. Iyanghi crispa les mains sur les racines pour maîtriser cette angoisse lancinante qui l'empêchait de respirer. – Tu es cette enfant ? Interrogea-t-elle.- Je le suis ! -Et tu m'as jamais rien dit.- Le moment n'était pas encore arrivé. – Je rêve !- Ceux qui ont la connaissance ne rêvent pas. Iyanghi se redressa. Sa première intension fut de prendre ses jambes à son cou, de quitter ce lieu, de s'éloigner à jamais de Malemba. De la richesse de son aînée, elle n'en voulait plus. (Okoumba-Nkoghé, 2007 : 119-120).

Au regard de cet extrait, il en ressort, fort ordinairement, que le personnage d'Iyanghi est au contact d'un être mystique, bizarre voire fantomatique, dénommée Atongowanga. La révélation qu'elle en fait de son identité spectrale traduit, chez le personnage Iyanghi, l'anxiété, l'angoisse et le désarroi. Car, il faut l'affirmer d'emblée que, être à l'écoute du mot fantôme, chez l'être humain, Iyanghi pour le cas d'espèce, fait resurgir des sensations bizarres, choquantes et bouleversantes. Claude Nachin (2007 : 42) pense à cet effet qu'« une histoire de fantôme ne ressort que du domaine de l'étrange ». Cette étrangeté est d'autant plus manifeste lorsqu'Iyanghi écoute des grondements de tonnerre, entrainant des vents violents et une pluie brusque qui participent à l'effondrement des arbres, du véhicule qui transporte Malemba et ses sœurs et, causent aussi des blessures graves aux passagers :

> C'est dans cet état d'esprit que Malemba mena le Pajero jusqu'au pont de la rivière Abangayo, sous la pluie qui n'arrêtait pas de tomber. – Grand sœur, lui dit Iyangui, stoppe la voiture, nous allons descendre.- Tais-toi, peureuse, nous irons ensemble sur l'autre rive. Quand Iyanghi rencontra le regard de Malemba, une

terreur sans nom l'envahit : les joues de la grande sœur, à l'ordinaire rondes, avaient déjà perdu de la chair, les cernes sous les yeux s'étiraient démesurément. Sous le pont, Abangayo avait triplé de volume. Malemba jeta le Pajero sur les troncs d'arbre mouillés. Il se passa aussitôt quelque chose de terrible. Malemba fut subitement prise d'une grande agitation ; tout se passait comme si un esprit invisible lui disputait le volant. Alors, survint l'irréparable ; dans un bruit épouvantable, le véhicule bascula dans le vide. Iyanghi hurla de terreur quand le sang lui monta à la tête. Elle ne vit plus rien. Aucune douleur, seulement un grand remous noir qui tournait avec lenteur et l'entraînait. De très loin, elle entendit comme un cri, puis un autre. Un souffle emplit la terre de musique. Les cris et la musique semblaient interminables, mais c'était désormais sans intérêt pour Iyanghi. Elle voulait seulement rester au fond du remous qui se creusait davantage en l'entraînant plus loin. L'arrière du Pajero était complètement déformé par des blocs de roches. [...] Iyanghi avait les deux jambes brisées, avec d'énormes déchirures aux genoux. [...] Le cas de Malemba était très grave, raconta Teffa. (Okoumba-Nkoghé, 2007 : 121-123)

Les éléments de l'environnement acoustique (vent, pluie et tonnerre) deviennent des destructeurs des êtres vivants. Le mélange des sons qui offusque la tête d'Iyanghi sont signe d'un mal être et d'un trouble existentiel. Le bruit de ces éléments de la nature infirme la thèse de Murray Schaffer (2010 : 16) : « il n'existe pas dans la nature de bruits capables de nous faire du mal ». Au contraire, nous percevons la manifestation de la fatalité, une catastrophe dans la vie de Malemba et celle d'Iyanghi. A cet effet, Maurice Okoumba-Nkoghé présente donc cet environnement acoustique comme un espace qui ruine l'aspect physique et moral de l'être humain. Le caractère optimiste de Malemba à pouvoir découvrir la source, se transforme en une tragédie. Le monde devient alors pour elle, une souffrance, un chaos.

Conclusion

Dans *Le Signe de la source*, la notion d'écologie sonore est parfaitement représentée. Manifeste à travers le bruit de véhicules (klaxons), les instruments initiatiques (la guitare) et certains éléments de la nature (vent violent, tonnerre, et pluie), ces éléments acoustiques ont donc été perçus dans le texte de Maurice Okoumba-Nkoghé comme le leitmotiv du mal environnemental. En causant dans la nature des soubresauts dangereux tels que les vents irascibles, les incendies, les tonnerres, des grandes pluies, etc., les éléments naturels du paysage sonore ont donc fait de Pomi et de ses environs des lieux angoissants, tragiques et douloureux. Okoumba-Nkoghé à cet effet, fait de cet espace culturel et naturel, des lieux à tonalité particulière. On est, pour ainsi dire, tenté de croire à la pensée de Murray Schafer (2010 : 54) lorsqu'il écrit que « chaque paysage sonore naturel a ses propres tons, qui sont uniques, et souvent si originaux qu'ils se font empreintes sonores ».

L'écologie sonore prônée par Murray Schafer ne présente plus l'environnement acoustique comme un lieu paradisiaque. Il se lit plutôt, dans *Le Signe de la source*, comme une discipline qui éveille l'esprit critique en faisant « prendre conscience des paysages sonores qui nous entourent, de leur diversité menacée, et leur beauté » (Schafer, 2010 : 10). Maurice Okoumba-Nkoghé pourrait être perçu, *in fine,* comme un écrivain acoustique. Les éléments de l'écologie sonore qui renchérissent l'intrigue du roman, participent, sans nul doute, d'une nouvelle esthétisation du texte littéraire.

Bibliographie

BOURG, D. et ROCH, P. (2010), *Crise écologique, crise des valeurs ? Défis pour l'anthropologie et la spiritualité*, Paris, Labor et Fides.

CHARLES-DOMINIQUE, L. (2013), « "Paysage sonore" en question : l'ethnomusicologie à l'épreuve des théories aérologiques », *Paysages sensoriels. Essai d'anthropologie de la construction et de la perception de l'environnement sonores*, Paris, Le Gonidec, pp. 23-49.

CORBIN, A. (1994), *Les cloches de la terre. Paysage sonore et culture sensible dans les campagnes au XIXe siècle*, Paris, Flammarion.

FAIN, I. (2011), *La Forêt des 29*, Paris, Michel Lafon.

GRAND-CLEMENT, A. (2015), « Le paysage sonore des sanctuaires grecs. Délos et Delphes dans l'hymne homérique à Apollon », *Pallas*, n° 98, pp.115-130.

GULLIVER, L. (1990), *L'univers Gulliver I*, Montréal, VLB éditeur.

GULLIVER, L. (1991), *L'univers Gulliver II*, Montréal, VLB éditeur.

MIKALA, G.N. (2014), *Poétique de la satire dans le roman francophone*, Libreville, Amaya.

MONGUI, P.-C. (2019), « Préface » à Renombo, S.R. et Taba Odounga, D. *Les ombres solaires du réalisme au roman écologique dans l'œuvre de Maurice Okoumba-Nkoghé*, Libreville, Raponda-Walker, pp. 9-21.

OBIANG, ESSONO, F. (2006), « La mémoire des témoins », *Les Registres de la modernité dans la littérature gabonaise, vol.2. Maurice Okoumba-Nkoghé, Laurent Owondo et Justine Mintsa*, Paris, L'Harmattan, pp. 9-63.

OKOUMBA-NKOGHE, M. (1984), *La mouche et la glu*, Paris, Présence africaine.

OKOUMBA-NKOGHE, M. (2007), *Le Signe de la source*, Yaoundé, Clé.

RENOMBO, S.R. et TABA ODOUNGA, D. (2019). *Les ombres solaires du réalisme au roman écologique dans l'œuvre de Maurice Okoumba-Nkoghé*, Libreville, Raponda-Walker.

ROUTLEY, R.R. (2019), *Aux origines de l'éthique environnementale*, Paris, PUF.

SCHAFER, R.M. (2010), *Le Paysage sonore le monde comme musique*, Paris, Wildproject.

TADJO, V. (2017), *En compagnie des hommes*, Paris, Don Quichotte.

DE LA VIE À LA MORT : MAURICE OKOUMBA-NKOGHÉ OU LE PARTI PRIS DE LA RÉSISTANCE

Acif MEMBOUROU ADOKA[1]
Université Omar Bongo
acifzertysmembourou@gmail.com
****

Pierre-Claver MONGUI
Université Omar Bongo
pierre.mongui2000@yahoo.fr

Résumé : *La Mouche et la glu* d'Okoumba-Nkoghé est, au nombre des textes de la littérature gabonaise, l'un des plus connus dans le système scolaire du pays. Œuvre romanesque polymorphe, elle traite des questions telles que l'amour, la mort, la révolte, le conflit de génération et surtout de la résistance. Le présent article se propose d'analyser cette notion de résistance sous l'angle de la révolte et de la violence politique et sociale dans la dynamique interne du roman à partir de la micropsychanalyse de Sylvio Fanti. L'objectif en fin de compte sera de montrer en quoi la résistance est un principe de lisibilité de la crise des valeurs que l'auteur met en scène.
Mots-clés : Résistance – Amour – Mort – Micropsychanalyse – Okoumba-Nkoghé

Abstract : Maurice Okoumba-Nkoghe's work entitled *La Mouche et la glu* is one of the most read texts in Gabonese literature in the education system of the country. Polymorphic, this novel talks about several subjects, such as love, death, revolt, generational conflict, and above all resistance. Through Sylvio Fanti's micropsychoanalysis, this article proposes a textual analysis of the notion of resistance through revolt, political and social violence. Thus, we intend to show how the crisis of values is revealed through resistance.
Keywords : Resistance – Love – Death – Micropsychoanalysis – Okoumba-Nkoghe

Introduction

Si nous pouvons nous permettre de dire que la littérature gabonaise doit encore faire ses preuves pour atteindre une certaine maturité esthétique, à l'instar des autres pays africains, il ne serait pas judicieux de soutenir qu'elle est dénuée de tout effort d'inventivité. En effet, la pratique romanesque en littérature gabonaise s'est longtemps inscrite

---

[1] Doctorant au LAIC (Littérature, Arts et Imaginaires Culturels).

dans une relation de proximité avec le référent socioculturel. (Dissy-Dissy, 2020 : 79)

Cette assertion met en évidence l'idée selon laquelle le roman gabonais a considérablement évolué en raison de la diversité des thèmes qu'il aborde depuis les années 1980 jusqu'à nos jours. En effet, il apparaît évident que dans le champ littéraire gabonais, plusieurs écrivains, à l'instar de Laurent Owondo, Honorine Ngou, Jean Divassa Nyama et Sylvie Ntsame, n'ont cessé de promouvoir une esthétique visant à rapprocher le roman de sa sphère socio-culturelle. C'en est de même pour Maurice Okoumba-Nkoghé qui, dans *La Mouche et la glu* (1984), aborde un conflit générationnel entre père et fils. L'univers diégétique de cette œuvre « offre une illustration de ce que l'auteur cherche à mettre en relief dans la société postcoloniale africaine, oscillant entre tradition et modernisme » (Taba Odounga, 2019 : 108). En suivant le déroulement du récit, le narrateur met en évidence une condition existentielle assignée à tous ses personnages et, surtout, met ces derniers en rivalité permanente.

En considérant avec Albert Camus, que toute littérature est l'expression d'une expérience à la révolte[2], *La Mouche et la glu* d'Okoumba-Nkoghé se fonde sur une forme de résistance[3] comme principe de lisibilité de la révolte, dont l'écriture constitue une bifurcation aléatoire. Cette notion se donne à lire non seulement à partir de l'amour, mais aussi par la mort comme symbolique de la

---

[2] Albert Camus a évoqué de manière précise la notion de révolte. En effet, dès les premières pages de *L'Homme révolté* (1951 : 27), il définit ce qu'est un tel être : « Qu'est-ce qu'un homme révolté ? Un homme qui dit non. Mais, s'il refuse, il ne renonça pas : c'est aussi un homme qui dit oui, dès son premier mouvement. Un esclave, qui a reçu des ordres toute sa vie, juge soudain inacceptable un nouveau commandement. Quel est le contenu de ce "non" ? Je signifie, par exemple, "les choses ont trop duré", "jusque-là oui, au-delà non", "vous allez trop loin", et encore "il y a une limite que vous ne dépasserez pas". En somme, ce non affirme l'existence d'une frontière ».

[3] Selon *Le Dictionnaire du littéraire*, la résistance est liée à l'engagement d'un écrivain, surtout dans un contexte de violence. Il relève avant tout, de ses convictions politiques et de sa morale personnelle. Mais, il se pose un problème, difficile et essentiel, quand l'autonomie du champ littéraire fait que les liens entre la littérature et la politique sont indirects et d'ordre symbolique. La « suspension d'autonomie » est-elle possible ? Et avec quelles conséquences ? « Il est indéniable que les textes de résistance relèvent d'une prise de position idéologique plus que d'une recherche de l'effet esthétique pur » (Aron, Saint-Jacques, Viala, 2002 : 672).

liberté et de la victoire des actants-acteurs du récit. Faut-il se demander si la place accordée à l'amour et la mort par Maurice Okoumba-Nkoghé dans son roman, ne traduit-elle pas une forme de résistance ? La micropsychanalyse de Sylvio Fanti permettra de cerner la notion de résistance dans l'œuvre d'Okoumba-Nkoghé.

Dans *L'Homme en micropsychanalyse*, Sylvio Fanti déploie une régression psychanalytique et met en exergue les fondements d'une épistémologie basée sur l'homme, le rêve, la sexualité et la mort. Dès lors, la micropsychanalyse est une « méthode d'investigation du psychisme extrêmement poussée » (Fanti, 1988 : 10) qui place l'être humain et son psychisme dans une disposition globale et, surtout, appréhende les mouvements, les rapports de symétrie entre un individu et son semblable. Il ne s'agit pas de reconduire de façon générale la méthode micropsychanalytique comme la pratique Sylvio Fanti. Cependant, nous présentons un aspect microscopique de celle-ci[4], tout en faisant ressurgir le modèle psycho-organique de l'homme ainsi théorisé par Sylvio Fanti. Pour y arriver, il s'agira d'abord d'explorer la naissance d'un amour pour la mort comme prélude de la résistance afin d'aboutir à la mort comme motif de la résistance.

1. En prélude à la résistance : la naissance d'un amour pour la mort

Dans *La Mouche et la glu*[5], le narrateur raconte l'histoire tragique de trois personnages : Amando, Opagha et Nyota. Cette dernière fait la connaissance d'Amando et de son jeune frère Opagha, tous les deux issus d'une famille modeste. Cette rencontre occasionne la naissance d'un amour singulier, dont la symbolique est à l'image d'une révolte anticipée contre la cupidité, la violence, la sorcellerie et le pouvoir. Suite au refus de Nyota d'épouser l'homme choisit par son père, un conflit naît. Nyota, éprise d'Amando, décide de vivre avec lui dans la misère et non demeurer dans l'opulence du sulfureux M'Poyo. N'Gombi, le père de Nyota, avide d'argent et de pouvoir, vend la chair de sa chair au plus offrant, notamment au sorcier Samabi complice du richissime M'Poyo. Enfin, suivant le récit, Amando, Nyota et Opagha finissent par mourir.

---

[4] Il s'agit d'utiliser une partie de son étude portant sur les notions de l'amour, de la sexualité et de la mort en micropsychanalyse.

[5] Les références à ce texte seront désormais marquées par *LMG*, suivies du numéro de page.

Dans la dynamique interne du roman, l'accent est mis sur l'amour vécu entre les protagonistes que sont Amando et Nyota. Leur avenir, à peine dix-huit ans pour l'un et dix-neuf ans pour l'autre, est tracé pour la mort à cause d'une lutte acharnée contre N'Gombi et M'Poyo. Le narrateur montre que la rencontre de ces deux personnages est non seulement singulière, mais qu'elle donne aussi naissance à un amour qui sera à l'origine de leur fin tragique. Le schéma narratif du texte explicite une sorte de volonté cachée, où chaque personnage, dès la mutation d'une émotion, promeut un conflit avec le père et ses compagnons. Le récit relate une alchimie des corps à partir des gestes d'Amando et de Nyota ; les deux se touchent, se caressent jusqu'à parvenir à créer un besoin-désir[6] de pénétration :

> Quelque chose se préparait là, qui n'était pas un simple jeu, qui n'était pas un simple caprice d'enfant. La main d'Amando se déplaça de quelques centimètres, poussée par une force sans nom, une force venue du fond de lui-même et qu'il n'arrivait pas à contrôler. Quand il toucha les épaules de la jeune fille, il sentit comme une secousse, une secousse qui ébranla tout son corps. Il voulut la retirer, sa main, mais il ne put le faire. Elle restait collée aux épaules de la fille. Elle ne disait rien, la fille. Elle attendait. Elle sentit le sang couler dans cette main posée sur elle, cette main d'homme. Cela lui fit du bien, comme si depuis des jours et des jours elle n'attendait que cela. La main glissa des épaules vers l'avant, vers la poitrine. Elle glissa sous le corsage blanc. Elle en sortit les deux seins durs comme les pierres des chemins, elle les sortit du corsage comme des mangues d'une corbeille. Nyota tremblait de tout son corps, elle tremblait comme une feuille prise dans une toile d'araignée et bercée par la brise du matin. Soudain, elle se mit tout debout, et mince et fragile et petite comme elle a toujours été, elle semblait une gerbe de paille sur laquelle une flamme était tombée. Inondé jusqu'en ses menus vaisseaux, Amando se mit debout avec elle. Il planta son regard d'homme dans le regard de femme. Son corps explosait, comme dynamité. Debout, son ventre contre le ventre de la jeune fille, il se mit à sucer les deux mangues dures qu'il tenait toujours dans sa main. Le jus inondait sa bouche. Les plaintes sortaient de Nyota comme le sang d'une blessure, par saccades. (*LMG* : 28-29)

---

[6] Besoin-désir est une expression utilisée par Sylvio Fanti pour dire, suivant le modèle Psycho-organique que les corps, qui sont possédés par des pulsions de pénétration, ont, par extension, un ressenti qui manifeste une envie de pénétration.

Un « contact-fusion »[7] entre Amando et Nyota est ici lisible dans un sens micropsychanalytique. Un sentiment amoureux lie ces deux êtres de façon charnelle et spirituelle. Il apparaît qu'à travers cet acte, les personnages produisent une tension au sens d'une faculté de « réaliser un contact, voire une fusion psychobiologique » (Fanti, 2003 : 210). La relation amoureuse est un acquis, les actants-acteurs ont scellé pour et en eux un lien qui les mènera vers un combat contre N'Gombi et M'Poyo. Mais, l'acte qui crée une « tension-fusion » entre les deux individus est par ailleurs symbolique d'un éveil à la conscience collective sur la nécessité de croire en l'amour, au-delà de la mort. Amando et Nyota, près du jeune et candide Opagha, font jaillir en eux une tension créée par un geste de la main posée sur un sein :

> Opagha dormait entre Nyota et Amando. Tous trois étaient couchés dans l'ombre des caféiers, en cette après-midi de samedi. Nyota enleva doucement la main que l'enfant avait mise dans la sienne. Elle la lui posa à côté de lui sur la natte. Ensuite, elle prit la main d'Amando et la posa sur son sein à elle. Ils restèrent là, unis par la main et le sein. Et la chaleur que le sang de l'une faisait couler dans le sang de l'autre, cette chaleur passait dans les deux jeunes corps qui brulaient d'amour, ensemble. (*LMG* : 125)

Ce contact-fusion entre Amando et Nyota, pris dans un sens micropsychanalytique, tend à mettre en avant le « satisfaisant-réalisant le besoin-désir de pénétrer » (Fanti, 2003 : 208). Le récit en témoigne. Ces deux personnages, se rendant à la plantation, après avoir longé la piste derrière le caféier, font une course qui les conduit au pied d'un arbre. Là, le narrateur met en évidence une « volonté de puissance »[8] (Nietzsche, 1950) qui naît en eux, un

---

[7] C'est à travers des études menées par Sylvio Fanti, sur une nouvelle approche appelée micropsychanalyse, basée sur la régression d'éléments psychanalytiques, comme la sexualité et la mort que nous avons conçu dans notre thèse de doctorat le concept de « contact-fusion ». Il renvoie à la réunion des corps en activité, dans l'optique de créer un espace onirique permettant à des actants-transcendants de s'évader des maux du monde dans lequel ils évoluent. C'est le cas dans *La Mouche et la glu* d'Okoumba-Nkoghé à travers Amando et Nyota, se met en œuvre, exercée sur eux par un amour céleste qui les libère du malheur du monde, des enfers et des persécutions des représentants du mal.

[8] Dans plusieurs de ses ouvrages, Friedrich Nietzsche met en avant la notion de « volonté de puissance » conçue comme le dessein primordial de toute forme de pulsion. C'est chez l'être humain que la possibilité de doubler sa puissance se manifeste. Pour Friedrich Nietzsche, l'individu est la somme de ses propres

besoin organique, ces derniers sont habités par des pulsions sexuelles et/ou une envie de faire l'amour :

> Puis quand elle eut fini, elle revint toute légère vers son fiancé qui l'attendait couché sur les palmes. Son pagne glissa sur le sol et elle se retourna nue devant lui. Amando souriait ; son désir était de plus en plus visible. Lentement, sans quitter son fiancé des yeux, elle se coucha à côté de lui sur les palmes. Alors, au contact de ce corps plein de vie, de folie et de mort, il se leva et commença à se dévêtir à son tour. Son regard de fille vierge se posa sur la bouche de son fiancé, descendit vers son nombril, puis se fixa sur le bas de son ventre. Il s'approcha lentement d'elle, se coucha sur son ventre, la saisit par la taille et, à petits coups de reins, il la pénétra. Au commencement il écorcha son corps contre le corps de la fille. Il dut suer longtemps, pour se faire un chemin en dedans de celle qu'il aimait. Le chemin trouvé, ils demeurèrent collés l'un à l'autre, le corps secoué de frissons. Ondulant au rythme de leurs ébats, Nyota enroulant son homme de ses cuisses et de ses jambes, ils s'oublièrent. Plus rien n'existait pour eux en dehors de leur plaisir ; plaisir physique et psychique. (LMG : 161-162)

La micro-séquence met en évidence une jonction des corps possédés par le besoin irrépressible « d'abolir la solitude inhérente au vide omniprésent » (Fanti, 2003 : 210). En effet, la micropsychanalyse nous permet de cerner l'idée selon laquelle la sexualité des deux jeunes gens, l'amour éprouvé entre eux, est à l'origine de leur destin tragique ce qui permet de soupçonner un malaise dans la société comme le montre Patrice Gahungu[9].

---

pulsions. Une pulsion détermine une autre, c'est donc pourquoi il désigne l'être comme volonté de puissance.

[9] Lire Patrice Gahungu, « Mystère de l'agape et Mystique de Kamikaze ou la double quête du sens dans *La Mouche et la glu* d'Okoumba-Nkoghé » (2004). Dans cet article, il dénonce la figure du père qui, du point de vue socio-anthropologique, correspond à la mystagonie du mal occulté par des lois coutumières. Il vendrait ses enfants-filles pour son propre bonheur. Il importe de reconnaître que dans la socio-anthropologie de notre univers, les enfants-filles n'avaient pas droit à la parole comme leurs mères d'ailleurs. Seul, le père, symbole d'autorité, de puissance mâle, songeait à conclure des mariages arrangés, offrant ainsi à un individu issu d'un clan autre ou même d'un village voisin sa fille. Cependant, le roman de Maurice Okoumba-Nkoghé présente les marques d'une résistance à la façon de Camus. Des personnages jeunes, symbolisent les révoltés contre les coutumes et traditions d'une civilisation enfouie dans le temps jadis et contre une sorte d'autorité sorcellaire du père et de ses travers malsains : Amando et Nyota sont ainsi, comme le relève le narrateur, les figures de la révolte sous toutes ses formes.

Cette poétique de la relation amoureuse permet d'appréhender un fait : « le sexe de la femme c'est l'ouverture » (Van Wesemael, 2008 : 193), une embrasure qui mène à l'ultime condition humaine, la mort. Cet amour est sacré en raison du défi lancé contre le vice du pouvoir et de l'argent qu'incarnent Ngombi et M'poyo. Dans le récit d'Okoumba-Nkoghé, cette relation entre les trois personnages est à la naissance d'un amour pour la mort. Tout contact entre ces derniers est le pacte signé pour résister contre l'oppresseur et accepter le destin plutôt tragique et libérateur d'un mal omniprésent.

2. La mort[10] comme motif de résistance

La mort, dans son sens usuel, est une forme de « cessation complète et définitive de la vie »[11]. Cette notion, bien que touchant à plusieurs disciplines, « compose tout à la fois un motif narratif, un schème culturel et anthropologique, un archétype, un symbole structurel et un thème littéraire récurrents » (Mongui, 2012 : 29). Dans *La Mouche et la glu*, la mort est partout, elle occupe une place de choix et se représente sous plusieurs angles, notamment anthropologique, sociologique, philosophique.

La résistance a une valeur significative, en ce sens que l'autorité incarnée par N'gombi et M'poyo semble être déchue, elle est remise en cause par le fait que les personnages sacrifient leur vie pour pouvoir connaître un amour transcendant[12]. Dans le récit, Amando

---

[10] Le thème de la mort est récurrent dans l'espace littéraire africain, en général, et le gabonais en particulier. Ils sont nombreux, à l'instar de Georges Bouchard, Honorine Ngou, Sandrine Bessora, à accorder à la mort une place de choix dans l'une ou l'autre de leurs œuvres. Cependant, les romans d'Okoumba-Nkoghé « offrent aussi la meilleure représentation anthropologique de la conception de la mort parce que celle-ci repose sur la conception première qu'en fait la société réelle » cf. Hémery-Hervais Sima Eyi, « La Mort dans *La Mouche et la glu* d'Okoumba-Nkoghé. Une étude sociocritique sur les relations entre le dedans de l'œuvre et la réalité », *La Mort dans l'espace littéraire gabonais* (2012 : 163).

[11] *Dictionnaire du grand Larousse* (2014 : 748).

[12] C'est à entendre au sens de Didier Taba Odounga qui voit dans *La Mouche et la glu*, le phénomène de la révolte au sens camusien. L'autorité du père est mise à mal et la révolte de l'enfant face aux lois traditionnelles est signe de conflit, de volonté de puissance, ou d'une possibilité de création d'un surhomme nietzschéen, autrement dit, de surgissement d'un être habité par sa seule et unique volonté de tuer le père jusqu'à parvenir à sa propre mort. Par conséquent, Maurice Okoumba-Nkoghé, est un écrivain de la mort et du vide obsédant du monde terrestre.

et Nyota sont les héros de la résistance à l'autorité du père. Ce dernier, influencé par M'Poyo, cherche à asseoir le mal de façon tout à la fois psychique, physique, métaphysique et morale dans sa famille et dans celle de l'amant de sa fille. Le dispositif narratif est tel que la scène ci-après, se présente sous la forme d'une prédiction de la condition d'existence des différents personnages en conjuguant cela au sort réservé à ces derniers. Amando, Nyota et Opagha sont pris au piège par leur amour, tout comme N'Gombi et M'Poyo le sont par leur avidité :

> Sur la route, une araignée était prise par sa propre toile […]. Elle se débattait pour s'en dégager. Voici (dit Nyota) une araignée qui est sa propre prisonnière, comme mon père est le prisonnier de sa propre cupidité et de ses propres ambitions, comme toi et moi sommes enchaînés à nous-mêmes. (*LMG* : 157)

La métaphore de l'araignée, prisonnière de sa propre toile, est significative d'une impossibilité d'échapper à la condition humaine pour chacun des personnages : Amando, Nyota, Opagha, N'gombi et M'poyo. En effet, cette lutte acharnée entre eux ne peut que les conduire à leur propre mort selon l'interprétation d'Honorine Ngou[13]. D'ailleurs, dans toute l'œuvre, de manière implicite et/ou

---

L'écrivain gabonais met en évidence, à la façon d'Alfred de Musset dans *Confessions d'un enfant du siècle,* la notion de l'amour. Nyota, personnage lumineux et habitée par une clairvoyance peut dire : « Ici, l'amour semble une porte par laquelle on passe de la vie à la mort, de la mort à la vie ; un chemin vers la lumière » (*LMG* : 216). Ce chiasme construit aussi une sorte de relation trinitaire entre l'amour, la vie et la mort. Chez Maurice Okoumba-Nkoghé, la mort symbolise la création d'une vie métaphysique dont, la victoire sur la vie terrestre. Les personnages du récit sont des êtres habités par un sentiment de souffrance, par un spleen au sens où l'entend Charles Baudelaire pour qui la mort est libératrice des maux du monde.

[13] L'interprétation d'Honorine Ngou met en avant la victoire des actants-acteurs du récit que sont Amando et Nyota sur N'gombi et M'poyo. Selon elle, même s'il est question d'une résistance, celle-ci est parfois sujette à une bifurcation vers des horizons funèbres et marquant une certaine fatalité orchestrée par eux-mêmes dans le dessein de respecter leur intégrité, leur amour, leur principe : « Des remarques sur la fatalité et des mots appartenant au champ lexical du fatum apparaissent dans l'œuvre avec une fréquence accrue : une force invisible, le destin, l'incroyable puissance, etc. une telle récurrence montre que les personnages principaux se dirigent vers une mort certaine. Dans le texte, on constate que les personnages constituent les otages du destin, mais ils représentent eux-mêmes des fatalités » (Ngou, 1991 : 170). Nous partageons l'interprétation d'Honorine Ngou qui, selon une lecture socio-anthropologique du récit de Maurice Okoumba-Nkoghé, laisse paraitre les antagonistes comme fondateurs de leur propre mort. Mais, c'est là à

explicite est mentionnée l'image de thanatos. Il faut dire que la mort nourrit la vie d'Amando et de Nyota car elle permet de résister à l'oppression du père obnubilé par la richesse et le pouvoir. Comme dans la bouche du grand-père, le prisonnier, qui séjournait avec Amando en cellule, laisse entendre des propos du jeune sur l'amour et la justice et montre combien il était du devoir de ce dernier de résister de quelque manière que ce soit à la méchanceté de N'gombi et de M'poyo : « Ainsi j'ai vécu, ainsi je vais mourir dans un pays où tout est mensonge ! Seule la parole de cet enfant est juste comme le signe du ciel… Résister… » (*LMG* : 200).

La mort, telle qu'elle est configurée dans le récit, est ce qui permet de créer une nouvelle vie en d'autres personnages. En effet, Amando, enfermé dans une cellule, après avoir subi les pires atrocités, les pires violences venant des agents des forces de l'ordre sous l'autorité de M'poyo, finit par rendre l'âme entre les mains de Mombo, chauffeur et chargé de mission de ce dernier. De plus, le narrateur, en donnant la parole à Mombo qui, loin de paraître un simple actant régressif, met en avant la réussite d'une mort comme symbolique de résistance ultime et fondement d'une transfiguration pour toute une génération future : l'amour est plus fort que la mort et la mort plus forte que la vie lorsque celle-ci est dominée par des souffrances de tout genre. Mombo, qui devient un personnage nouveau, a reçu le legs des valeurs qu'incarnait Amando, d'où le discours particulier qu'il tient sur la mort :

> Mombo sortit le petit mouchoir blanc de sa poche. Il le déploya au-dessus des yeux d'Amando qui ne pouvait plus voir : « je lui dirai que tu as réussi ta mort, je lui dirai combien toutes les morts diffèrent dans leur signification. En cet instant présent, ta douleur enfante la vie. Vois comme je suis devenu un autre homme […] Il prit le mouchoir et le trempa dans le sang, puis quand le mouchoir fut tout plein du sang de l'enfant, il le mit dans sa poche, plié en boule comme un morceau de viande. Il souleva de terre les bras du jeune homme, les lui posa sur la poitrine nue, en croix. Du pouce et de l'index, il lui ferma les yeux. Le corps venait d'épouser l'immobilité sans retour. Il se leva et fit trois pas en arrière. Un doigt de la main droite dans la bouche, la main gauche sur le cœur, il resta planté dans la pièce que la mort venait

---

notre sens, une volonté de dénoncer l'absurdité de la vie au sens où l'entend Arthur Schopenhauer, une vie dominée par toutes les souffrances possibles. La mort en son sein, selon le narrateur, n'est plus fatalité mais liberté et victoire des uns sur les autres.

> d'assiéger. En même temps qu'il ressentait l'envie de pleurer et
> une tristesse sans fond en face de l'absurdité de la vie, il ressentait
> au fond de son âme une douceur elle aussi sans fond, comme une
> tendresse, comme une sereine musique. (*LMG* : 208-209)

Les propos de Mombo permettent d'appréhender un fait : la mort peut être génératrice de vie. Amando, par son décès, a transfiguré l'existence de ce personnage placé jusque-là sous l'autorité et l'influence de son patron, M'poyo. Pour ce dernier, le crime d'aimer est celui par lequel nait la volonté de mourir et de laisser derrière lui un message pour les générations futures : « l'amour est plus fort que tout ». Mombo rappelle comment Amando a laissé la vie en principe, par amour pour Nyota qui, à la fin du récit trouvera aussi la mort de manière mystique selon ce qu'avait prophétisé le sorcier Samabi à son père N'gombi :

> Les évènements qui suivirent ressemblèrent exactement aux cruelles paroles sorties de la bouche de Samabi. Un jour après l'enterrement des deux frères, Nyota perdit la vue, l'ouïe et la parole. La mort l'avait pénétrée, avec son odeur moite et forte, avec sa violence désordonnée qui détruit le calme et la paix ordonnée de la vie. Elle était soumise à son rythme fou. Doucement, la jeune fille se laissait emporter par le balancement des ailes géantes de la lassitude éternelle. […] elle se meurt. (*LMG* : 257)

Nyota, héroïne du récit d'Okoumba-Nkoghé, se laisse posséder par la mort. Soudainement, elle perd tous ses sens, l'ouïe, la vue et la parole. Ainsi la jeune Nyota traversait déjà le couloir de la mort. « Elle se meurt ! » est ainsi le syntagme verbal qui exprime l'inquiétude de Mombo auprès du vieux N'Dzayi. Mais, comme l'indique le Nganga Oléri, la mort de Nyota était causée par son propre géniteur, N'gombi, « le prototype d'un être cupide et conditionné par des pulsions mortifères lorsqu'il veut obtenir un gain » (Taba Odounga, 2019 : 109). Le narrateur à la fin du récit donne une place à Mombo qui est lucide à la mort de Nyota suivie de celle d'Amando et d'Opagha. La résistance des protagonistes par la mort et/ou symbole de victoire contre la cupidité, la méchanceté voire le mal[14] :

---

[14] C'est à Georges Bataille que nous devons la notion du Mal, notamment dans son ouvrage *La Littérature et le mal*, dans lequel il passe en revue un ensemble de catégories du mal en prenant pour appui les fictions romanesques et poétiques des écrivains français.

> Mombo laissa retomber sur la natte le bras qui refroidissait, car ce froid qui passait dans son propre bras d'homme refroidissait sa chair, son sang. Quand son regard d'homme se posa sur le front d'ébène qui blanchissait à l'approche de la mort et sous l'effet du poison, il y lut la déchirure du refus, refus d'un monde de corruption et de débauche. Alors, entre ses dents, Mombo murmura : « Mourir, pour toi Nyota, c'est créer, c'est transformer tes idées en actes, c'est les exprimer en lumière, en source de vie nouvelle… » (*LMG* : 263).

La violence de la mort dans cette œuvre se révèle comme le signe d'une source nouvelle à laquelle s'est abreuvée une génération sortie du silence, pour contester la tradition d'un père habité par l'avidité, la cupidité et le mal. Sur cette voie, « L'inconscient du texte »[15] nous conduit vers un fait marquant, suivant l'approche de Sylvio Fanti, la mort est considérée comme vide et constitue « le point théorique et technique de la science micropsychanalyse » (Fanti, 1988 : 52). En effet, cette mort des personnages de l'œuvre, notamment Amando, Nyota et Opagha, s'inscrit dans ce que Sylvio Fanti appelle « la continuité » (Fanti, 1988 : 30.) Et/ou le « continuum infini », (Fanti, 2003 : 45.) Dans le sens où, cette logique promeut l'idée selon laquelle la mort devient source de continuité de la vie au-delà des frontières de ses frontières.

Conclusion

Nous avons analysé *La Mouche et la glu* d'Okoumba-Nkoghé, à partir de l'approche critique et théorique de Sylvio Fanti, la micropsychanalyse. Il s'agissait de faire ressortir les différents motifs qui mettent en évidence le parti pris de la résistance ; à cet effet l'amour, la mort et la révolte sont considérés comme déterminant l'opposition des personnages à leurs oppresseurs. En ce sens, « la mort comme l'amour, sont des thèmes structurants dans la mesure où les écrivains n'ont de cesse de revenir vers ces principales notions lorsqu'il s'agit de déployer le geste poétique » (Taba Odounga, 2012 : 49). En empruntant quelques fragments du modèle psychoorganique de Sylvio Fanti, nous montrons que l'œuvre d'Okoumba-Nkoghé met en scène une certaine prise de conscience

---

[15] Nous devons cette expression à Jean Bellemin Noël, *Vers l'inconscient du texte* (1996).

de la fragilité de l'être humain et, surtout, de l'amour qui peut être à l'origine de la mort. En suivant la logique de l'œuvre, il y a comme un renversement des codes traditionnels africains comme le témoigne Mohamadou Kane dans *Roman africain et traditions*. Le père, symbole de l'autorité en Afrique, perd son pouvoir au détriment d'une révolte, une résistance des enfants

Bibliographie

BATAILLE, G. (1990 [1957]), *La Littérature et le mal*, Paris, Gallimard.

BELLEMIN NOEL, J. (1996), *Vers l'inconscient du texte*, Paris, PUF.

DISSY-DISSY, Y.R. (2020), « Rhétorique posturale et démarcation dans la pratique générique chez deux écrivains gabonais Sandrine Bessora dans *Cyr@no* et Mayft Nzaou dans *Avant l'aube* », Gauvin, L. et Fonkoua, R. et Alix, F. (dir.), *Penser le roman francophone contemporain*, Montréal, Les Presses de l'université de Montréal, pp. 77-95.

DUROZOI, G. et Roussel, A. (2009), *Dictionnaire de philosophie*, Paris, Nathan.

FANTI, S. (1988 [1981]), *L'Homme en micropsychanalyse*, Paris, Bruchet/Chastel.

FANTI, S. (2003 [1983]), *Dictionnaire pratique de la psychanalyse et de la micropsychanalyse*, Paris, Buchet/Chastel.

GAHUNGU, P. (2004), « Mystère de l'agape et Mystique de Kamikaze ou la double quête du sens dans *La Mouche et la glu* d'Okoumba-Nkoghé », *Humanitas*, n°3, pp. 139-166.

KANE, M. (1982), *Roman africain et tradition*, Dakar, NEA.

MONGUI, P.-C. (2012), « Entre vie et mort : mystère et mythe de la sorcellerie dans *Sous le pont de Bomo* de Marc Kaba », Moupoumbou, C. et Ndemby Manfoumby, P. (dir.), *La Mort dans l'espace littéraire gabonais*, Libreville, Odem, pp. 29-48.

NGOU, H. (1991), « Compte rendu de lecture Maurice Okoumba-Nkoghé : *La mouche et la glu* », *Notre librairie*, n° 105, *Littérature gabonaise*, p. 70.

NIETZSCHE, F. (1950), *Le Gai savoir*, Paris, Gallimard.

OKOUMBA-NKOGHE, M. (1984), *La Mouche et la glu*, Paris, Présence Africaine.

SIMA EYI, H.H. (2012), « La Mort dans *La Mouche et la glu* d'Okoumba-Nkoghé. Une étude sociocritique sur les relations entre le dedans de l'œuvre et la réalité », Moupoumbou, C. et

Ndemby Manfoumby, P. (dir.), *La Mort dans l'espace littéraire gabonais*, Libreville, Odem, pp. 151-172.

TABA ODOUNGA, D. (2012), « L'Expérience de la mort dans *Dommage !* de F. Leckyou et *Larmes de cendre* de J. Mintsa », Moupoumbou, C. et Ndemby Manfoumby, P. (dir.), *La Mort dans l'espace littéraire gabonais*, Libreville, Odem, pp. 49-65.

WESEMAEL, S.V. (2008), « Obscénités en littérature : le cas Houellebecq », Bernas, S. et Dakhlia. J., *Obscène, Obscénités*, Paris, L'Harmattan, pp. 187-201.

Image : O'neil, « DZA'A (village) is better », Kongosat+, 2019.

LA POÉSIE D'OKOUMBA-NKOGHÉ : UNE AVENTURE DE LA SUBJECTIVITÉ AUX RYTHMES DE LA MODERNITÉ LITTÉRAIRE. LECTURE SOCIOPOÉTIQUE DE *PAROLES VIVES ÉCORCHÉES, LE SOLEIL ELARGIT LA MISÈRE* ET *RHÔNE-OGOOUÉ*

Fridolin ASSEKO ELLA[1]
Université Omar Bongo
fridolinella77@gmail.com
****
Didier TABA ODOUNGA
Université Omar Bongo
odjouani@yahoo.fr

Résumé : La poésie est la manifestation particulière du langage écrit ou oral. Elle fait l'aventure du verbe, du vers, du mot, pour traduire le lyrisme du poète. Chez Okoumba-Nkoghé, la parole poétique est à la fois « paradoxale, dialectique, ou simplement équilibrante » (Richard, 1964 : 8) afin de créer du sens. Si la poésie est « d'abord cette garantie retrouvée du sens des mots et de la conservation de la parole » (Rompré, 1970 : 8), lire la poésie d'Okoumba-Nkoghé, c'est comprendre l'aventure de la subjectivité via l'émancipation de la lettre, voire du mot traduisant le malaise existentiel d'un être en quête de soi, d'un désir et d'une affirmation de soi. Il s'agit d'un romantisme poétique au goût de la révolte. Révolte contre une société à la pensée sclérosée encourageant les inégalités raciales ; et, surtout, révolte contre des politiques rétrogrades étouffant les libertés de tous ordres. Sa poésie est moderne en ce qu'elle « met le langage en état d'émergence » (Bachelard, 1957 : 10) à travers des thématiques propres à l'imaginaire social gabonais. Invoquant la sociopoétique, nous faisons « une corrélation entre les faits de la société » (Viala, 1998 : 64-67) et le désir de clarté du poète à traduire par les mots l'articulation du lyrisme subjectif dans ses poèmes. Les représentations sociales, « éléments dynamiques de la création littéraire » (Montandon, 1998 : 1), propulsent l'émergence du vers libre, symbolique de la modernité littéraire. Elles aident à mieux lire l'écriture poétique d'Okoumba-Nkoghé et facilitent la réception et ressortir la modernité littéraire des poèmes choisis.
Mots-clés : Identité – Modernité – Poésie engagée – Sociopoétique – Subjectivité

Abstact: Poetry is the particular manifestation of written or oral language. It is about the use of verb, verse, word, so as to translate the poet's lyricism. Okoumba-

---

[1] Doctorant au LAIC (Littérature, Arts et Imaginaires Culturels).

Nkoghe's poetic speech is at the same time "paradoxical, dialectical, or simply balancing" (Richard, 1964 : 8) in order to generate meaning. If poetry leads to "first a rediscovered meaning of words and the preservation of speech" (Rompré, 1970 : 8), to read Okoumba-Nkoghe's poetry is to understand the adventure of subjectivity through the emancipation of the letter, or even the word that reflects the existential discomfort of a being in search of self, desire, and self-assertion. It is a poetic romanticism in which is the idea of revolt is inscribed. Revolt against a society with sclerotic thinking that encourages racial inequalities; and, above all, revolt against retrograde policies that stifle freedom of all kinds. His poetry is modern in that it 'puts language in an emergency state' (Bachelard, 1957: 10) with themes that are specific to Gabonese social imagination. By using sociopoetics, we intend to make "a correlation between societal facts" (Viala, 1998: 64-67) and the poet's desire for clarity to translate into words the articulation of subjective lyricism in his poems. Social representations which are "dynamic elements of literary creation" (Montandon, 1998: 1), lead to free verse, symbolizing literary modernity. They help better read Okoumba Nkoghe's poetic writing and allow the reception of his work. They bring out literary modernity in the chosen poems.

Keywords: Identity – Modernity – Committed Poetry – Sociopoetics – Subjectivity

Introduction

Admise comme genre littéraire par lequel la littérature gabonaise tire son acmé, la poésie gabonaise contribue fortement à l'émergence de l'espace littéraire local. Il est vrai qu'après les années 70 où elle a connu son apogée, elle est devenue au fil du temps le parent pauvre des genres littéraires locaux. Cela ne signifie pas que les poètes ne se produisent plus ou que le genre n'est pas ou plus sur les étagères des librairies et maisons d'éditions. Il s'agit par contre de l'épineux problème de la « réception » (Mombo, 2011 : 12-16). On ne lit pas un poème comme on lit un roman, un conte ou une nouvelle. La poésie fait émanciper le vers et manifeste une certaine esthéticité « singulière au service de l'expression verbale de l'idée » (Caillet, 1953 : 135). En effet, le Gabon étant « un pays qui est entré tardivement dans la pratique de la littérature » (Taba Odounga, 2012 : 258), privilégier un genre et laisser pour compte un ou des autre(s) créé une fracture dans le terrassement de l'espace littéraire gabonais, car « l'émotion transmise ne suffit pas à définir la poésie, c'est par le texte que le lecteur accède à l'état du poète » (Fontaine, 2002 : 75). Maurice Blanchot (1955 : 251) recadre en précisant qu'en réalité « auteur, lecteur, personne n'est doué, et celui qui se sent doué, sent surtout qu'il ne l'est pas, se sent infiniment démuni, absent de ce pouvoir qu'on lui attribue ».

Pour qu'une littérature ait un écho favorable, la promotion et la valorisation des genres littéraires par des critiques et des acteurs culturels sont nécessaires. C'est dans ce registre que s'inscrit Maurice Okoumba-Nkoghé qui est reconnu par son écriture plurielle alliant roman, conte, épopée et poésie. C'est l'écrivain le plus prolifique dans la sphère littéraire gabonaise. D'ailleurs, c'est par la poésie que cet écrivain à l'encre féconde fit son entrée dans la littérature gabonaise. A la lecture de bon nombre de ses textes, tous genres confondus, nous déduisons que c'est en réalité un poète à l'écriture à la fois subversive, subjective, engagée, voire contestataire. L'articulation du lyrisme, la subjectivité, l'exaltation du moi, la revendication et la valorisation identitaires, sont autant de valeurs qui se donnent à lire dans ses textes.

Toutefois, l'analyse détaillée des poèmes choisis, *Paroles vives écorchées*, *Le Soleil élargit la misère* et *Rhône-Ogooué*, permet de questionner l'aventure de la subjectivité en montrant comment à travers le mot, le sujet s'impose et impose ses joies, ses angoisses dans une société problématique. Nous présentons aussi le lyrisme du poète via la quête de soi symbolisant son refus de l'arbitraire. Ces éléments sont perçus comme fédérateurs de son affirmation identitaire. Ensuite, à travers une étude sociopoétique, nous établirons l'étroit lien entre la subjectivité et la modernité dans la poésie d'Okoumba-Nkoghé. A travers le jeu des figures du discours, nous questionnerons l'imaginaire du poète afin de faire corps avec ses vers. Aussi, sachant que la littérature est un fait social et qu'un texte n'est pas exempt de son époque de publication, nous montrons le rapport entre le texte, l'auteur et le contexte pour faire le lien entre le texte et son univers référentiel. Enfin, dans un souci d'objectivité, de modernité et de légitimation du genre dans l'espace littéraire gabonais, nous ressortirons la contribution du poète au rayonnement du genre dans l'espace littéraire local.

1. Okoumba-Nkoghé et le subjectivisme poétique

Evoquer le subjectivisme dans la poésie d'Okoumba-Nkoghé revient à mettre en exergue la force du « je » dans les vers de l'écrivain-poète. Il s'agit, en effet, de ressortir le désir du poète à faire corps avec ses mots pour véhiculer ses idées. La lecture de nos poèmes nous enjoint à déduire que l'écrivain-poète, à l'image de Rimbaud, est un essayiste du vers. Ceci parce que dans sa poésie, il développe une subjectivité qui donne lieu à un déterminisme débouchant sur un engagement du poète à faire du mot, du vers, l'expression de ses aspirations. Chez Okoumba-Nkoghé, la poésie pose les jalons de la subjectivité définie comme « le processus où le sujet, prononçant son ego, cesse de se référer à cette ontologie sécuritaire pour se situer dans le monde vécu et le monde des valeurs qu'il a instituées » (Boundzanga, 2008 : 21).

Evoquer la subjectivité poétique, c'est montrer la valeur du « je » dans la mise en œuvre du désir d'affirmation de soi. La poésie subjective traduit les sentiments du sujet dans un processus de changement et d'identification allant dans le sens du déterminisme et de l'engagement. Dans *Paroles vives écorchées*, le poète présente le pronom de la première personne du singulier « je » comme indicateur de la subjectivité. Le « je » lyrique du poème manifeste le désir de faire corps avec ses mots, ses vers pour les rendre actuels et vifs. Dans le poème « les mots de Viviane », la subjectivité poétique dégage un désir d'ailleurs, une évasion du sujet à vouloir « exiler » ses secrets. Le secret dont lui seul connaît la valeur :

> Je cherche derrière la mer
> Des vagues encore plus fortes
> Pour me cacher
> Je cherche entre le ciel et la terre.
> La trace des nuages
> Pour exiler mes secrets. (Okoumba-Nkoghé, 1979 : 21)

Vouloir exiler ses secrets symbolise la douleur d'être du poète. Ce secret se cache dans les mots, et par conséquent dans le verbe : « J'attends que les grandes légendes enterrées/Dans les flots se brisent sur le soleil/Et éclatent de mille mots » (*Idem*). Ceci montre que le poète fait l'aventure de la subjectivité comme affirmation de soi.

Aussi, le titre du recueil est déjà lui-même très évocateur, *Paroles vives écorchées*, car il exprime le désir de soi. La parole est l'expression du lyrisme en ce qu'elle traduit par les acoustiques l'imaginaire individuel. Peut-on aussi lire dans ce titre un engagement du poète, voire un appel à une prise de consciences pour la liberté d'être et de pensée. C'est dans la parole que se cache la vérité voilée. Ecorcher la parole c'est comprimer le sens pour en constituer une force. La subjectivité poétique permet aussi de traduire les angoisses et la soif de sortir du silence et émerger l'écriture pour rendre le sujet capable de raison. Cette aventure de la subjectivité met le poète en état d'émergence, car, il veut faire triompher la raison et promouvoir la liberté :

> Je respire ton calme
> Je palpite ta force
> J'arc-en-ciel ta patience
> Comme une racine
> Comme une terre
> Qui ne craint pas la foule
> Ne connaît pas la peur
> Qui tient chaud
> Que j'admire. (Okoumba-Nkoghé, 1979 : 22)

Cette affirmation du sujet tend à traduire par les mots son lyrisme confirme l'idée selon laquelle « l'écriture est un spectacle de mots » (Ngal, 1994 : 36). La poésie d'Okoumba-Nkoghé fait l'aventure de la subjectivité en ce qu'elle met le sujet en action, toujours à la quête perpétuelle de l'identité, du désir d'affirmation, de la soif effrénée du bonheur, et du refus de l'arbitraire. Il s'agit d'un romantisme poétique qui traduit la douleur d'être et d'aimer. Autrement dit, à l'image de Victor Hugo, Okoumba-Nkoghé exprime « dans ses vers, en même temps que son cœur et les questions de son cœur, le cœur et les questions de tous » (Pol Gaillard, 1981 : 14).

1.1. Subjectivité et identité : la quête de soi

Ferdinand de Saussure (2014 : 8) atteste que « c'est le point de vue qui créé l'objet ». Le point de vue étant une vision, une idée, un projet sinon un désir manifesté par quelqu'un pour s'affirmer, alors la subjectivité trouve une fois de plus son importance. Par reformulation nous dirons que c'est le sujet qui crée l'objet. L'objet c'est son identité ; sa propriété. Okoumba-Nkoghé fait une poésie qui traduit son imaginaire qu'il met au service du plus grand nombre. La subjectivité est une quête de l'identité. Le sujet cherche à s'affirmer et s'identifier. En prônant une poésie engagée avec une écriture de l'engagement, le poète gabonais s'inscrit dans la « quête d'identité » de toute la littérature gabonaise (Mba Nzué, 1991 : 46-49).

Dans *Rhône-Ogooué*, Okoumba-Nkoghé offre au lecteur une poésie qui valorise l'identité. Une identité que le poète cherche à affirmer. Le recueil est un répertoire des maux de la vie quotidienne de l'homme en quête d'amour, de paix intérieure, d'affirmation identitaire, bref c'est une poésie qui révèle le besoin de l'homme de défendre son identité. Ce qui témoigne une prise de conscience individuelle pour marquer sa singularité. Lorsqu'il écrit :

> Je ne suis pas raciste
> Je ne suis pas né hier mais aujourd'hui
> Je ne suis pas né sur une île ! [...]
> Et c'est pour ça/ que je les maudis
> comme je dis aussi
> que le culte du passé ne change pas le monde. (Okoumba-Nkoghé, 1980 : 30-31)

L'idée qui se dégage est celle d'un être en quête du nouveau, d'un sujet actuel qui veut marquer son temps et son passage ; sa modernité. Il veut « tirer l'éternel du transitoire » (Baudelaire, 1976 : 354) en mettant plus d'accent sur les réalités quotidiennes d'où cette conclusion ; « je les maudis ». Il maudit les fausses promesses, la mauvaise gouvernance, les politiques rétrogrades, les échecs du monde d'hier.

Le poète est à la quête des origines. Il n'oublie pas d'où il vient. Garder ses origines, c'est préserver son identité. Dans sa quête de soi, il veut faire corps avec ses racines pour résister aux vents de la mondialisation des échanges qui déracinent les hommes de leurs us et coutumes et faisant d'eux des êtres déséquilibrés :

> Je ne suis pas un évolué Monsieur
> Je suis la pré-humanité [...]
> Mon pays est une gueulée.
> Une large gueulée contre le droit au Droit
> On dit NON au rythme du fouet
> Au rythme du fouet on dit OUI
> On vit au rythme du fouet
> Au rythme du fouet on meurt
> Mon pays est une biche
> Malade d'éléphantiasis. (Okoumba-Nkoghé, 1980 : 21-23)

Dans ce jeu de mots liant chiasme, « On dit NON au rythme du fouet/ au rythme du fouet on dit OUI/ on vit au rythme du fouet» ; métaphore, « Mon pays est une biche » ; et comparaison, « Malade d'éléphantiasis », on note un refus de renoncer à son identité négro-africaine, à son africanité, à sa « gabonité » « Obiang Essono, 2006 : 11) au profit des identités importées et imposées par les puissances coloniales, responsables des inégalités raciales. Ces énumérations tournent autour du champ lexical de la dénonciation. Le poète met à l'index les cultures importées et imposées aux négro-africains sous forme de servitude.

1.2. Subjectivité et altérité : regards croisés

Subjectivité et altérité donnent naissance à l'intersubjectivité à travers le rapport du sujet avec « l'Autre » (Massoumou, 2004). La subjectivité du poète gabonais fait appel à une intersubjectivité en ce sens qu'elle inclut l'autre pour un partage de savoirs. C'est une opération du donner et du recevoir. Il s'agit pour lui d'apporter de la lumière dans le rapport croisé avec l'Autre. Les trois recueils choisis spécifient cette interrelation à la fois du poète et son lecteur, et du poète, son texte et son univers référentiel.

La subjectivité, c'est aussi faire corps avec sa plume. C'est beaucoup plus dans *Rhône-Ogooué* que ce rapport à l'Autre s'intensifie. C'est une poésie qui est entichée d'aventures, de voyages sinon de nomadisme. Le poète est un aventurier, un situationniste, autrement dit un romantique pratique qui partage ses joies, ses angoisses et son érotisme. A noter que l'altérité qui se dégage dans la poésie d'Okoumba-Nkoghé donne lieu à un comparatisme dégradant et/ou déshumanisant. On lit entre les lignes de cette écriture engagée, une riposte du poète aux politiques raciales. A l'exemple de ces propos de dénigrement et de discrimination :

> Maman, maman, comme il est noir !
> Que venez-vous faire ici ? [...]
> Mais pourquoi ne restez-vous donc jamais
> Dans vos grottes huttes enfumées
> Vos éléphantiasis vos paludismes malarias
> A vous entre-dévorer
> A croquer vivants papillons et chenilles ? [...]
> que pouvez-vous retenir ?/
> Votre cerveau moins développé ne pourra
> Se mettre au rythme de la Civilisation !
> Un conseil, retournez sous vos racines ! » [...]
> « Tes gros yeux rouges comme Kola mûre ! » (Okoumba-Nkoghé, 1980 : 16-41)

On comprend le malaise existentiel du poète à supporter autant d'ignominies, d'insultes et de propos racistes. Dans ce jeu de figures de comparaison, « Comme il est noir » ; « Tes gros yeux rouges comme Kola mûre » ; de gradation, « Dans vos grottes huttes enfumées » ; d'euphémisme, « retourner sous vos racines » et de métaphore, « votre cerveau moins développé ne pourra/ se mettre au rythme de la Civilisation », le poète peint les réalités auxquelles sont confrontés les Africains de couleur dans l'hexagone. Il critique les rapports noir blanc jugés déséquilibrés, car la chosification de la race noire est dans l'impensé de ces rapports. Dans ses réponses, le poète accepte son identité raciale tout en renvoyant l'ascenseur aux détracteurs de la race nègre. Il répond :

> Qui parle petit nègre à un Nègre
> Vexe le nègre
> Le primitivise
> L'anticivilise [...]
> Je ne suis pas raciste [...]
> Vous arrivez chez nous sourires aux lèvres
> Sourires aux lèvres on vous reçoit
> On ne vous exige pas ce morceau de chiffon [...]
> Du préjugé de couleur
> Longtemps par moi souffert
> Je me refuse toute déracialisation (Okoumba-Nkoghé, 1980 : 20-45)

Ces réponses du poète témoignent de l'élévation de l'homme, de la maturité du sujet et du sens d'acceptation de l'Autre dans sa différence de peau, de sexe et de visions.

C'est la symbolique des valeurs négro-africaines et le socle de notre africanité. Cette ouverture d'esprit, doublée d'un déterminisme frappant, ouvre « une nouvelle perspective au problème de l'identité du sujet que notre modernité littéraire exige qu'on transcrive notre histoire, non seulement pour l'occasion privilégiée d'une prise de conscience, mais aussi pour l'exercice du dialogue avec les autres » (Obiang Essono, 2006 : 12).

2. Sociopoétique des textes d'Okoumba-Nkoghé

La lecture sociopoétique des poèmes d'Okoumba Nkoghé aide à ressortir le génie créateur de l'écrivain-poète. Il sait lier tradition et modernité dans un principe d'adaptabilité. L'agencement stylistique, syntaxique, voire rhétorique desdits textes nous enjoint de voir en la poésie, un genre qui contribue à « la vie littéraire au Gabon » (Sima Eyi, 2020). La forte dominance du présent de l'indicatif dans ses poèmes montre l'effectivité de son écriture poétique. Il intronise à la fois, les jours, les mois, les saisons, l'onomastique, la personnification, le tout dans une métaphore vive pour amener le lecteur à entrer dans son imaginaire et comprendre l'éveil de consciences, le désir de révolte, et la crise du sens cachés dans ses textes. Il s'agit de lire l'insatisfaction du poète qui pose « le problème du moi à partir de la découverte de l'angoisse de l'existence » (Jouve, 1997 : 177). La poésie d'Okoumba-Nkoghé entend sortir le verbe, le vers sinon le mot pour briser les chaînes du silence ainsi qu'il le précise dans ce poème :

> Dans cet immense silence
> Qui titille mon pays
> Persuadé de son destin
> De la fausse creusée à son pied
> Le verbe lutte désespérément
> Pour exister
> Pour ne pas mourir asphyxié
> Parler défait le silence
> Parler défait le mensonge
> Quin nous masque mort et vérité. (Okoumba-Nkoghé, 1979 : 11)

On lit à travers ces vers un désir de rupture du poète avec le silence. Un silence qui « titille » son « pays ». Dans cette métaphore, le poète conçoit le silence comme échec de langage, et par conséquent, violation des libertés. Le silence caractérise aussi le totalitarisme qui plonge le pays dans un chaos et rend le peuple impuissant. Le poète lutte pour que la seule chose qu'on ne peut priver à l'homme, la parole, soit libérée. Raison pour laquelle il précise que « parler défait le silence ». La sociopoétique permet ainsi de lire l'esthéticité de l'écriture poétique exprimant les réalités sociales, « égarements, illusions, angoisse, liberté broyée, viol » (Okoumba-Nkoghé, 1979), poussant parfois le sujet à la révolte, « dénigrement du nègre, inégalités raciales, mauvaise gouvernance, inégalités sociales » (Okoumba-Nkoghé, 1980). Une révolte qui se présente comme une « irruption de la conscience par le refus de l'injustice subie ou perçue » (Camus, 1951 : 31). A cet effet, dans un monde en perpétuelle mutation, les inégalités raciales et les libertés voilées et violées sont un frein à l'épanouissement de l'être. Okoumba-Nkoghé s'inscrit dans la logique du changement. Son écriture est un hymne à la revendication identitaire :

> Je sens dans mon intimité enflammée
> L'extermination de ma Civilisation
> L'extinction de ma joie intérieure. (Okoumba-Nkoghé, 1979 : 50)

En parcourant ses poèmes, le lecteur découvre la manifestation d'une « parole poétique flottante, participant de toutes les durées mais esclave d'aucune » (Paul Rompré, 1970 : 81). Le poète gabonais montre dans ses vers que « la poésie est d'abord cette garantie retrouvée du sens des mots et la conservation de la parole » (Michel Butor, 1964 : 17-18). La parole poétique d'Okoumba-Nkoghé est un appel à une prise de conscience collective. Son écriture trace au marqueur les réalités de la vie sociale gabonaise.

2.1. Okoumba-Nkoghé et le jeu de « figures »

La poésie d'Okoumba-Nkoghé est structurée de figures en tant que procédés d'écriture de la modernité littéraire. Nous voyons dans les figures de style un mode d'expression linguistique qui donne du sens à la création littéraire. Du point de vue poétique, parler de figures renvoie à « la disposition particulière des mots que nous savons nommer et décrire » (Todorov, 1968 : 41). Cette définition sied avec le style d'écriture du poète gabonais. En effet, dans ses recueils, il fait un jeu de mots dans lequel il met le lecteur en situation de quête du sens pour décrypter le message caché. La poésie ne se fait pas avec des idées mais avec des mots. Le titre *Paroles vives écorchées* fait déjà office de figure en ce qu'il met « l'écart entre le signe et les sens » (Genette, 1966 : 220). Dans ce recueil, l'auteur fait de l'anaphore :

> Non en moi ne sont que déserts multipliés
> Non en moi n'est qu'ossuaire écroulé
> En moi lèpres entassés [...] (*Ibid* : 13)
> [...]
> Que de charbon sur tes cheveux
> Que de soleils sur ta peau
> Que d'océans dans tes yeux (*Ibid* : 47)
> [...]
> Vite vite deux moutons
> Vite vite deux poulets
> Vite vite un cabri (*Ibid* : 54) ;

de la métonymie :

> Mes yeux s'ouvrent pour voir le monde
> Mes poumons se gonflent pour boire l'air
> Mes muscles se renforcent pour la course
> Mes bras s'endurcissent pour le travail
> Il ne reste à mère que le temps de vieillir (*Ibid* : 12) ;

des figures de la dénonciation. Il pointe du doigt la mauvaise gestion du pays et fait un ramassis du traintrain quotidien (misère des populations, chômage, sectarisme). Il en est de même du recueil, *Le Soleil élargit la misère*, dans lequel on lit une métaphorisation obsédante. Là aussi le titre est évocateur et donne une vision stylistique, car dans cette métaphore au penchant hyperbolique, « le soleil élargit la misère », se dégage une idée voilée ; c'est la pauvreté qui plonge le peuple opprimé dans une situation de désarroi à l'exemple de ces vers :

> Des jours et des jours
> sur moi sont passés
> et le soleil a bu mon tiède sang
> et le soleil a bu ma tiède salive
> la sueur de mes aisselles
> ainsi que l'eau de lumière de mes yeux. (*Ibid* : 48)

Dans *Rhône-Ogooué*, le poète lie également métaphore, comparaison :

> Dans son âme, race déchue !
> Et toi, lion de savane
> Qui te définis comme tension,
> Tension absolue d'ouverture *Ibid* : 13) ;
> […]
> Maman, maman, maman, comme il est noir ! (*Ibid* : 16)

Chosification via la personnification et la gradation :

> Qui parle petit-nègre à un Nègre
> Vexe le Nègre
> Le primitivise
> L'anticivilise […]
> Je ne suis pas évolué
> Je suis la pré-humanité (*Ibid* : 20-21)

Pour manifester sa subjectivité et valoriser son identité. Pour rappel, c'est un recueil-aventure, c'est-à-dire une écriture qui montre l'aventure de la subjectivité en situation de proscrit et de quête identitaire.

Okoumba-Nkoghé use de figures pour dire autrement le sens en vue de donner une plus-value à la littérarité du texte poétique. Et la littérarité, c'est ce qui fait la spécificité d'un texte littéraire. Le poète gabonais est un essayiste du vers par le jeu des figures.

2.2. Poésie et socialité : vers une écriture de la dénonciation

La poésie d'Okoumba-Nkoghé est un acte d'accusation, une critique acerbe de l'adjectivation du monde, entendue comme moyen de résumer le monde à un sens unique d'une domination verticale des plus forts sur les plus faibles sans possibilité de renverser la norme, voire d'une dénonciation des pratiques rétrogrades qui tiennent le monde prisonnier de son évolution. En parcourant *Le soleil élargit la misère*, on se heurte à une prise de conscience, mieux à un engagement poétique qui « se caractérise comme prise de position réfléchie, une conscience lucide [du poète] d'apporter au monde et une volonté de le changer » (Benoît, 2000 : 36). Le poète gabonais développe une poésie de la résistance dans laquelle il prend position et assume sa subjectivité :

> Je suis le tambour de la juste justice
> Et c'est en justicier libéré de l'entrave
> que j'ai violenté Liléngori l'épouse (Okoumba-Nkoghé, 1980 : 34)

La flamme de la dénonciation de ce poème renvoie à l'anticonformisme du poète et sa clarté de dire des choses librement. La dénonciation du poète s'observe également dans la critique des grandes organisations internationales, OMS, ONU, qui sont la source de tous les maux qui minent les pays en guerre :

> Camp humanitaire ? Mensonge mensonge mensonge !
> Méfie-toi mon frère
> d'un pain humanitaire
> une intention est dedans cachée !
> Médecins sans frontières ?
> Mensonge mensonge mensonge !
> Méfie-toi ma sœur
> de tout secours humanitaire
> à l'intérieur ce sont
> des frontières qui fusent
> ouvertes et autour des barbelés. (*Ibid* : 44)

Dans ce jeu de répétition « mensonge mensonge mensonge », nous lisons l'insistance du poète pour attirer l'attention de ses contemporains sur les réelles intentions des organismes internationaux dans nos régions.

La dénonciation du poète témoigne de son engagement et sa soif de justice et d'équité. Ses mots sont « des pistolets chargés » (Parain cité par Sartre, 1948 : 74) qui visent les cibles pour les faire tomber. En effet, tout comme l'artiste, le poète ne doit pas « parler pour ne rien dire : il doit être au service de la vérité et de la liberté » (Tindy-Poaty, 2008 : 13). Dans le poème « Les enfants du monde », le poète fait une critique de la mauvaise gouvernance du pays avec des projets inaboutis :

> J'ai demandé des immeubles à construire
> J'ai demandé des taudis à démolir
> J'ai voulu des routes à tracer
> J'ai voulu des écoles à ouvrir
> J'ai exigé des villes nouvelles
> à faire surgir de terre
> puis des hommes et des femmes […]
> Mais vous savez
> j'ai exigé en vain ! (Okoumba-Nkoghé, 1980 : 48)

Nous lisons chez Okoumba-Nkoghé un militantisme poétique. Le poète milite pour le bien-être social à travers des projets bénéfiques pour tous. C'est un observateur lucide de la société. Ses mots sont sources de sagesse et d'objectivité. La présence du passé composé, « j'ai demandé » ; « j'ai voulu » ; « j'ai exigé », témoigne d'une action écoulée et qui aurait eu des résultats probants dans le présent. C'est un doigt accusateur que le poète pointe sur les gouvernants qui ont failli à leurs missions d'assurer un mieux-être des populations d'où cette conclusion : « j'ai exigé en vain ». La détermination émancipe le sujet et le rend conforme à ses idées, ses aspirations, sinon son engagement.

En lisant *Le Soleil élargit la misère*, *Paroles Vives écorchées* et *Rhône-Ogooué*, on se rend compte que le poète fait une défense accentuée des valeurs qui fondent notre humanité à savoir l'égalité raciale, le rapport à l'Autre la valorisation identitaire, l'amour, bref, la liberté d'être et de pensée, principes fondamentaux de l'existence humaine. Lorsque les libertés tous azimuts sont bafouées, l'existence humaine devient absurde. Cela pousse le sujet à la révolte via la dénonciation pour déconstruire et reconstruire les codes sociaux. C'est une poésie qui chante la liberté. Il écrit :

> Te voici n'obéissant plus à aucune loi
> Humainement saisissable,
> Perdant ton caractère badin

Qui a viré tout d'un coup à l'angoisse !
Livré à la frénésie d'un amour absolu,
L'esprit devient victime de l'imprévisible.
Garçon têtu, laisse courir ce bronze banni
Tout seul isolé dans Clio en salle huit ! (Okoumba-Nkoghé, 1980 : 35)

En parcourant ses vers libres, le lecteur se rend vite compte que la parole poétique d'Okoumba Nkoghé est une parole du refus, car il critique les politiques qui violent les libertés d'expression et encouragent les inégalités. Il se présente en rassembleur autour « des valeurs qui ne vont plus de soi pour reconquérir sa dignité et proclamer la force de son identité [...] le poète est celui qui va donner une voix ultime à ceux qui sont tombés et les sauver ainsi de l'oubli » (Bervas-Leroux, 2000 : 17).

2.3. Okoumba-Nkoghé : poète moderne ?

Il est vrai que c'est par le genre romanesque qu'Okoumba-Nkoghé s'illustre beaucoup plus, mais c'est par la poésie que cet homme de lettres a été connu des lecteurs. L'écrivain et poète gabonais est reconnu par sa puissance créatrice en matières de productions littéraires. Son écriture brasse les contours de la vie contemporaine et son style poétique donne au lecteur assez d'éléments, stylistique et rhétorique, riches en sens. Dans les trois recueils de poésie constituant notre corpus, nous relevons un mélange de styles d'écriture alliant vers rythmés et prose. L'un des traits caractéristiques de la poésie d'Okoumba-Nkoghé est l'absence de ponctuation. Rares sont des poèmes ponctués. Ce qui fait penser à un refus chez le poète, de stopper son élan expressif et marquer des coupures. A l'image du *Cahier d'un retour au pays natal*, (Aimé Césaire, 1960) qui a écrit un long poème en prose et dont la ponctuation pose problème, le poète gabonais nous présente une poésie entremêlée d'acoustiques à des endroits, et de prose débordante. A contrario, nous relevons beaucoup d'exclamation pour marquer l'étonnement, l'inquiétude, et le souhait. Il y a aussi plusieurs poèmes avec une forte présence des guillemets pour marquer les emprunts des discours ou propos rapportés afin de mieux comprendre le mode de fonctionnement de la société où le poète se trouve :

Un doigt sur la bouche :
« - Ne parle pas ainsi Patrice :- »
Puis levant un regard hypocrite vers toi

> Elle dit : « - Excusez-le Monsieur,
> Il ne sait pas ce qu'il dit ! - » [...]
> Dans le rouge de ta chair
> Tu dis à la Dame :
> « - Je ne suis pas un Monsieur, Madame !
> Je suis une corde tendue
> Entre l'homme et le singe
> Je suis un être inachevé [...] (Okoumba-Nkoghé, 1979 : 16)

En effet, si la modernité littéraire peut se concevoir comme effervescence du discours littéraire ouvrant une perspective nouvelle dans l'écriture pour en faire « une morale du changement » (Domenach, 1995), Okoumba-Nkoghé doit être alors élevé au rang de poète moderne. Il développe dans sa poésie des thématiques qui touchent le quotidien : amour, angoisse existentielle, absurdité de la condition, indifférence, inégalités sociales, mauvaise gouvernance, mort, et dans un langage ouvert. La modernité se définit comme le caractère moderne de ce qui est à la mode, c'est-à-dire ce qui apporte le nouveau. Okoumba-Nkoghé est un essayiste du vers. Il cherche à « faire tenir ensemble les mots et les choses » (Foucault, 1966 : 9) parce que la poésie met « au premier plan l'auteur et l'originalité de son génie » (Fontaine, 2002 : 15). Son écriture émancipe la lettre. C'est une écriture moderne. Le lire, c'est comprendre l'aventure de la subjectivité. Car sa poésie a « recours à la parole et aux mots pour créer un alliage de sens et de sons qui excède les limites du langage ordinaire, et par là les interdits et les normes » (Para, 2002 : 3). Il s'agit à la fois d'une modernité stylistique – à travers le jeu des figures –, mais aussi thématique – avec des thèmes qui touchent directement l'homme dans son environnement – et esthétique, car l'écriture d'Okoumba-Nkoghé est singulière et riche en sens.

Conclusion

Lire Okoumba-Nkoghé, c'est découvrir une autre facette de l'homme de lettres dans un élan lyrique. La parole poétique de celui-ci met le langage en mouvement. C'est un aventurier de l'écriture, un subjectiviste qui affirme son identité, et qui traduit par les mots l'articulation de son romantisme poétique. Les poèmes convoqués sont la preuve d'une écriture qui émancipe la lettre et participe à l'éclosion de la littérature gabonaise. Une littérature qui voit son espace en progression. En effet, si on s'en tient à l'idée que c'est la prose poétique qui donne naissance à la notion de modernité, alors la poésie d'Okoumba-Nkoghé transpire la modernité littéraire. Le poète plonge le lecteur dans un imaginaire dans lequel il peint un tableau sombre des maux des sociétés contemporaines. Décrier les inégalités raciales, pointer du doigt la mauvaise gouvernance, dénoncer les inégalités sociales, avec pour le tout la violation des libertés d'être et de pensée. Tout ceci est consubstantiel à l'état chaotique de nos Etats africains contemporains.

La particularité d'Okoumba-Nkoghé est que sa poésie développe une écriture subjective visant à créer une symbiose entre celui qui écrit, celui à qui le texte est adressé afin de faciliter une intersubjectivité. C'est là que se trouve tout le génie du poète gabonais. A la lecture des trois recueils de poésie choisis, le lecteur découvre « la quête de l'impossible amour » (Mba Nzué : 100-103) du poète. Et tel un mythe de Sisyphe (Camus, 1942), il est toujours dans cet éternel recommencement, toujours dans l'espoir que demain sera meilleur qu'aujourd'hui, et que le bonheur triomphera sur la souffrance, le bien sur le mal.

De plus, la poésie subjective d'Okoumba-Nkoghé prône une écriture qui conduit à la modernité littéraire. Laquelle modernité s'inscrit dans le désir de changement dans les mentalités, mais aussi changement dans l'écriture littéraire qui devient le témoignage de la traçabilité de l'homme. La poésie, chez le poète gabonais, « s'impose comme la parole dense et forte qui concentre les grandes questions de l'homme en danger ; elle est la parole vive pour résister au chaos » (Bervas-Leroux : 13). Le poète fait l'aventure de la subjectivité pour affirmer son lyrisme et exprimer son engagement à militer pour l'émancipation de masse et notionner la liberté comme facteur du refus de l'arbitraire. Son engagement se traduit par le vers libre, symbolique de la libération de la lettre. En sus, dans tout « vers remarquable d'un vrai poète, il y a deux ou trois fois plus que ce qu'il dit ; c'est au lecteur à suppléer le reste, selon ses idées, sa force, ses goûts » (Chassang, 1958 : 287).

Bibliographie

BAUDELAIRE, C. (1976), *Critique d'art*, suivi de *Critique musical*, Paris, Gallimard, coll. « Folio essais ».
BENOIT, D. (2000), *Littérature et engagement, « de Pascal à Sartre »*, Paris, Seuil.

BERVAS-LEROUX, A. (2000), *Au nom de la liberté, « Poèmes de la résistance »*, Paris, GF Flammarion, coll. « Etonnants Classiques ».

BLANCHOT, M. (1955), *L'espace littéraire*, Paris, Gallimard, coll. « Folio essais ».

BOUNDZANGA, N.B. (2008), *Aventures de la subjectivité. Contribution à l'étude critique du roman gabonais*, Thèse de doctorat en Littérature, Paris, Université Paris-Est Val-de-Marne.

CAMUS, A. (1951), *L'Homme révolté*, Paris, Gallimard.

CESAIRE, A. (1960), *Cahier d'un retour au pays natal*, Paris, Présence Africaine.

DOMENACH, J-M. (1995), *Approches de la modernité*, Paris, Editions Ellipses marketing.

FONTAINE, D. (2002), La Poétique. Introduction à la théorie des formes littéraires, Paris, Nathan, pp. 15-75.

FOUCAULT, M. (1966), *Les Mots et les choses*, Paris, Gallimard.

GAILLARD, P. (1981), *Les Contemplations de Victor Hugo. Profil d'une œuvre*, Paris, Hatier.

GENETTE, G. (1966), *Figures I*, Paris, Seuil.

KRISTEVA, J. (1974), *Révolution du langage poétique*, Paris, Seuil.

MASSOUMOU, O. (2004), *L'image de l'Autre dans la littérature française*, Paris, L'Harmattan.

MBA NZUE, N. (1991), « Une littérature en quête d'identité », *Notre Librairie*, n°105, *Littérature gabonaise*, pp. 46-49.

MOMBO, C.E. (2004), *Réception en France des romans d'Ahmadou Kouroumou, Sony Labou Tansi et Calixthe Beyala*, Thèse de Doctorat en Littérature, Paris, Université Paris XII-Val de Marne.

MONTANDON, A. (1998), *Sociopoétique de la danse*, Paris, Anthropos.

NGAL, G. (1994), *Création et rupture en littérature africaine*, Paris, L'Harmattan.

OBIANG ESSONO, F. (2006), *Les registres de la modernité dans la littérature gabonaise. Maurice Okoumba-Nkoghé, Laurent Owondo et Justine Mintsa*, Vol. 2, Paris, L'Harmattan.

OKOUMBA-NKOGHE, M. (1979), *Paroles vives écorchées*, Paris, Arcam.

OKOUMBA-NKOGHE, M. (1980), *Rhône-Ogooué*, Paris, Arcam.

OKOUMBA-NKOGHE, M. (1980), *Le Soleil élargit la misère*, Paris, Arcam.

PARA, J-B. et Velter, A. (2002), « L'ardeur du poète. Réflexions de poètes sur la poésie », *L'Ardeur. Revue littéraire mensuelle*, n° 875, pp. 3-9.

RICHARD, J-P. (1964), *Onze études sur la poésie moderne*, Paris, Seuil.

ROMPRE, P. (1970), « Poésie, sens et fonction », *Liberté*, vol. 12, n°1, pp. 77-88.

SIMA EYI, H-H. (2020), *La vie littéraire au Gabon. Ses acteurs institutionnels, ses instances de médiation et de légitimation et ses enjeux*, Libreville, Symphonia.

TABA ODOUNGA, D. (2012), « La critique gabonaise existe-t-elle ? », Madébé, G.B. et *al.* (dir.), *Les Chemins de la critique africaine*, Paris, L'Harmattan, coll. « Critiques littéraires », pp. 275-296.

VIALA, A. (1988), « Effets de champs et effets de prisme », *Littérature*, n° 70, pp. 64-71.

SÉMIOTIQUE DISCURSIVE ET TEXTUALITÉ SÉMANTIQUE : LE SENS DES SÉMÈMES DANS *LE SIGNE DE LA SOURCE* D'OKOUMBA-NKOGHÉ

Marius BAVEKOUMBOU
Ecole Normale Supérieure (ENS) de Libreville
mariusbave@gmail.com

Résumé : La sémiotique, en lien avec la textualité sémantique, occupe une place spéciale et stimulante au sein des sciences du langage. Elle met en place la transversalité des formes signifiantes et du sens. Ce qui permet d'envisager le signe, chez le romancier gabonais Okoumba-Nkoghé, comme une structure feuilletée des différents niveaux semi-symboliques voire figuratifs. Dans son roman titré *Le signe de la source*, les parcours sont riches de sens. Ils se chevauchent, s'imbriquent et s'éclatent en suivant plusieurs directions. Soit ils manifestent le trajet des fonds sémantiques, soit les lignes des formes sémantiques. Ce, à défaut, de les lier ensemble sur la base des formes compactes jusqu'aux isotopies génériques construites sur une base sensible. On est donc parti de loin, de la structure du sémème dans la textualité, pour arriver probablement là où le sens fait sa conversion, dans un horizon sémiotique qui change la substance de l'expression en substance du contenu et l'information du signe en signification du monde sensible.
Mots-clés : Signe – Sens – Sémème – Sémantique – Sémiotique

Abstract : Semiotics linked with semantic textuality has a very special position in linguistic sciences. It implements the transversality of signifying forms and senses. It allows to look at the Gabonese novelist Okoumba-Nkoghe's sign as a laminated structure of different semi symbolic and even figurative levels. In Okoumba-Nkoghe's novel *Le signe de la source* these levels are meaningful, as they overlap, interlink, and erupt in various directions. They either reveal the trajectory of semantics depths, or the lines of semantic forms, failing to connect them together on the basis of compact forms up to generic isotopies based on a sensitive basis. We hence start from the structure of the sememe in textuality to probably get where the sense converts in a semiotic way that turns the substance of the expression into the substance of the content, and the information of the sign into significance of the sensible world.
Keywords : Sign – Meaning – Sememe – Semantics – Semiotics

Introduction

L'urgence du regard sémiotique sur la production littéraire d'Okoumba-Nkoghé mérite un peaufinage à la fois théorique et conceptuel. Notre réflexion sur le signe et la littérature elle-même va s'enrichir d'échos nouveaux, au profit de parcours interprétatifs davantage tensifs. La démarche envisagée se particularise par une explicitation des procédés de construction des signes dans *Le signe de la source*. Pour objectiver l'interprétation et le sens qui résulte du texte littéraire, l'analyse s'attache à identifier, à localiser et à hiérarchiser les manifestations de sèmes et sémèmes dans notre corpus. En cela que les énoncés textuels et discursifs déployés visent une réalité, objet des afférences sociales et culturelles. Nous sommes alors convaincus que sans une compréhension des dynamiques sémiotiques générales, il semble difficile de hiérarchiser les articulations et les modalités du signe chez Okoumba-Nkoghé. La tâche du sémioticien est celle de reconstituer les ensembles signifiants, les structurations sémiques et semi-symboliques des signes. Cela, pour « saisir » les plis d'une histoire a demi-explicite à travers le plan de la substance voire le contenu des scénarios diégétiques. Nous partons donc de l'hypothèse centrale selon laquelle, chez Okoumba-Nkoghé, l'interprétation sémiotique de son roman, *Le signe de la source* est une condensation de signes et/ou de sémèmes qui manifeste le caractère stratifié et modulable du sens : (i) le niveau des signes (unités des signifiants et des signifiés) ; (ii) le niveau du texte (cours d'actions, parcours interprétatifs, textualité) ; enfin (iii), le niveau des modes d'existence (opérations de virtualisation, d'actualisation, de réalisation, pratiques sociales des signes simples ou complexes).

A chacun de ces paramètres, apparaissent des questions essentielles : comment émerge le sens global dans le roman d'Okoumba-Nkoghé ? Quel(s) signe(s) constitue(nt) l'unité de signification du système semi-symbolique mis en place par l'auteur ? Quelles sont les modalités des constructions figuratives et les processus d'iconisation engagés au niveau discursif ?

En premier lieu, nous allons répondre à l'exigence de tenir, sur le signe, un point de vue descendant de nature herméneutique (de l'expression au contenu, de la surface du signe à sa profondeur ; du concret à l'abstrait) et un point de vue ascendant de nature génératif (du contenu à l'expression ; de la profondeur du signe à la surface ; de l'abstrait au concret). La nécessité de ces variations étant de montrer que le sens est construit dans notre corpus selon une modalité stratifiée/condensée, organisée en pli par pli ; mais également selon une modalité réversible/modulable : ascendant/descendant/ascendant.

1. Déclaration des postulats

Nos postulats engagent une orientation théorique fondée sur la convergence de deux approches, entre sémiotique discursive (Jacques Fontanille) et sémantique textuelle mise au point par François Rastier. En termes d'enjeux théoriques actuels, la sémantique est, initialement, selon les déclinaisons complexes, un domaine de la sémiotique comme le conçoit François Rastier, principalement dans *Sémantique interprétative* (1987), *Arts et sciences du texte* (2001) et *Faire sens* (2018). De ces œuvres, retenons des postulats saillants : (i) l'importance du texte comme instance d'interprétation où, les unités minimales de sens, sèmes et sémèmes sont transversales à tous les niveaux de la textualité ; (ii) interpréter consiste à élaborer des formes, établir des fonds et faire varier des rapports fond-forme ; (iii) Parcours interprétatif comme dynamique de propagation du sens (stratification des signes, organisation d'éléments sémiques, interrelation ou coopération des sèmes).

Sémantique et sémiotique tissent des liens par le canal d'une conversion constante de terminologie, de production et description des signes. Ces disciplines sont en relation de présupposition réciproque : celle-ci est une théorie des textes à l'échelle des analyses sémiques et la réduction du paradigme de la référence à la différence ; celle-là, une théorie des signes discursifs produits dans une pratique sociale. Appliquées au cadre théorique de François Rastier, les deux disciplines sont fondamentalement recoupées par l'opposition texte (sémantique) Vs discours (sémiotique).

Pour la sémantique de François Rastier, le texte constitue le point de départ de l'interprétation, c'est-à-dire la mise en œuvre de la langue source d'une donnée première de l'analyse. Le texte sémantique relève de l'interprétation et paraît immédiatement observable, tout en étant lui-même un objet construit et à reconstruire, avec ses propres lois d'apparition et de succession des sèmes et sémèmes alors que le texte sémiotique relève de la génération discursive. Mais, les deux disciplines ont pour point commun l'élaboration de systèmes de signes sur la base de la perception interprétative. C'est-à-dire la reconnaissance des formes et des fonds sémantiques. À la conception sémiotique, correspond le discours en tant que point d'aboutissement génératif du sens. En termes moins techniques, cela veut dire par exemple que l'interprétation est conçue suivant le résultat d'une suite d'opérations de transformations élaborées à partir d'un texte potentiel, c'est-à-dire signifiant ou qui fait sens. Motivé par les contraintes de l'interprétation des textes, Umberto Eco (1992 : 64) écrit :

> La signification et l'interprétation sont toujours liées. Le signe est à la fois lié à un objet « dynamique » et à l'interprétant, c'est-à-dire à une représentation qui explique le signe en renvoyant à d'autres représentations possibles de cet objet. Il n'y a donc jamais une relation fermée et rigide entre le signe et sa signification ; cette dernière se présente plutôt comme une chaîne continue de renvois interprétatifs.

La pensée d'Umberto Eco préconise une ouverture structurale inhérente à la variabilité du sens ou, en termes poétiques, la germination des relations internes, la constitution de trajets et de perspectives du sens. Pour notre propos, la complexité structurale de cette ouverture, sous condition de rapport entre l'internalité (point de vue syntaxique et syntagmatique) et l'externalité (point de vue idéologique et culturel), admet la conversion des sèmes au niveau de l'œuvre. Etant entendu que le point de vue textuel détermine le point de vue de l'œuvre. C'est le texte qui donne une directionnalité, une visée analytique de l'interprétation en s'imposant comme un réseau différentiel de signes de corrélation et de relation évoluant vers un système de plans sémiotiques. Qu'il s'agisse des isotopies textuelles en relation avec les acteurs, les actants, les valeurs profondes, il est question de rechercher les effets de sens textuels et discursifs produits par la combinaison des signes, seuls objets de validité de l'interprétation. La sémantique a besoin de la sémiotique, et vice versa. D'abord, pour stipuler les relations entre les signes. Puis, pour poser le sens des signifiés. Enfin, pour rapporter un discours à une pratique sociale pour asseoir un système d'interprétation basé sur la spécificité culturelle ou fonds sémantiques mobilisés à partir du roman d'Okoumba-Nkoghé. La notion de signe est utilisée pour atteindre la sémiotique en tant qu'élaboration et transmission des valeurs propres.

Premièrement, pour signifier que le texte est une manifestation, c'est-à-dire un état du sens, de la signification et du sujet tels qu'ils se donnent à voir, à interpréter et à comprendre. C'est aussi une immanence, une totalité, une suite de signes et série de conditions idéologiques voire des valeurs socialisées et culturelles.

Deuxièmement, ces conditions interprétatives dérivent du caractère pluri-isotopique du signe chez Okoumba-Nkoghé et de la sélection des sémèmes dont le domaine de recherche est réservé à la sémantique. De Rastier à Louis Hébert et au-delà, on s'accorde sur une définition d'ensemble : « l'analyse sémique appelle sémème l'ensemble des sèmes d'un morphème, autrement dit, le signifié de cette unité » (Neveu, 2011 : 319). Le sémème situe l'étape où l'interprétation bascule de la description (stipuler les relations entre les sèmes) à la production des traits sémantiques (pratique idéologique et culturelle des savoirs scientifiques). C'est donc plus généralement par le sémème que le signe s'ouvre vers des afférences contextuelles.

2. Du corpus aux sémèmes

Le signe de la source annonce un processus, le déroulement d'un événement saillant : l'initiation d'un sujet, Iyanghi, aux sources figuratives du mystique. Le sujet est en contact avec lui-même. Il manifeste une sensibilité autoréflexive vécue comme une traversée-fusion, c'est-à-dire une métaphore de la recherche intérieure. Les chemins parcourus, les obstacles rencontrés, les points et traits de repères visibles ou invisibles à identifier inscrivent le lecteur au sein de la gnose africaine. En terrain interprétatif, les divers paysages, la moindre route ou la moindre forêt traversée, rivière et soleil se transforment au niveau textuel en objet esthétique.

La fin du texte intervient comme une rencontre manquée du sujet disjoint de la source. Et, surtout la scène figurative de la mort qui intervient à la fin du texte après une vaine recherche de la source, pièce essentielle du discours, est quasiment le symbole de la punition. La découverte du deuil, du déclin, installe de part en part dans le texte les sèmes /punition/, /temporalité/ et /cessatif/. Il y a particulièrement deux (2) principaux sémèmes : (i) le sémème 'signe' et (ii) le sémème 'source'. On aura donc pour 'signe' les sèmes /sacré/ Vs /profane/ ; /symbole/ Vs /icône/ et /code/ et pour le sémème 'source' on identifie les sèmes /inchoativité/, /début/ ; /animé/ Vs /inanimé/. Le signe apparaît chez Okoumba-Nkoghé comme le lieu de mobilisation du sacré et du profane, ainsi que des symboles intersignifiés et intersignifiants.

Il s'agit d'un signe toujours en mouvement, dans la trajectoire de sa sémiosis avec la source. Cette dernière pour sa part, semble potentielle, stable mais contrefactuelle. Si cette source est d'ordre corporelle et féminine, de nature sensible elle mobilise un dispositif affectif (tactile, désir, sensations motrices) : « Avec un corps comme le tien, tu ne devrais pas avoir honte de la lumière. Si je t'ai rappelée du village, c'est pour orienter tes attributs naturels vers la direction du soleil. Suis-moi et tu domineras à ton tour » (Okoumba-Nkoghé, 2007 : 39). Ce passage établit une sémiosis active au niveau des parcours sémantiques fermés et des signes non arrêtés.

Le signe « nudité » est actualisé dans le syntagme « tes attributs naturels » et le soleil apparaît ici comme une source active, un actant-optique qui actualise les sèmes /somptuosité/, /splendeur/, /éclat/, /luxuriance/, /richesse/, /magnificence/, /munificence/, etc. Cette gamme lexicale est en rapport avec une discursivité globale correspondant au passage du plan de l'expression au plan de la substance. C'est-à-dire, le passage de l'excès esthétique (exubérance, luxuriance, somptuosité, splendeur, magnificence) à l'excès éthique (débauche, débordement, intempérance). Nous avons des contre-programmes conjoints à partir desquels symboles et topoï s'additionnent au fil du texte. Au niveau d'une sémiotique générale, le syntagme « vers la lumière » devient l'expression d'un code implicite qui vient renforcer l'intensité affective de l'actant. Au niveau narratif, une imbrication/complémentarité : le corps se substitue à la richesse et devient dans l'ordre de la sémiotique-objet, l'instance de production de la signification. Cela, avec une certaine cyclicité expressive des plans narrativité, causalité, imbrication des signes sémiotiques.

Au niveau axiologique, nous avons une opposition des valeurs sémantiques implicites à 'corps' et 'soleil' selon le degré de spécificité et de singularité sémiotique du signe en lien avec la substance fondamentale du sensible. La textualité met en évidence des signes variables dans le temps de l'énonciation et de l'interprétation où tout lecteur est invité à découvrir une trajectoire du signe qui va du plus simple au plus complexe et du compact au diffus. Le plus simple suppose que le sémème, dans l'ensemble signifiant, est composé de la molécule sémique /intensité forte/ du corps + /clarté forte/ du soleil. Tandis que le plus complexe montre que le signe sert de base à la saillance c'est-à-dire qu'il intègre une pratique sociale qui contrôle les activations sémio-sensibles purement affectives.

En instaurant les rapports complexes, ces sémèmes apparaissent plutôt à la manière d'une énigme construite autour des valeurs socialisées. Le sémème 'source' est potentiellement lié à la /pureté/ et l'/absolu/ par contraste au /profane/. À partir du sémème "source", le trait /absolu/ domine le /profane/ parce que la virtualisation de certains objets sémiotiques coïncide avec la fonction semi-symbolique qui vient renforcer la densité des fonds culturels. La source, pour Okoumba-Nkoghé, exalte un rapport à l'euphorie, par contamination des valeurs affectives. Dans tous les cas, il existe dans *Le signe de la source* une tension axiologique bien Vs mal ; avec des tensions sémantiques entre les deux pôles toujours aux dépends du mal.

2.1. Le semi-symbolisme

La manifestation des isotopies semi-symboliques s'ouvrent sur des enjeux sémiotiques importants : l'opposition entre isotopie thématique et isotopie figurative, ou, simplement entre thème et figure permet de créer des significations. Le semi-symbolisme est donc le concept adéquat dans la description de la production des signes et du sens. Chez Greimas, il est en rapport avec des isotopies dénotatives et connotatives rattachées au parcours génératif. La sémiotique post-greimassienne déplace l'accent sémi-symbolique vers le traitement des systèmes visuels (image, icône, indice, symbole) tout en gardant de Greimas la fonction des niveaux manifeste (superficiel) et latent (profond). La description semi-symbolique pertinente dans *Le signe de la source* établit au plan des isotopies des glissements de sens qui vont du figuratif au thématique et font le point d'un moment semi-symbolique :

> Le principe du système semi-symbolique comme opposition entre deux figures mises en relations entre deux fonctions [...] a l'avantage de faire l'économie des problèmes théoriques entourant les expressions système semi-symbolique (système caractérisé par le type de relation entre le plan des signifiants et le plan des signifiés) et codage semi-symbolique (au sens strict, intervenant entre le niveau thématique et le niveau figuratif du plan des signifiés). Un système sera dit semi-symbolique seulement lorsqu'une catégorie du signifié correspond à une catégorie du signifiant. (Hébert, 2009 : 145)

En matière semi-symbolique, les signes donnent sens à partir de la condensation et des latences d'isotopies. Traits, thèmes, figures vacillant d'un sème à un autre, d'une afférence à une autre, convergent vers une même direction de sens attestée dans la textualité par une multiplicité de signes distribués sur des plans et degrés différents.

2.1.1. Les signes figuratifs

Dans le domaine des théories de la signification et des niveaux d'organisation du sens, il existe une différence relative entre figure et thème. Le niveau des figures se rapporte à la perception (la vue, l'ouïe) et au sensible (l'odorat, le goût et le toucher) du monde extérieur. Alors que le niveau thématique couvre tout ce qui est conceptuel (contenu abstrait) et renvoie au monde intérieur. Pour simplifier, la figure est la manifestation des sèmes inhérents spécifiques et la thématique couvre l'organisation des sèmes afférents génériques. Néanmoins, figure et thème sont aussi indissociables ; leur mise en relation terme à terme relève du symbole ; leur mise en correspondance de catégorie à catégorie relève du semi-symbolique. Les textes ont recours aux sèmes figuratifs qui bousculent les isotopies macrogénériques liées aux modulations perceptives.

Depuis la linguistique structurale de F. Saussure et plus tard des théories de l'Ecole de Copenhague avec L. Hjelmslev, les discussions sur la composition d'un signe alimentent les analyses sémiotiques. Dans l'ensemble, la fonction première du signe consiste à communiquer. Un signe relève des encodages diversifiés, c'est-à-dire de la structure des codes d'expression issus des canaux de transmission des messages voire des énoncés narratifs et discursifs. Considéré comme un élément de la structure de communication, le signe transmet une information sur un élément du monde naturel. Ainsi, les symboles, prenant appui sur la figurativité, constituent, sur le plan interprétatif, des signes qui renvoient à l'objet au moyen d'une convention d'ordre culturel reposant sur une association d'idées ou de valeurs. Il s'agit d'un système de mots (enchaînement) reliés par des signifiés collectifs.

Le signe de la source recouvre des signes dits symboliques, à l'exemple du passage suivant : « Quelques temps après cette naissance merveilleuse, elle était redevenue enceinte. Mais au bout de six mois de portée, le bébé de sexe féminin, arrivé avant terme, n'avait pas survécu. On l'avait enterré sous le lit d'un ruisseau » (Okoumba-Nkoghé, 2007 : 8). Le symbole de la naissance, qui actualise les sèmes /vie/ et /berceau/ en tant que construction culturelle extraordinairement riche et complexe est enchâssé dans une structure parallèle avec l'autre symbole en présence, celui du sème /mort/ actualisé dans le syntagme verbal « avait enterré ». Plus symbolique encore, l'enterrement s'effectue près d'un ruisseau. Le ruisseau devient une source dont les signes figuratifs actualisent les sèmes /écoulement/ et /mouvement/ en tant que traits de sens d'un retour, d'une autre naissance actualisée par le sémème 'eau' dans « ruisseau » et ses sèmes inhérents /fluidité/ et /liquide/. Tant au plan thématique qu'au plan figuratif, la naissance est un signe complexe articulant sur le plan discursif de multiples facettes figuratives :

> - Qu'est devenue la natte ? - Laquelle ? - Celle sur laquelle tu es née [...] Cette natte était le reflet de son angoisse, le point intense de sa destinée. Sans se poser de questions, la mère rurale avait suivi des recommandations de la matrone, celle qui, dans la forêt d'Itsaka, avait coupé le cordon ombilical [...] Pour sa grande sœur, le contact avec la natte était obligatoire à cause de l'Entité négative qui l'avait possédé le jour de sa naissance. (Okoumba-Nkoghé, 2007 : 12)

Loin de restituer pleinement la richesse sémantique et la profondeur de ce passage, la natte est aussi une autre source envisagée comme un lit, un berceau de naissance. Sur le plan de la narrativité, le sujet établit un rapport fiduciaire avec un objet de valeur, la natte notamment, qui joue le rôle actantiel d'objet magique et protecteur. Ce rapport, entre le sujet et l'objet, Jacques Fontanille l'appelle « l'adhésion » qui implique une dimension passionnelle. Elle assure la permanence discursive d'un individu, d'une histoire, d'une vie. En simplifiant quelque peu, les signes sont proches des paradigmes textuels dynamiques où le sens et la signification relèvent d'une opération figurative ancrée dans le système semi-symbolique que le niveau discursif met en perspective.

Autre illustration, on voit apparaître dans le texte l'investissement d'un objet de valeur, le panier, une source de plus qui actualise le trait /secret/ : « Rappelez-lui que j'ai le panier où sont gardés tous les aspects de son corps : ses excréments, sa robe du premier jour, ses cheveux, les sandalettes en peau de chèvre qu'elle avait aux pieds durant les soins » (Okoumba-Nkoghé, 2007 : 108). Une dynamique constitutive du réel est engagée dans ce passage, parce que le sémème 'panier' marque l'émergence du symbolique en tant que secret où nichent les sèmes virtuels de l'/intimité/, la /virginité/ et la /dignité/ féminine. On remarque, au niveau manifeste de la signification, que ce panier qui semble se constituer en objet de valeur se trouve menacé, par un mouvement descendant de dilution des signes. La formule aussi brève que provocatrice « rappelez-lui » déclenche une dégradation modale qui fait accéder le signe au statut d'une confrontation ou structure actantielle polémique. Ainsi, l'actant rentre en duel avec l'anti-actant dans un système de valeurs des objets socio-culturels. Ce panier devient une zone de tension et la précipitation de sphères antagonistes. Ce qui revient à dire que les signes sont au cœur du procès de signification qui va jusqu'à interroger le système iconique des signes.

2.1.2. Les signes iconiques et indiciaires

Le signe iconique s'inscrit dans le cadre d'une sémiotique d'inspiration et d'expression phénoménologique avec les réflexions de Charles Sanders Peirce sur le signe, réaliste ou abstrait. Il s'agit alors de la manifestation des « éléments physiques » (Petitot Cocorda, 1992) et naturels du monde qui mobilise la réception de l'information. Après Peirce, le Groupe μ définit le signe selon les processus et relations entre signifiant / référent ; référent / type et signifiant / type. Cette dimension triadique du signe iconique a ensuite fait face aux postulats sémiotiques de Jean François Bordron (2011) qui voit dans le moment iconique une construction du monde d'où émerge un conflit générique entre la matière et l'énergie. C'est-à-dire des flux sensoriels qui révèlent que l'icône se définit par sa similitude, son analogie et sa ressemblance perceptive aux objets. Le signe, rappelons-le, est le résultat ou le produit d'une sémiosis, c'est-à-dire le procès ou l'acte qui unit le signifiant et le signifié. Il s'inclut dans des processus virtuels de l'interprétation rendue à la fois possible et manifeste.

Les icônes impliquent les structures sémiotiques distinctes qui articulent la signification et constituent le plan d'immanence des signes. Dans le texte, on distingue deux formes d'icônes : (i) les icônes situationnelles telles que les gestes de la main : « Malemba repoussa la tasse vide. Le doigt sur la natte traçait des ronds invisibles [...] Le doigt de Malemba traçait sur la natte des figures invisibles. Le regard d'Iyanghi suivait tous les gestes » (Okoumba-Nkoghé, 2007 : 12). Ici, on retient des éléments essentiels qui constituent des icônes, les gestes de la main liés à un processus d'iconisation figurative du mystique (formes rondes et figures invisibles). Nous avons aussi la direction du regard d'Iyanghi dont la fonction première consiste à déchiffrer, comprendre et interpréter le sens des gestes déployés par sa sœur Malemba. Ce regard est dans un rapport de symétrie avec les gestes en tant que lieu de la constitution de la réalité phénoménale. Celle que Bordron appelle « le degré d'iconicité » (2011 : 25) se trouve doublé d'une abstraction. Par exemple, le visage de Malemba devient l'instance d'une génération de formes iconiques :

> Des bouillonnements de fumée emplissaient l'air, l'incendie s'étirait. Et une profonde vibration ébranla bientôt l'assise des bâtiments. L'accablement avait meurtri Malemba. Dans l'éclairage tour à tour rouge et blanchâtre de la terrible fournaise, son visage prenait l'aspect d'un masque de cérémonie rituelle. (Okoumba-Nkoghé, 2007 : 87)

On peut alors noter que la dimension iconique se manifeste à travers la fusion entre le visage et le code chromatique (rouge/blanc) d'une part, et, du rapport de ressemblance à un masque, d'autre part. On constate avec aisance que le signe, pour notre auteur, est appelé à participer à une praxis qui déborde la narrativité et la discursivité pour occuper la totalité des faits humains. Le signe est donc une invitation à la découverte fondamentale de l'unicité et de l'originalité du sujet, situé inévitablement, actantiel, et inexorablement, culturel. Toutes choses égales par ailleurs, c'est tout aussi à ce niveau culturel que l'on voit nettement apparaître (ii) les icônes phéno-physiques qui mobilisent les objets culturels comme les fétiches, les rituels, les idoles ou les totems. Le signe mobilise ces virtualités sémiques afférentes au contact des pratiques et subtilités socioculturelles. On le note à partir du texte où la chambre de Malemba constitue un fragment d'idéologie et de culture. La description de cette chambre joue sur les valences de l'ouvert et du fermé :

> Elle demanda la clé de la chambre de Malemba. Atongowanga s'y opposa fermement. – Que veux-tu prendre là-bas ? J'irai te le chercher. –Pourquoi ? – Il est interdit d'y entrer [...] – La chambre de Madame, suis-moi ! Elles montèrent à l'étage. Au fond du couloir, trois portes. Atongowanga ouvrit celle du fond. – Voici la chambre de Madame ! Une forte odeur rappela à Iyanghi son passage au collège des Sœurs du Saint-Esprit. Elle trouva cela

> étrange, Malemba ne présentait pourtant pas les signes d'une âme
> liée au Seigneur. (Okoumba-Nkoghé, 2007 : 20)

En tenant compte de toute la complexité signifiante de cet extrait, nous poursuivons un double objectif : décrire les dimensions structurelles des icônes à partir du niveau des afférences pour en dégager les significations sous-jacentes puis, expliquer ces afférences en les rattachant à un type de pratique sociale. Cette chambre, du moins toute particulière, présente une morphologie de l'intériorité. Puisqu'il s'agit d'une chambre qui actualise les sèmes afférents potentiels /secret/, /interdit/. Synthétisons l'ensemble des manifestations textuelles du sémème 'source' énoncés jusqu'ici :

Tableau 1 : Manifestations textuelles du sémème 'source'

Sémiotique	Organisation textuelle du sémème 'source'		
	Formes sémiotiques relevées		
Sémantique textuelle inhérente	'chambre'	/ouvert/	Fermer l'ouvert ≈ interdiction
			Ouvrir l'ouvert ≈ illimitation
Sémantique textuelle afférente	'chambre'	/fermé/	Ouvrir le fermé ≈ libération
			Fermer le fermé ≈ sacralisation
Fonds sémantiques mobilisés	'ruisseau' : /lit de naissance/, /eau/, /mouvement/, /écoulement/, /fluidité/ ; 'natte' : /lit de naissance/, /protection/ ; 'panier' : /secret/ 'chambre' : /interdit/, /expérience féminine/, /fétiches) 'soleil' : /énergie/, /lumière/, /pureté/		

En interprétation, fermer la chambre qui se veut /ouverte/ est un signe d'interdiction. Ouvrir la chambre qui se veut /ouverte/ est une forme d'illimitation. Egalement, ouvrir la chambre qui se veut /fermée/ est un signe de libération. Enfin, fermer la chambre qui se veut /fermée/ est un signe de sacralisation. En somme, on obtient quatre (4) codes sémiotiques d'accès à la chambre iconique et narrativisée dans le texte. Il est question, dans la moindre description, d'une chambre comme objet sémiotique et indice d'un rapport aux afférences sociales dont on peut soutenir qu'elles sont porteuses de sémioses. C'est-à-dire réel indicateur de circulation de la signification. D'autres icônes pullulent en scène discursive, notamment :

> Le jet d'eau avec sa croix tournante […] – Regarde, le jet d'eau fait tourner cette croix. En tournant, ses branches tracent un cercle qui est le symbole du soleil, source d'énergie cosmique. Mais la croix de ta sœur tourne vers la gauche. Moi, je l'aurais fait tourner vers la droite. Iyanghi se pencha sur la fontaine, elle ne s'était jamais intéressée au sens du mouvement, seul le mécanisme l'enchantait. (Okoumba-Nkoghé, 2007 : 48-50)

La signification du signe passe par la perception de l'acte indiciel. Ce n'est pas tant la présence symbolique de la croix qui est prégnante mais la sémiose du mouvement manifeste entre la croix et l'eau. Le rapport entre les éléments sémiques /matérialité/ et /fluidité/ fait advenir un second niveau, plus profond de la signification, celui d'une figure de fond liée au cercle. Considérée dans sa dimension visuelle et esthétique, la signification passe du niveau manifeste au niveau profond. Autrement dit, le discours glisse du monde visible, éclairé par les modulations perceptives du soleil vers un monde invisible au bénéfice du discret. La croix dans un cercle et son sens de rotation inversée de la droite vers la gauche apparaît comme informé de significations : la dimension religieuse est corrélée à la lumière par opposition à l'ombre en tant qu'indice du mouvement antihoraire de la croix présentant la valeur plus dysphorique de ressentis sensibles d'une vie sans Dieu.

2.1.3. Les signes thymiques

Les signes thymiques sont issus des réflexions sur la sémiotique du sensible dont le fondement phénoménologique a été tracé par Merleau Ponty puis par Renaud Barbaras (2006), réaménagé en sémiotique par Zilberberg dans ses *Eléments de grammaire tensive* (2006). Le postulat de départ en est que la dimension thymique ou sensible forme un prisme de significations, de sens et de valeurs. À partir de là, il devient possible de préciser, en sa signification immanente, que le texte *Le signe de la source* peut être analysé sous le triptyque affect/émotion/sentiment pour s'intéresser précisément à la double présence sensible du corps. La narrativité d'Okoumba-Nkoghe manifeste des thymies corporelles disséminées en plusieurs traits sémiques : /émotion/, /inclination/, /sentiment/, /passion/, /désir/ et /attachement/.

Dans ce flot de sensations et de sentiments, le corps du sujet manifeste des affects. Et, le dispositif modal du sensible construit au fond de la narration un schéma affectif que l'on voit nettement apparaître dans la relation amoureuse tissée entre deux sœurs. Cette relation, non seulement classée au rang d'interdit, actualise sur le plan syntaxique et actantiel un complexe phorique évoluant en deux pôles tensifs : (i) le pôle de l'intensité thymique, substrat des états d'âme et dépôt de formes significatives des actions sensibles et passionnelles : « Si tu es soumise, dit-elle, tu donneras un bon coup à ton destin [...] Iyanghi frémit : cette main sur sa cuisse lui procurait une sensation gênante » (Okoumba-Nkoghé, 2007 : 16). La direction intense de l'euphorie est actualisée en fonction d'un vouloir pathémique partagé entre le désir et le déclenchement des sensations. Le geste de la main de la grande sœur, posée sur la cuisse de sa cadette est l'acte de déclenchement des sensations corporelles confuses. Cet acte détermine la transformation d'une émotion en inclination. L'autre pôle en présence est (ii) le pôle de l'extensité thymique qui voit se proliférer un enchaînement de faire : manipulations, séductions, qui contrôlent le frémissement de l'affectivité. Ainsi, la dynamique du système relationnel de nature passionnel est assumée :

> Elle allongea son gros bras, ses doigts couverts d'anneaux se tendirent, cherchèrent dans la naissance des jambes, butèrent contre pierres et racines [...] Dans le silence de la nuit, commencèrent à tinter des notes de guitare, qui, progressivement, s'organisaient bientôt en une intensité montante [...] Les doigts délicats entamèrent une longue danse sur le corps offert. Des soupirs de plaisir inondèrent la chambre entière. (Okoumba-Nkoghé, 2007 : 40)

Au plan de la substance sémiotique du passage sus-énoncé, c'est finalement le motif récurrent du corps avec ses contacts multi/pluri et proto-sensibles. Le corps est d'abord convoqué dans sa relation méréologique (partie/tout) par ses éléments constitutifs [bras, doigts, jambes] associés, au final, à la production d'ensembles signifiants [corps offert]. Il n'est donc pas question du corps comme joyau, plutôt du corps comme rite de purification. La polysensorialité indexée dans le syntagme « soupirs de plaisirs inondèrent la chambre » est en rapport avec les ordres sensoriels, notamment le /toucher/. Dans cette approche thymique des textes, le corps sert de principe explicatif associé à la vérité de l'œuvre. De même que la fusion des deux corps est renforcée par les odeurs d'un parfum et de l'encens en signe d'intensité modale. Le parfum envahit toute la pièce et devient progressivement une trace permettant d'identifier « le thymisme diffus investi dans la figurativité » (Fontanille et Zilberberg, 1998 : 236). En fait, l'odeur du parfum engage des synesthésies subjectives définies par des traits /se mouvoir/ → : /humer le parfum/ et le /sentir/ plaçant d'ores et déjà le sujet évaluateur dans une expérience thymique. On peut opérer une dissimilation évaluative entre « femme » et « parfum" dans des transformations corrélatives de formes associatives "parfum des femmes" ↔ "parfum mystique." Les deux expressions étant socialement normées. Le parfum manifeste une modalité événementielle à travers une intensité affective investie dans ce schéma :

Schéma 1 : La courbe de variation sensible

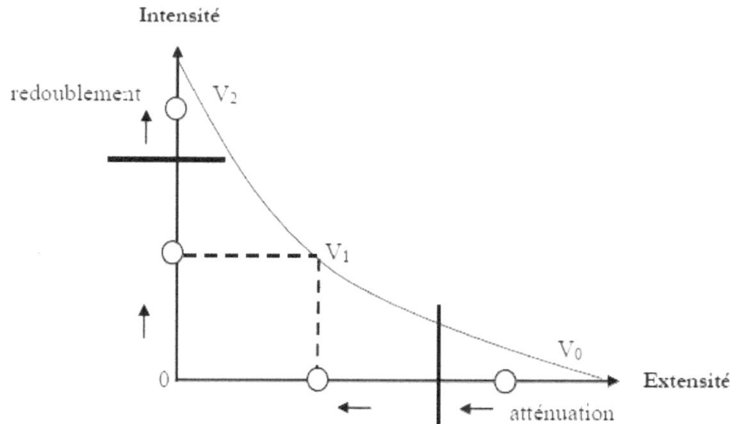

La thymie ou dimension sensible est représentée ici en termes de valences intensive et extensive. En effet, la relation amoureuse entre les deux sœurs, Malemba et Iyanghi, connaît des variations qui vont de l'atténuation vers le redoublement, donc de l'extensité vers l'intensité. Etant donné qu'il s'agit d'une croissance euphorique qui va de $[V_0 \rightarrow V2]$. Du point de vue du parcours textuel, en se dirigeant vers le haut de la courbe, le sujet rencontre une euphorie sous le mode de l'ascendance sociale portant sur la remontée (émergence/apparition) de sens. De même que cette passion thymique est susceptible de décroître en évoluant vers le sens inverse, modulé par la valence allant de $V_2 \rightarrow V_0$. C'est aussi, sur le plan discursif la manifestation d'une perte de valeur que le texte actualise comme une forme de dysphorie généralisée. On le constate dans la phase terminative de la narration que les intensités sensibles et affectives se combinent, se transforment et se décomposent en modes d'existence.

3. Signes et modes d'existence

Pour mémoire, les modes d'existence trouvent leur fondement théorique avec les *Essais de linguistiques* (Hjelmslev, 1971) puis, dès *Sémiotique : Dictionnaire raisonné de la théorie du langage* (Greimas et Courtès, 1993) à partir de la dualité entre deux opérations interprétatives, la virtualisation et l'actualisation. Jacques Fontanille et Claude Zilberberg traitent des modes d'existence sous le versant du structuralisme rhétorique et les développements de la sémiotique tensive. Ainsi, ils distinguent quatre modes : la virtualisation, l'actualisation, la réalisation et la potentialisation. Nous les convoquons ici de manière synthétique pour rendre compte précisément des structures de signes et catégories latentes, dans l'objectif de montrer qu'au niveau d'une sémiotique générale, le signe chez Okoumba-Nkoghé accède à la fois au rôle de la présence virtuelle et de l'absence potentielle d'un même sujet.

3.1. La virtualisation
Le virtualisé est un mode caractéristique de l'axe paradigmatique du langage et fonde une existence in absentia qui s'oppose à l'axe syntagmatique des textes. La virtualisation est la neutralisation des sèmes en contexte. Chez Hjelmslev, cette notion est couplée avec celle de dimension. Le mode est, en effet, tributaire des faits de langue puisqu'elle gère à la fois la dimension de réalisation et de non-réalisation d'une unité linguistique donnée. Le virtuel concerne les prédicats de la substance c'est-à-dire ce que le sujet représente de manière ontologique. Dans *Le signe de la source*, la présence d'Atongowanga est dédoublée en une présence spectrale qui hante la scène discursive pour en faire une scène étrange. Sa présence s'affiche dans le texte avec des modulations d'intensité comme s'il s'agissait en effet d'un être réel, existant et actuel. Ces trois prédicats montrent que cette forte figurativité de la présence, au sens où l'entendait Herman Parret (2002 : 18), est « une présence

nourrie d'absence ». De part en part, de partout, de bord en bord de la narration, la présence d'Atongowanga est masquée sous les traits fantomatiques, d'une évanescence à peine saisissable. Il s'agit d'un sujet imperceptible, à l'identité presque flottante. Sa trace et son image sont groupées à travers les métamorphismes sémantiques :

> Dans l'autre monde, qui est juste en face l'enfant de ta mère a continué à exister ; elle a grandi, mais très vite, jusqu'à un âge où elle pouvait maintenant servir son maître. Tout d'un coup, Iyanghi eut un étrange sentiment ; elle avait l'impression qu'une calamité encore inconnue était sur le point d'arriver. Car les vérités trop fortes n'étaient jamais bon signe […] – Tu es cette enfant ? Interrogea-t-elle. – Je le suis ! (Okoumba-Nkoghé, 2007 : 119)

Dans ce passage, les signes ont une substance double : le regard en face de deux mondes, l'existence aussi est chargée de cette présence virtuelle transformée d'isotopie en isotopie, en présence potentielle.

3.2. La potentialisation

Traversée de signes, nourrie d'abstraction, d'absence et de présence figurative, la narration incorpore et potentialise les intrigues de la différence des mondes. Les oppositions observées à tous les niveaux entre le visible et l'invisible s'estompent progressivement avec l'apparition de la figure d'Iyanghi moyen, par lequel la textualité se donne à construire une vision unifiée. Parce que c'est cette figure féminine qui s'affirme et s'étend dans une durée spatio-temporelle sans plus jamais en subir la moindre dysphorie. La phase potentielle intervient dans le texte comme une force devenue tendance du vivant. Cela est perceptible dans l'énoncé suivant : « Dans mon remous, dit Iyanghi les yeux fermés, il n'y avait pas de lune, mais les étoiles étaient brillantes comme une phosphorescence argentée sur la terre » (Okoumba-Nkoghé, 2007 : 126). Le sujet devient ainsi capable d'organiser les signes selon la succession et son faire intervient dans le texte comme un facteur d'homogénéité qui tend à sortir la narration du flux sombre et de l'emprise des pratiques obscènes ou des fantasmes morbides.

Dans ce cas, il s'agit d'une vision de la textualité suscitée et contrainte par un type de morphologie sémantique qui met en avant le caractère auto-ouvert du discours et des actants. Dans la perspective des signes, il est question de s'attacher au fait que tout ce qui côtoie le spirituel et le mystique, la nuit initiatique, la position du soleil, l'incantation du palmier, toutes ces figures de la nature, les unes par rapport aux autres sont perçues par le sujet comme engagées à mettre en discours la construction culturelle et générique du sens. Les signifiants du gouffre s'effacent mutuellement. Le temps dysphorique est évacué. Seule reste une présence potentielle du sujet dans sa visée maximale. Toutes les formes narratives et discursives affluent vers une sérénité ; avec elle, le vouloir vivre augmente en phase d'harmonie et d'euphorie pleines. C'est la première signification de la 'source'. La seconde, encore plus mystérieuse et métaphorique, s'entend comme l'acte de donation d'un monde originaire conçu comme une structure tressée de la plénitude.

Conclusion

La réflexion sur *Le signe de la source* d'Okoumba-Nkoghé s'achève alors que nous avons seulement esquissé les contours d'une assise sémiotique du signe. Placé au cœur d'un modèle théorico-opératoire, le signe se produit, dans ce texte, entre des catégories de l'expression et celles du contenu. S'il est une conviction que nous pensons avoir acquise à partir de la textualité, c'est que les conditions structurelles du signe émergent à partir des sémèmes et des ensembles signifiants : (i) le signifiant a un rapport conventionnel avec son objet (symbole et semi-symbole) ; (ii) le signifiant ressemble à son objet (icône) ; (iii) le signifiant est sur le même plan de réalité que son objet (indice). Le contexte de pertinence du roman d'Okoumba-Nkoghe s'organise globalement autour d'un système de signification : source comme relation fondamentale entre les sémèmes 'ruisseau' : /lit de naissance/, /eau/, /mouvement/, /écoulement/, /fluidité/ ; 'natte' : /lit de naissance/, /protection/ ; 'panier' : /secret/ ;'chambre' : /interdit/, /expérience féminine/, /fétiches/ ; 'soleil' : /énergie/, /lumière/, /pureté/. Au sein de ce système signifiant, le signe devient une entité sensible. Son sens, l'ensemble des sèmes inhérents actualisés dans le texte. Sa signification est la corrélation ou la possibilité de passage entre le signifiant et le signifié. L'idée homologue est celle d'une signification axiale liée à la 'source', c'est-à-dire à la symétrie prégnante entre l'être et le monde en termes de foi, d'élévation spirituelle et de bonté de cœur. C'est finalement la translation effectuée entre l'intensité et l'extensité des vécus en vue de construire ce qu'Okoumba-Nkoghé appelle « la vraie vie », cet acte énonciatif qui manifeste une distance intérieure dépouillée de toute imperfection.

Bibliographie

BARBARAS, R. (2006), *Le désir et la distance, introduction à une phénoménologie de la perception*, Paris, Librairie philosophique J. Vrin.

BORDRON, J.-F. (2011), *L'iconicité et ses images : études sémiotiques*, Paris, PUF.

FONTANILLE, J. et ZILBERBERG, C. (1998), *Tension et signification*, Paris/Bruxelles, Mardaga.

HJELMSLEV, L. (1971), *Essais linguistiques*, Paris, Editions de Minuit, coll. « Argument ».

HEBERT, L. (2009), *Dispositifs pour l'analyse des textes et des images : introduction à la sémiotique appliquée*, Limoges, Pulim.

NEVEU, F. (2011), *Dictionnaire des sciences du langage*, 2è édition revue et augmentée, Paris, Armand Colin.

OKOUMBA-NKOGHE, M. (2007), *Le signe de la source*, Yaoundé, Clé.

PARRET, H. (2002), *Présences*, Limoges, Pulim.

PETITO COCORDA, J. (1992), *Physique du sens. De la théorie des singularités aux structures sémio-narratives*, Paris, Edition CNRS.

RASTIER, F. (1987), *Sémantique interprétative*, Paris, PUF.

RASTIER, F. (1989), *Sens et textualité*, Paris, Hachette.

RASTIER, F. (2001), *Arts et sciences du texte*, Paris, PUF.

RASTIER, F. (2018), *Faire sens*, Paris, Garnier.

UMBERTO, E. (1992), *La production des signes*, Paris, Edition poche.

ZILBERBERG, Z. (2006), *Eléments de grammaire tensive*, Limoges, Pulim.

Composition : GNK Editions Gabon
Cette revue a été achevée d'imprimer en septembre 2021
pour le compte du Centre de Recherches en Littératures
Africaines et Francophones (CRELAF)

Dépôt légal : Octobre 2021